CBCテレビ特別解説委員
北辻利寿

屈辱と萌芽

立浪和義の143試合

Kazuyoshi Tatsunami's 143games

はじめに

屈辱の中に萌芽あり〜立浪和義の強靭なリーダーシップ

「待ってました！」という心からの叫び。この言葉で迎える監督は、2人目だった。物心ついて、中日ドラゴンズを応援し始めた頃の名将・水原茂（監督在任、1969〜71年）から、数多の指導者がドラゴンズというチームを率いてきたが、「待ってました！」と勢いよく声をかけたくなった監督はわずか2人である。

最初は、星野仙一だった。74（昭和49）年に、20年ぶりのリーグ優勝を果たした時のエースであり、〝打倒ジャイアンツ〟の旗頭だった。マウンドでの闘志あふれるプレーから「燃える男」と言われ、引退後の評論家生活を経て、86年のシーズン後に、ドラゴンズの監督に就任した。しばらくペナントから遠ざかり始めていた頃、まさに待望のリーダーであり、大きなトレードや大胆な若手起用などによって、ドラゴンズは大きく変貌していった。2期、合わせて11年にわたって竜を率いて、2度のリーグ優勝を成し遂げた。スローガンは「Hard Play Hard」。その采配はとにかく熱く、私たち多くのファンの胸を躍らせた。

「待ってました！」2人目の監督こそ、立浪和義である。くしくも、その星野が87年秋のドラフト会議で、抽選に勝って1位指名した選手である。星野は高卒ルーキーの立浪を、いきなり開幕戦からショートのスタメンに抜擢し、立浪はその年の新人王を獲得する大活躍をした。その熱く卓越したプレーはファンを魅了し、やがて「ミスター・ドラゴンズ」とも呼ばれるようになった。その立浪が、ついに監督としてドラゴンズに戻ってきた。現役を引退して12年間、他のチームのユニホームを一切着ることもなく、まさに竜のために、雌伏の日々を送っていた。

その立浪を監督として迎えたチームは、落合博満が率いたいわゆる〝黄金の8年間〟の後、長きにわたる低迷を続けていた。リーグ優勝どころか、クライマックスシリーズに出場したのは２０１２年（平成24年）が最後という、悲しい現実。そんな中での立浪新監督は、ドラゴンズファン含めて誰しもが納得する〝登板〟だった。「彼しかいない」そんな思いを抱かせる、チーム再建の〝切り札〟だった。

しかし、新監督を待っていたのは、6年ぶりの最下位という〝屈辱〟だった。

04（平成16）年の落合がそうだったように、新監督でいきなり優勝するケースは、ドラゴンズだけでなく他チームにもある。目立った補強もなかった戦力から見て、立浪ドラゴンズも「いきなり優勝」とはいかないと思いながらも、待ちに待った〝切り札〟だからこそ、内心どこかで淡い期待もあった。まさか最下位に終わるとは思わなかった。ファンにとっても〝屈辱〟である。相変わらず点が入らない打線、勝負どころで「あと1本」が出ない打者たち、貧打線に呼応してなかなか勝ち切れない先発投手陣。シーズンの最初こそ「ミラクルエイト（奇跡の8回）」と呼ばれた逆転劇があったが、まもなくそれは影を潜め、チームは失速した。シーズンの大半を最下位で過ごし、そのまま22年のペナントレースを終えた。高校時代の甲子園春夏連覇から始まり、〝陽のあたる坂道〟を歩き続けてきたはずの立浪にとっては、それはまさに〝屈辱〟。何より「勝つこと」へのこだわりが人一倍強く、その責任を人一倍背負う立浪だからこそ、悔しかったに違いない。しかし、そんな現実も立浪は「監督の責任だ」と自分ひとりで抱え込む。決して誰かのせいにすることはなかった。数々の誤算も「それも想定していたこと」と言い切る強靭なリーダーシップがそこにはある。

立浪ドラゴンズの22年シーズン。全143試合の戦いを丁寧に辿っていくと、その荒れ野に、ひとつまたひとつと、顔を出してきた新しい芽を見つけることができた。その〝萌芽〟の数は、開幕戦から戦いを重ねるごとに増えていった。マウンドにも、そしてフィールドにも、それは確かに芽吹き、143試合の戦いが終わるころには、若々しい緑色にすら輝き始めていた。立浪が期待して、起用し続けた若き選手たち。これだけ多くの若竜が一斉に輝き始めたシーズンは、球団史でも初めてのことではないだろうか。その若き力こそ、ファンも待ち望んだもの、そしてドラゴンズを再生させる〝夢の原動力〟なのである。

〝屈辱〟そして〝萌芽〟。新監督として立浪和義が戦ったシーズンは、この2つの言葉に象徴されるだろう。二度と帰らない、指揮官として143試合の戦記、そこに力強い光が差していることに気づく。この最下位は、ただの最下位ではない。監督として逆襲の2年目となる23年シーズン、立浪和義の眼差しは力強く、前だけを見据えている。そこに映し出される風景と新たな決意を追う。

目次

屈辱と萌芽

立浪和義の143試合

［インタビュー］

立浪和義

視線の先に〝竜の未来〟

目の前に座る中日ドラゴンズの立浪和義監督は、最初いつも通りの涼し気な笑顔を浮かべていた。しかし、その視線は、話が進んでいくと共に、眼光鋭い〝勝負師〟のものへと変貌していった。高校時代には主将としてPL学園を率いて甲子園で春夏連覇、プロ野球の世界でもドラゴンズひと筋で数々の修羅場を踏み、それを乗り越え、やがては3代目「ミスター・ドラゴンズ」と呼ばれた。そして現在は、ドラゴンズを率いる強きリーダー。栄光も挫折も、その両方を味わい尽くしてきた野球人の視線は、正面でインタビューをする私の存在を突き抜けて、早くも2023年の新たな挑戦の舞台を見つめているようだった。

（聞き手：北辻利寿）

2021年秋のことだった。中日ドラゴンズから監督就任の要請を受けた立浪和義氏と、偶然にも会う機会があった。その時、私は、取材者というよりは、100%ドラゴンズファンという立場になってしまい、新監督を受諾する直前の立浪氏に、真っ先に次のひと言を伝えた。「待ってました!」と。その言葉は決して私1人だけの思いではなく、数多の竜党の思いだったはずだ。23年のペナントレースを前に、再び立浪監督と向かい合った時に、まずそんな思い出の出来事を告げた。「そうでしたね、そんなことがありましたね」というような微笑を浮かべた後、指揮官の熱き語りは始まった。

立浪 ドラゴンズ監督への就任が決まってから、ファンの皆さんからの期待、それはもうひしひしと感じました。ドラゴンズがずっと低迷している状況ではあったので、何とかしないといけないなって思いは、自分の中でも当然強かったです。ただ1年目は、結果的に最下位という結果に終わったのですが、とにかく若い選手を使っていかないといけないと思っていました。そうした中で、もう少し(順位が)上であればよかったんですけれど。

自分としては、監督としての1年目は、まず若い選手をどんどん使って、2年目に形にしていくというつもりでスタートしていました。

期待を裏切ったような形になったことは、本当にファンの方には申し訳ないんですけれど、これはある程度、自分のやりたいように貫いてやってきたことです。結果がすべての世界ですから、別に言い訳することもありません。

ただ、やっぱりここ数年のドラゴンズを見てきて、過去の監督には基本2年や3年という契約の中で勝たないといけないというプレッシャーがあり、思い切って若い選手を使っていくことができていなかった。そんな姿を見ていて、自分がそれをやらないといけないなと思っていました。そういう中で自分の監督1年目はスタートしました。

ただの最下位ではない

立浪ドラゴンズの1年目(22年)は、66勝75敗2分でリーグ最下位に終わった。2004年から8年間にわたりチームを率いて、リーグ優勝4回、日本一1回、1度もBクラスになることのなかった落合博満監督の〝黄金時代〟の後、ドラゴンズは12年を最後に〝最もクライマックスシリーズから遠ざかっているチーム〟となってしまった。あまりに長い低迷。そんな中で登場した立浪新監督は、言わば〝切り札〟だった。22年シーズン当初、新監督に起用された若い選手たちが躍動して、劇的な勝利が目立った頃から、私を含めたドラゴンズファンは「こういう野球をずっと待っていた」と喜んだ。結果は最下位ではあったが、将来が楽しみな若い力も次々と登場してきた。ドラゴンズには過去にも最下位が何度もあったが、今回の最下位は、実はあまり怒りが湧いてこない、不思議な気持ちである。それだけ〝次が楽しみ〟と思える光を見せてもらったシーズンだった。

立浪　この結果に怒っている人も当然いると思います。ただ、若い選手で数名、何とはなしに兆しが出た選手もいます。石川昂弥がケガをしたことは非常に痛かったのですけれど、岡林（勇希）であったり、

土田（龍空）であったり、髙橋宏斗であったり、でも、まだ（実勤）1年ですからね。

それを23年シーズンにつなげていかなければいけないと思います。チームがずっと低迷していた時代のレギュラークラスの選手を近くで見ていて、もう少し彼らを上手に起用してあげられればよかったんですけど、そこを機能させられなかったということは、自分の反省点かなとは思っています。

自己採点の背景を語る

そんな監督1年目をふり返って、シーズンオフに出演したラジオ番組で、立浪監督は「自己採点は50点」と点数をつけていた。その「50点」に込められた、プラスとマイナスは何なのだろうか?

立浪　点数をつけろと言われたから「50点」と言ったんですけどね（笑）。

あとは、やっぱりコーチとのコミュニケーションであったり、選手の指導法であったり、いろんなことは当然初めてですから、自分自身も探りながらやっていた部分もありますし……。23年シーズンは、もう少し、こうやっていこうということもある。もちろん初めからすべてがうまくいくとは思っていないんですけど、自分自身もやっぱり成長していかないといけないと思っています。

選手が持つ力をうまく発揮させてあげられるように、監督としてそういう努力もしないといけないと思います。ただ最終的には、選手個人個人ものの考え方であったり、取り組む姿勢であったりというのは、やっぱり選手それぞれにも責任感を持ってもらいたいですし、持たせないといけないと思っています。

チームの意識大改革

かつて星野仙一監督が、その就任会見で選手たちへのメッセージを問われて「覚悟しとけ！」と語った言葉はよく知られている。立浪監督は21年の就任会見で「勝つために妥協はしない」と言い切った。さらに春季キャンプの初日には「ヘラヘラやっている選手は外す」と選手に語り、その厳しさは一気にチ

ーム内に浸透した。その意味での選手たちの意識改革は進んだのだろうか。

立浪　多分、ここ数年よりは、選手もピリッとして野球をやったとは思います。けれど、やっぱり急に変われるものではない。シーズンが終わって、秋にナゴヤ球場と沖縄で相当厳しい練習をしてきましたので、年が明けて2月のキャンプへ行った時に成長を感じる選手も当然いると思いますし、自分自身でもその練習をしていて、「あ、やっぱり体力がついているんだな」とか、そういう風に実感してくれる選手がいてくれたらなと思います。ランニングにしてもボールを取ることにしても、基本的なことですけれど、相当ハードにやってきましたので、そういうところはキャンプが始まる時に、非常に期待はしているところです。

躍動を始めた若き竜たち

立浪監督は22年のシーズン前に「チームを変えるために若手を起用する」と明言した。実際、その通りに、東京ドームでの開幕戦には岡林勇希と石川昂弥という3年目で、当時は20歳だった2人の野手がスタメン出場を果たした。ルーキーの鵜飼航丞も開幕戦で代打デビューを果たした。本拠地バンテリンドームナゴヤでの開幕戦には根尾昂が外野のスタメンで出場。夏場からはショートとして土田龍空が台頭した。投手も2年目の髙橋宏斗が開幕早々にプロ入り初先発、登板2戦目で初勝利を挙げた。ファンとしては、こうした若竜たちの登場を心から待ち望んでいただけに、本当にうれしかった。そして、立浪監督も自ら1人1人の名前を挙げながら、期待の若手について熱く語った。

立浪　先ほど名前を挙げた3人、岡林（勇希）もそうですし、土田（龍空）や髙橋（宏斗）。髙橋は、22年は夏場ぐらいから出てくればいいかなと思っていたんですけれど、間隔を空けてですが、シーズンを通して投げることできました。力的にも非常に素晴らしいものを見せてもらいました。もちろんこれからは登板間隔を詰めて、2桁勝てるような投手になってもらいたい。土田も見切り（発車）で、京田がいなくなりましたのでちょっとショートを守らせたんですけれども、試合を追うごとに自信と言いましょうか、明らかに技術的なことも成長してきました。秋の練習を見ても意外と体力もあるなと。初めての一軍シーズンでしたから、途中でへばっていた時期もあったんですけれど。土田にはそういう中では非常に期待していますし、岡林もあそこまでできるとは思っていなかった選手の1人です。何よりもやっぱり1シーズン出て、ケガをしなかったということが非常に大きいのかなと思います。

岡林の大いなる覚醒

岡林勇希は、オープン戦で活躍を続けたものの、開幕直前に右手を負傷した。しかしテーピングをした上で開幕戦にはスタメン出場。見事に3安打を記録して、立浪監督の期待に応えた。調子が落ちた時もあったが、1年間シーズンを通して外野のレギュラーとして142試合に出場、161本で最多安打のタイトルも手にした。高卒3年目の受賞としては、イチローさん以来という快挙だった。ゴールデングラブ賞、ベストナインにも選ばれるなど、入団3年目での覚醒だった。

立浪　岡林も当然初めての経験ですから、すぐにバテたり、そういったこともありました。けれど、新型コロナにも感染せず、やっぱりレギュラーを取る選手というのは、そういう何かを持っているのかなと思いますね。

決して“誤算”とは言わない

立浪監督は、22年シーズンの戦いについて、決して「誤算」という言葉は口にしない。むしろ、すべて計算の内、「将来のドラゴンズを背負うであろう若い選手を使いながら戦う」という方針を貫いたと語る。そこには、ドラゴンズというチームを、評論家として長年にわたって俯瞰して見てきた、確かな分析があった。そして、立浪和義という監督には、自らの方針を迷うことなく遂行する実行力も伴っていた。

立浪　順位のことは、本当のところ1年目は気にしていませんでした。監督が代わって、優勝や上位に食い込むっていうことを期待されていたファンには申し訳ないのですが、自分としては、とにかくこれから見込みのある選手を使うというところでスタートができた。それは良かったです。実際にシーズン途中、コロナ禍とかそういうことではなくて、戦力的にも明らかに他チームより劣っているなと感じたこともあります。シーズンオフにトレードであったり、補強もしたりしてもらったんですけど、その背景には、若い選手を使いながら1シーズンを戦った中で「ここは変えていかないといけないな」っていう風に思ったことが多かったですね。

若手と会話を続けた日々

立浪監督は、新監督として最初の沖縄キャンプでも、ノックバットを片手に、ある時は球場、ある時はサブグラウンド、そしてある時はブルペンと、目まぐるしく動き回り、いろいろな若手選手に話かけている風景が見られた。シーズンに入ってからも、ベンチでは、岡林、石川、根尾、土田らをそばに置いて、話をしているシーンをよく目にした。コミュニケーションを大切にした1年だった。

立浪　我々の時代とは当然違いますし、コミュニケーションは極力とるように意識はしました。それはまず、今の若い選手たちが育ってきた環境ですよね。野球を始めた時の指導者の指導方法であったり、怒られたりすることもそんなになかったでしょうし、当然（かつての指導のように）殴られることもなかったでしょう。今はそういう選手たちを使っているので。

ただ、時代は変わってもプロ野球というのは、今は１４３試合、我々が入った時は１３０試合でしたから、（当時よりは）もっと厳しい環境に置かれているわけです。しかし実際に成績を残しレギュラーを長く張る、そして、サラリー（年俸）が上がれば勝ち負けに対して当然いろんなことを言われる、そういう厳しい環境っていうのは変わってない。そういった最低限の厳しさであったり、長くレギュラーを続けていけるような選手になるための教育はしていかないといけないなと思っています。

でも、今年からはちょっと1歩下がって距離を置いてですね、冷静に選手を分析したいなと思っています。

コミュニケーションを大切に

上司と部下、一般社会においても、組織のコミュニケーションということは、大切なテーマである。そこに世代間ギャップという、もうひとつの要素も加わってくる。それはプロ野球界も同じである。新監督としてチームを率いていく上で、自らが積極的にコミュニケーションをとって行くことは苦痛ではなかっただろうか。

立浪　難しいとかそういうことは何も感じなかったです。これについては、選手がどう感じているかわからないんですけれどね。まだ1年が終わった段階でね、23年はもう少しこうやってみようとか、自分自身も当然たくさんの反省点はありますので、(それを生かして) やっていきたいなとは思ってます。

立浪和義監督と筆者

松葉投手の監督への思い

立浪監督がコミュニケーションをとったのは、若い選手に対してだけではない。FA宣言をせずにドラゴンズ残留を決めた松葉貴大投手が、こんなことを語っていた。「この年齢の選手にこれだけコミュニケーションをとってくれた監督はいなかった。それに応えようとやってきた。立浪さんの下で野球をやりたかった」。同じようなことを口にした中堅やベテランの選手も多い。立浪イズムは、ドラゴンズナインに着実に浸透している。

立浪 あまりそういう意識はなかったんですけども(笑)。選手が力を発揮してくれるような、厳しいだけでもダメですしね。もちろんすべてがすべて、結果としてうまくいかなかったんですけれど、やっぱり戦っていける集団をどのように作っていけるか、これを考えながら、また23年シーズンもやっていきたいなと思っています。

監督就任前とのギャップはなかった

ドラゴンズのユニホームを脱いだ現役引退から12年間、監督として帰ってくるまでの歳月は決して短いものではなかった。その分、将来の指導者になる時に備えての準備期間も長かった。評論家時代には、古巣のチームに対して「負けている時にベンチで笑っている選手がいる」と厳しい指摘もした。いよいよ監督としてドラゴンズを率いることになった時、思い描いてきたこととのギャップはあったのだろうか?

立浪 それは全然なかったです。幸いに監督になる1年前に(春季キャンプに)臨時コーチで呼んでいただいて、何となしに今の選手はこんな感じだなっていうことはある程度把握していました。ただ、外から見ているよりも「思った以上に負け慣れているな」ということは、一番感じましたね。本気で悔しがって、やり返してやろうという選手がほぼいなかったということです。ここが一番問題なのかなと思いました。

最低限の部分として、今まで何年かレギュラーとしてやってきていた選手にプレッシャーがかかったのか、ことごとく成績を上げられなかったので、話もしたり、時には怒ったり、さらにコミュニケーションをとったり、いろいろやってきたんですけれども……。それでも1年間やってきて変わらないことは、何かを変えていかないといけないということ。そういうことで、22年のオフはトレードなど、チームを変えるためにやってきました。

多くの選手が竜のユニホームを脱いだ

22年のシーズンオフの主役は立浪ドラゴンズだった。多くの選手が、ドラゴンズブルーのユニホームを脱いだ。現役引退の福留孝介、契約更新ならず退団したアリエル・マルティネスの他、平田良介ら多くの選手への戦力外通告。そしてファンを驚かせた阿部寿樹と京田陽太、1年前の開幕スタメンだった主力2人のトレード。現役ドラフトでは笠原祥太郎もチームを去った。これだけの数の選手が、1度にチームを去ることは、球団史の中でも珍しいことだった。立浪監督は語った。「ここ数年、ドラゴンズは低迷している。変えていかないといけないと思うし、そのために自分は監督に呼ばれたと思っている。勝つために変えていく」。まさに不退転の決意の表れであった。

立浪　プロですから、これはもう仕方のない話です。やっぱり結果が出なければ我々首脳陣も代わっていきますし、選手も代わっていく。そういう世界ですから、チームをどんどん変えていきたいなと思っています。誰かがやらないと変わっていかない。もちろんその中で結果も出していかないといけません。当然、監督が代わって、すぐに結果っていうことも言われますけど、そんなに簡単なものでもないです。ただ、自分の契約期間の中で、「チームが変わってきたな。強くなってきたな」と思われるような、そういう形は作っていきたいなと思っています。

立浪「監督論」を語る

監督論をぶつけてみた。プロに入って、立浪監督自身、星野仙一、高木守道や山田久志、そして落合博満という監督の下でプレーをした。過去の監督たちの姿を、時おりは思い出すことがあったのだろうか。以前、立浪監督はこう語ったことがある。「引退する前の3年間は、自分が監督だったら〝こうする〟〝こうしない〟そんな視点で見ていた」。いよいよ、自分が監督という立場になった時、その胸にどんな思いが去来したのだろうか?

立浪 自分ではずっと「これは指導者になった時に気をつけよう」とか、色々感じていたことはたくさんあったので、現役時代の最後の頃には自分が指導者になったらっていう風なことを自分なりにはいろいろ勉強してきました。いずれにしても、結果が出ないといろんな批判も受けますけども、監督業っていうものは、それが仕事でもあります。

22年シーズンで言えば、例えば根尾(昂)をピッチャーにした時ですね。今は本当にSNSがすごくて、何か批判ばっかりされたんですけど、これからもそういったことは気にせずに、自分のやること、チームが強くなるためにやることは思い切ってやっていきたいなという風に思っています。

「投手・根尾」をめぐる賛否両論

立浪ドラゴンズの1年目を語る上で、根尾昂という選手の動向は外せない。外野手のライト、内野手のショート、そして、投手へ。立浪監督は22年5月に「根尾は投手に専念させる」と明らかにして、その後、選手登録も「投手」とした。その決断をめぐっては、野球評論家からファンに至るまで賛否両論が巻き起こり、SNSも話題沸騰だった。しかし、6月19日の読売ジャイアンツ戦で、リリーフでマウンドに上がった根尾が、岡本和真を三振に打ち取った瞬間からだろうか、批判は一気に鳴りを潜めて、世論は「投手・根尾昂」を応援する声に染まっていった。

立浪 ドラゴンズに入ってきた時に、地元の選手でもありますし、期待の大きさから、本人もいいところを見せないといけない、っていうところから始まっていました。それが相当プレッシャーになったのかなと、かわいそうな面もあるんですけど、ただ、もう4年間が終わりました。根尾も、自分の実力もわかっていると思いますし、彼に今一番必要なことというのは、とにかくがむしゃらに、結果が出るように、うまくなるために、やることが一番大事なことかなと思います。

　性格的に見ても、やっぱり少し頑固なところがありますし。頑固は頑固でいいんですけども、やっぱり素直に受け入れる心っていうのが、彼にはもう少し必要かなと。これはおそらく彼の指導に携わってきた人は皆そう言うと思うんです。性格ってなかなか変わるものではないんですけどね。ピッチャーに変わって、今はまもないですけれど、野手としての3年半ぐらいですか、やっぱりなかなかうまくいかなかった。それは、技術的な能力とかもあるんですけど、彼は取り組む姿勢が悪いわけでもなく、練習もよくする選手ですから。ただ、やっぱり何かを変えていかないといけない。根尾には、そういったことをわかってもらいたいなとは思っています。

根尾と本気で向かい合った

　かつての立浪監督と同じように、高校時代に甲子園で春夏連覇を果たした根尾昂。18年のドラフト会議で、当時の与田剛監督が根尾をクジで引き当てた瞬間から、地元ファンは大喜びをした。

　全国区のスター選手不在のドラゴンズに〝甲子園のスーパースター〟がやって来たと……。

　しかし、チームはその存在にある意味で戸惑っていたとも言える。1年目の沖縄キャンプでは「ケガをさせてはいけない」と腫れ物にさわるような空気だった。デビューも本拠地ではなくビジターの他球場だった。ポジションも内野なのか外野なのか中途半端だった。立浪監督はそんな根尾と本気で向かい合い、とにかく会話をしたと言う。立浪監督は「根尾のことを一番見ているのは自分だ」とまで言い切った。「生きる道は投手」という決定に、根尾に明るい表情が戻った。「投手・根尾昂」へファンの期待は高い。

立浪　将来的には先発を当然やってもらいたいですし、ウチはリリーフが沢山いますからね、今のところ。だから、ファンの皆さんの期待が大きすぎて本人が焦らないようにしたい。ピッチャーに変わって、いきなり150キロを投げて、フォアボールもほとんど出すことがない。やっぱり才能はあるわけですから。ただ投手を本格的にやるとなると、今度は何か壁にぶつかったりもします。実際に、22年の秋にはちょっとしっくりいかなかった、うまくいかなかった部分もありました。だから、もう1回原点に帰ってですね、じっくりと先発して完投できるぐらいの、そういうピッチャーを目指してほしい。ファンの人が根尾を見たいっていう気持ちはよくわかるんですけれども、今の彼はそういう時期かなと思います。

22年の暮れ、私はラジオ番組のゲストだった根尾昂と会った。ちょうど目の前に23年のドラゴンズカレンダーがあった。根尾の写真は2月のページに、髙橋宏斗と2人一緒に掲載されていた。「次のカレンダーでは、1人で1ページになって下さい」こう語りかけた私に、根尾は即答した。「はい！開幕に合わせた4月に選ばれたいと思います」。根尾らしい爽やかな答えだった。根尾にとっても、ファンにとっても、楽しみなシーズンとなる。でも立浪監督の言葉通り、どちらも決して焦ることなく……。

「あと1本が出ない」打線は相変わらず

監督が代わっても、打てないドラゴンズだけは変わらなかった。チーム打率こそ、前の年から上がったものの、チーム得点数414点、ホームラン数62本は、セ・リーグでも圧倒的な最下位だった。「打つ方は必ず何とかします」と立浪監督は、就任会見で力強く言い切った。しかし、何とかならなかった。「必ず」という約束は、新たなシーズンへと持ち越された。

立浪　打つ方は、すぐにはそんなに良くならないと思います。でも徐々にはね、昨年より今年、今年より来年っていう風には、当然していかないといけないと思っています。もちろん、バンテリンドームナゴヤという広い本拠地で、野手にはかなり不利なところはあると思うんですけれども、それでもホームグラウンドですからね。やっぱり、もう少し点を取らないと観ているファンの方も本当に退屈すると思います。でも、23年シーズンも球場の広さは変わらない。マウンドの傾斜もそのまま高い。

　バンテリンドームナゴヤで、実際に相手チームで本当によく打ったなっていう選手は、ヤクルト（スワローズ）の村上（宗隆）選手だったり、横浜（DeNAベイスターズ）の牧（秀悟）選手だったり、佐野（恵太）選手であったり、本当に、力とか技術とかがある人たちなので、やっぱりドラゴンズの選手たちももっと技術を身につけないといけない。ホームランは別としても、そのあたりは根気よくやっていくしかないなって思っています。

打ち勝つ野球が見たい！

**　ドラゴンズの試合は、点が入らずハラハラドキドキ、疲れるというファンの声も多い。広いバンテリンドームナゴヤを本拠地とする限り、僅差で逃げ切る試合が多くなることはやむを得ないが、それでも、豪快に打ち勝つ試合、大量リードされていても一気にひっくり返す試合、そんなゲームをもっともっと見たい。23年への打開策は？**


立浪　自分もそう思います。ベンチで見ていて、ファンの方の心境を察しますよね。こんなに打てなくて、点が取れなかったら、面白くないだろうなっていう風に思います。

　チームが勢いづいてきたな、乗ってきたなって思う試合がほとんどなかったですね。初回に4点、5点とって勝った試合もあるんですけれど、普通そこから打線って調子が上がってきたりするのですが、そのように全体的に打線が上向きっていうことが、22年シーズンは1度もなかった。相手のピッチャーが代わってしまえば、調子もまた変わってしまった。

　そんな打線がよくなるように、今回は（新たに和田一浩）バッティングコーチに来てもらったり、選手も補強してもらったり、いろいろやった。やっぱり野球っていうのは点が入らないと面白くないですよね。実際に、8対5とか6対3とか、それぐらいのゲームが一番面白いっていう風に言われていますし、毎試合2対1ではいけないと思うんで、そういう野球もしていかないといけないなっていうことは思っています。

最も印象に残った試合は?

22年シーズンの143試合、その観戦コラムを書き綴った。最下位だったとはいえ、感動的な試合も多かった。立浪監督にとっての初勝利、数々のサヨナラ勝ち、大野雄大の10回2死までの完全試合、そして立浪監督のバースデーでの土田のサヨナラヒット……。監督として初めてのシーズン、立浪監督にとって、最も思い出深いゲームはどの試合なのだろうか?

立浪 正直この試合が、というのは少ないんですけど、強いていうならば、ソフトバンクの2戦目、終盤に逆転勝ちをして勝ち越した試合ですよね。次のロードで千葉、北海道とちょっと勝ち越さないといけない相手という感じでしたから、あの勝利でチームは乗ってきたかなと思ったところでした。

それは22年6月4日の交流戦、バンテリンドームナゴヤでの福岡ソフトバンクホークスとの試合。先発の髙橋宏斗が、じりじりと点を取られて苦しい展開だった終盤の7回裏、代打の溝脇隼人が逆転の3ベースヒットを放ち、4対2で勝った。満員のドームは歓喜に包まれた。翌5日も柳裕也が粘りの投球で、ホークス相手に連勝した。その勢いのまま、千葉ロッテマリーンズ、そして北海道日本ハムファイターズとの6連戦にのぞんだのだが、ここでまさかの6連敗。シーズンをふり返ると、このビジターでの連敗がシーズン最下位へのターニングポイントとなった。ホークス戦での連勝の勢いからすれば、これこそまさに「誤算」と言える、交流戦6連敗締めだった。

立浪 小笠原（慎之介）が（ロッテとの初戦で）逆転3ランを打たれて、そこから連敗が始まったんですけれど、ただ、あれがなければとかそういうことではなくて、多分遅かれ早かれ、22年のチームの力だと、そういう状況、夏場での連敗ってあったと思うんですよね。

自慢の投手力にも弱点あり

交流戦の最後、千葉と北海道での6連敗に象徴されるように、22年のドラゴンズは、相手チームの球場で弱い〝内弁慶〟だった。ホームでの成績は37勝33敗1分と勝ち越しているのに、ビジターでの成績は29勝42敗1分と、実に13の負け越しだった。立浪監督も、この落差を重く受けとめている。

立浪　今のチームは投手力がいいって言われていますけれど、ビジターでは、本当に相手を抑えることができたピッチャーは少ないです。小笠原と髙橋宏斗ぐらいですか。ということは、彼ら2人は球に力があるということです。これは、はっきりと分かっていること。バンテリンドームナゴヤという舞台によって、やっぱり投手は救われている。そこに慣れてしまい、ビジターで弱いっていうことではいけないと思います。

先発ピッチャーは、やっぱり他の球場でも変わらないピッチングができるようになっていかないといけないと思いますし。ビジターで弱いっていうのは、先発ピッチャーがバンテリンドームナゴヤの時より点を取られてしまい、さらに打線が弱いので、それ以上は点が取れないということ。成績自体はバンテリンドームナゴヤでは勝ち越しているんですけれど、勝敗の数字として、はっきり出ていますので、もう1回、ピッチャーを含めたセンターラインの強化をしっかりして、そこからちょっとずつでも打てるようにするのが順番かなと思っています。

センターラインの整備こそ

センターラインについては、ドラゴンズOBで野球評論家の川上憲伸さんが、立浪監督の就任前にこんなことを言っていた。「立浪監督はショート出身であり内野手出身なので、セカンドとショートのセンターライン、ここをどう固めるかに注目したい」。残念ながら、22年は、センターラインの確立は実現しなかった。ドラフトでは、育成を含めて5人の内野手を獲得した。立浪監督の意志が色濃く反映された新入団選手の顔ぶれだった。

立浪 そういう意味合いも兼ねて、ドラフトでは、動ける選手をたくさん取りました。春季キャンプは非常に活気が出るのかなとは思っています。

2023年シーズンはこう戦う！

1年目は「若手を使いながら勝ちも目指す」と、実際に多くの若手選手を起用した立浪監督。しかし、2年目に向けては、はっきりと「勝ちに行く」と宣言している。若手についても「良ければ使う。レギュラーを与えることはしない」。改めて、23年シーズンの戦い方について語ってもらった。

立浪 やっぱり野球って勝たないといけないんです。もちろん優勝を目指していないチームなんてないですから。その中で冷静に、自分の選手の力量を把握していく。スタメンには、ピッチャーを除いて8人が名を連ねるわけですけども、やっぱりそこはチーム70人の支配下選手がいる中で、力のある人、いい人を使っていこうと思っています。23年シーズンはシンプルにスタートしていきたい。その中で、若い鵜飼航丞であったり、石川昂弥であったり、これからのドラゴンズに必要な、将来的にクリーンアップを打てる可能性を秘めた選手。そういった選手には、もちろん良ければチャンスを与えていかないといけないと思っています。

立浪野球は「○○野球」

かつて、ドラゴンズにリーグ優勝をもたらした名監督たち。近藤貞雄監督は「野武士野球」、星野仙一監督は「熱い野球・燃える野球」、そして落合博満監督は「1点を守りきる野球」と言われた。では、23年の立浪ドラゴンズは、どんな野球になるのか？ 過去の監督たちのキャッチフレーズのように、あえて言葉にしてもらった。

立浪 理想は「1点を守りにいきたい野球」ということはあるんです。バンテリンドームナゴヤだとやっぱりどうしてもそういう試合が多くなってしまいます。まあ「しっかりとした野球」をできるようにしていきたいですよね。そうなると、やっぱり1点をそつなく取れる。そして、無駄な1点をやらない。22年は、点が取れない割に、意外と相手による重盗であったりとか、そういった細かいミスで点を与えることも多かった。23年は1点を本当に貪欲に取りに行く。そして、守りの面では与えるのは1点でも少なく、そういった野球をやりたいです。そのためには、連携プレーも、チームプレーも含めて、春からしっかりやっていきたいなと思っています。

立浪監督が言葉にした野球、それは「しっかりとした野球」だった。とてもわかりやすい表現であり、しかし、それだからこそ、その達成には並々ならぬ決意と努力が必要になる。「打つ方は必ず何とかします」という言葉のように、立浪監督は「必ず」という表現で、自らの決意を述べて、ファンの胸を熱くさせてきた。では、23年シーズンの「必ず」は何だろうか？　最後に問いかけた。

立浪　今年の「必ず」ですか（笑）。まずはAクラスにしっかり入って、そこでチャンスがあればもちろん優勝を当然狙っていきたいなと。そんな風に思っています。

「いい本になりそうですか？」

突然かけられた声に驚いた。インタビューを終え、感染防止用のアクリル板などを片づけて、部屋を出た時のことだった。そこには、立浪和義監督がにこやかに立っていた。再び涼し気な笑顔に戻って……。

「もちろんです！」こちらが思わず即答してしまう明るさがあった。それこそが〝立浪和義〟という人が持つ空気感なのだろうか。きっとドラゴンズの選手たちとも、こうしたコミュニケーションを築いているのであろう。

23年シーズンの戦いが楽しみである。私たちファンを熱くさせる戦いを「必ず」見せてほしい。

たつなみ かずよし／1969年8月19日生まれ、大阪府出身。1987年に主将としてPL学園高を春夏連覇に導き、同年ドラフト1位で中日ドラゴンズに入団。ルーキーイヤーにショートで開幕戦スタメンとして出場して以降、2009年の現役引退までチームの顔として活躍し、「ミスター・ドラゴンズ」として讃えられている。通算安打2,480本は歴代8位、二塁打487本はNPB最多。2022年中日ドラゴンズの監督に就任。

2022シーズンデータ

順位	チーム	試合	勝	敗	分	勝率	差
1	ヤクルト	143	80	59	4	0.576	-
2	DeNA	143	73	68	2	0.518	8
3	阪神	143	68	71	4	0.489	4
4	巨人	143	68	72	3	0.486	0.5
5	広島	143	66	74	3	0.471	2
6	中日	143	66	75	2	0.468	0.5

ホーム・ビジター別

ホーム	37勝33敗1分
ビジター	29勝42敗1分

対戦別成績

対戦別成績	勝	敗	分
ヤクルト	14	10	1
DeNA	6	18	1
阪神	12	13	0
巨人	12	13	0
広島	15	10	0
オリックス	2	1	0
ロッテ	0	3	0
楽天	2	1	0
ソフトバンク	2	1	0
日本ハム	0	3	0
西武	1	2	0

対戦別成績

項目	成績	リーグ内順位
チーム得点	414	6位
チーム打率	.247	4位
チーム本塁打	62	6位
チーム失点	495	2位
チーム防御率	3.28	2位
奪三振	1050	1位

個人成績

打率	大島洋平	.314
本塁打	ビシエド	14
打点	ビシエド	63
防御率	大野雄大	2.46
勝利数	小笠原慎之介	10
奪三振	小笠原慎之介	142

立浪戦記
2022
［前編］
3月25日〜6月12日

［期間内成績］27勝35敗0分

2022.3.25

［東京ドーム］

立浪竜の初陣に興奮！「舞台は東京ドーム、相手はジャイアンツ」

立浪監督のコメント

大野雄は5回に不運な内野安打から崩れてしまったが、それもまた野球。（今季は入場制限が撤廃されて）選手は緊張感を持ってやれたと思う。応援してくれたファンに感謝して、明日からまた戦っていきます。

	1	2	3	4	5	6	7	8	9	計
中日	0	0	1	1	0	0	0	0	0	2
巨人	0	1	0	0	3	0	0	0	x	4

●大野雄（1試合0勝1敗）、田島、ロドリゲス－木下拓

【戦評】先発の大野雄は序盤から球威で押すも5回に逆転を許してしまう。打線はビシエドが自身3年連続4度目となる開幕戦でのホームランを放ち、スタメンに抜擢された岡林は同点タイムリーを含む3安打猛打賞。最後まで粘りを見せあと一歩というところまで巨人を追い詰めるが、惜しくも敗戦となった。

東京の桜は5分咲きだった。言葉通りの〝花曇り〟の下を、2022年（令和4年）ペナントレース開幕戦の舞台である東京ドームへ歩む。3月25日金曜日。新監督の立浪和義が率いる新生・中日ドラゴンズの初陣が近づいていた。

JR水道橋駅から球場へ歩きながら、しみじみと思った。監督としての初めての相手は読売ジャイアンツ。さらに戦いの場は相手の本拠地。こうした舞台こそ、背番号「73」の真新しいユニホームを背負った立浪和義にふさわしいのではないか。アウェーの逆風の中から、竜は力強く一歩を踏み出すのだ。〝野球の神様〟は必ずいる。そう信じざるを得ない場面を、これまで数え切れないほど目撃してきたが、この日もそのひとつなのだろう。監督通算16年目の原辰徳率いるジャイアンツ相手に、どんな野球を見せてくれるのか？　どうか気持ちよく、それもいきなり勝ってほしい。

東京ドームはリニューアルしたばかり。この日は、そのお披露目でもあった。バンテリンドームナゴヤの横幅106メートルを上回る国内の球場で最大規模となる大型ビジョン。試合前、その125メートル余りの画面に、ミスター・ジャイアンツこと長嶋茂雄さんの選手、そして監督時代の名場面とともに、21年（令和3年）11月に文化勲章を受章した長嶋さんの祝賀セレモニーが映し出された。

実は長嶋さんとドラゴンズの縁は深い。1974年（昭和49年）の感動の引退試合、94年（平成6年）の同率最終戦で優勝を決めた「10・8決戦」、メークドラマという流行語を生んだ96年（平成8年）の大逆転優勝、そして最終回に4点差を逆転しての2000年（平成12年）の優勝、実はその相手チームはすべてがドラゴンズ。この日のセレモニーで、ドラゴンズを代表して花束を贈ったのは立浪監督だった。「10・8決戦」激闘の主役の1人。何とも感慨深い。

プレーボールと共に、いきなり躍動したのは〝立浪野球の申し子〟とも言える岡林勇希。20歳になったばかりの若竜が2打席目でライト前タイムリーを打って、立浪ドラゴンズ初の得点をたたき出した。岡林はこの試合3安打の大活躍。同じく開幕での初スタメン石川昂弥は、残念ながらノーヒット。もう1人、大きな拍手を浴びたのが、8回表に代打で登場した鵜飼航丞（こうすけ）だった。初球からフルスイング。結果はライトフライだったが、開幕戦に揃って登場したこの3選手に、新たな息吹を感じた。

その一方でブレーキになったのは、3番に入った大ベテランの福留孝介だった。ドラゴンズファンとしてこれまで幾度、その開幕スタメン姿を見てきたことだろう。1999年（平成11年）4月4日、開幕3戦目にプロ初安打となる二塁打を、スタンドで目撃した思い出がある。あれから23年の歳月が流れた。福留も44歳10カ月となり、この日、開幕戦における史上最年長スタメン記録を塗り替えた。

21年の秋、立浪監督は福留の起用についてこう語っていた。「外野で出てもらいたいのはあるけれど、チームは変わらないといけない。代打の切り札として使う」。

その弁を覆してのスタメン起用には、立浪監督なりの思慮があったはずだ。2三振を含め4打数凡退だった福留。次なる試合に期待したい。新監督の期待はいずれ実る。そう信じさせるものを立浪和義というリーダーは持っている。

立浪采配が一気に〝開花〟したのは、2点リードされた8回表の攻撃だった。2死一、三塁で8番の京田陽太に代打・山下斐紹（あやつぐ）を指名。相手が左投手にチェンジすると、すかさずドラフト2位のルーキー、右の大砲候補である鵜飼を〝代打の代打〟に起用したのだった。選手会長である京田への代打起用は、2日後の3戦目でも見られたが、この積極的な采配は、前シーズンまではほとんど見られなかったものだ。鵜飼はライトフライで無得点に終わった。

2対4、初陣を飾ることはできなかった。しかし、勝負への執念と〝勝負どころ〟と見れば一気に動く采配、シーズンへの確かな手応えを感じたシーズン開幕戦だった。

2022.3.26

［東京ドーム］

勝野自ら特大ホームラン！しかし岩嵜が腕に違和感でまさかの逆転負け

立浪監督のコメント

（初スタメンでプロ初安打を放った）鵜飼は思い切りが良い。この球場ならというスイングをする。5安打だけですが、四球も絡めて点がとれた。それを守り切るのが中日の野球なので、また頑張るしかない。

	1	2	3	4	5	6	7	8	9	計
中日	0	1	0	0	2	0	0	2	0	5
巨人	0	1	0	1	0	0	0	5	x	7

勝野、ロドリゲス、岩嵜、田島、●福（1試合0勝1敗）、山本－木下拓

【戦評】打線は巨人投手陣の制球難につけ込み効果的に加点するも、初勝利が見えてきた8回裏、移籍後初登板の岩嵜の緊急降板から状況が暗転。後を継いだ東京ドームを苦手とする田島、前年の不調が続く福らが巨人打線に捕まり逆転負け。岩嵜は離脱となり、早くもブルペン陣の再整備を余儀なくされた。

目の覚めるような力強い打球が、東京ドームの左中間スタンドめがけて一直線に飛ぶ。打席でバットを振ったのは背番号「41」。地元岐阜出身の勝野昌慶（あきよし）、開幕2戦目の先発投手だった。

前夜の開幕戦をエース、大野雄大で落とした立浪和義監督は、第2戦の先発に入団4年目の勝野を抜擢した。開幕直前のオープン戦、ラスト登板で結果を残したこともあるが、この勝野は、昨シーズンまでも時に驚くような好投を見せてきた。ただ、なぜかそういう試合に限って打線が援護をしてくれない不運。2021年シーズンも17試合に登板しながら、わずか3勝にとどまっている。その3勝目はシーズン始まったばかりの4月末、その後12回も先発しながら、勝ち星に恵まれなかった。

前夜の開幕戦に続き先発スタメンに抜擢された3年目の石川昂弥が、2回表に内野ゴロによる今季の初打点を記録した。これが先制点だったのだが、直後に同点に追いつかれ、その後に逆転を許していた。1対2とジャイアンツにリードを許した直後の5回表に飛び出したのが、勝野自らのバットによる2ランホームランだった。

打った瞬間にそれと分かる見事な一発は逆転ホームラン。なかなか勝ち星を手に入れることができなかった勝野が〝打

者〟として、チームにそしてもちろん勝野自身にも〝喝〟を入れた一打だった。

立浪監督が就任したドラゴンズは、投手の打撃練習に力を入れてきた。沖縄での春季キャンプでも、打撃コーチが投手にバッティングを指導するという、これまでのドラゴンズにはなかった練習が導入された。OBで野球評論家である川上憲伸さんは、大きな選手補強なく現有戦力で1年目のシーズンに臨んだ立浪監督について、「底上げは、実は投手のバッティング向上ではないか」と推察していた。現役時代に自分自身、投手でありながら打撃にも大いに自信があった川上さんの言葉だけに、とても納得した分析だった。現に前夜の開幕ゲーム、先発の大野雄大も2安打を記録した。パ・リーグと違ってDH制のないセ・リーグの場合、投手は9人目の打者。実は大切な〝自明の理〟なのである。

勝野は6回でマウンドを譲った。それに続いて、オープン戦で構築された新しい〝勝利の方程式〟が初のお披露目となった。まず7回は、これまでの先発から中継ぎに配置転換、背番号も「29」に替わって進境著しいジャリエル・ロドリゲス。四球を出したが後続を断ち、8回の岩嵜翔にバトンを渡す。FAで移籍した又吉克樹に替わって、福岡ソフトバンクホークスからやって来たパ・リーグ屈指のリリーバー。2007年（平成19年）の高校生ドラフトでは、実はドラゴンズも1位指名したという逸材であり、ホークスでは最優秀中継ぎ投手のタイトルを取るなど、立浪ドラゴンズでも〝勝利の方程式〟のひとりとして、大きな期待が寄せられていた。オープン戦では力を発揮し「8回は岩嵜」と臨んだシーズン最初の登板である。

8回表に2点の追加点が入り3点差ということもあって、9回を締める〝守護神〟ライデル・マルティネスまで、心穏やかに立浪流の初勝利を迎えようとしていた矢先にアクシデントが起きた。岩嵜は先頭打者にフォアボールを与えた時に右腕に違和感が出て、そのまま降板となってしまった。緊急登板したリリーフ陣が巨人打線に打ち込まれ、なんと一挙に5失点。ライデル・マルティネスの登板は幻に終わり、勝ちを信じてそれぞれに、立浪ドラゴンズ初勝利の祝杯の準備をしていた私たちファンも、何とも暗いムードの土曜の夜へと突き落とされることになった。

岩嵜の腕は大丈夫だろうか。開幕2戦目にして、早くも危機を迎えた立浪ドラゴンズの〝勝利の方程式〟。明日の先発は柳裕也。こうなったらリリーフ陣を休ませるために完投してもらうしかない。

2022.3.27

［東京ドーム］

立浪監督に待望のウイニングボール、初勝利は劇的な大逆転勝ち！

立浪監督のコメント

（溝脇の勝ち越し打の場面は）満塁になって外野が後ろに下がったのが功を奏した。野球はそれくらい微妙に流れが変わる。3連敗したら会見で何を話そうかと考えていた。ウイニングボールは家に飾ります。

	1	2	3	4	5	6	7	8	9	10	計
中日	0	0	0	0	1	0	0	2	2	2	7
巨人	4	0	0	0	0	0	1	0	0	0	5

柳、橋本、福、○清水（1試合1勝0敗）、R・マルティネス（1試合0勝0敗1S）－木下拓

【戦評】先発の柳は初回から2被弾を喫し、巨人ペースで試合が進む。敗色濃厚の9回表、1死満塁から野手キャプテンに就任した大島の2点タイムリーで同点。勢いそのままに、10回表2死満塁から伏兵・溝脇の代打2点タイムリーで勝ち越し逆転勝利。全員野球で立浪監督に初勝利をプレゼントした。

その瞬間、開幕3連敗を覚悟した。東京ドームでのジャイアンツとの3戦目。プロ野球2022年シーズン開幕の熱気がまだ残る日曜日の午後だった。

がっぷり四つに組んだ3月25日の開幕戦は、エース大野雄大がゲーム中盤に打たれて敗れた。それでも新生・立浪ドラゴンズに大いなる手応えを感じた。翌26日の第2戦は、8回表に押し出しの四球で2点を加えた時に、勝利を確信した。しかし、あろうことか福岡ソフトバンクホークスにFA移籍した又吉克樹に替わる〝新・8回の男〟岩嵜翔が、肘のトラブルによってベンチへ下がった。そこから一気に5点を奪われて、まさかの大逆転負け。負けた以上に岩嵜の負傷は痛かった。言い方は悪いけれど、これでは又吉をホークスに差し上げただけみたいなものではないか。それも、豊富な資金力をバックに巨大戦力を有するホークスに。新監督である立浪和義の手元に初のウイニングボールは、いまだに届いていない。

それでも3戦目は、前の年の最優秀防御率投手と奪三振の投手2冠を手にした背番号「17」柳裕也が先発だった。昨シーズンオフに会った際に、大胆にも柳にこんな質問をしてみた。

「背番号20は着けないのですか？」。

ドラゴンズのエース背番号「20」。過去にそれを背負った数々のエースたち。杉下茂や星野仙一という、同じ明治大学出身という流れも少しあった。しかし柳は破顔一笑で即答した。

「よく言われるのですが、着けませんよ。背番号17でいきます」。

その「17」のユニホームが、心なしか肩を落とした。プレーボールからまもない1回裏、4番の岡本和真、そして5番の中田翔、重量打線として名高い巨人打線の中核を成す2人に、なんと連続ホームランを浴びた。いきなりの4失点。これはいけない。前日の逆転負けが尾を引いているのだろうか。

しかし、ここからのドラゴンズは明らかに昨季までとは違っていた。4点差の8回表に、ドラフト2位で駒澤大学から入団したルーキーの鵜飼航丞が、プロ初打点となる2ベース。反撃の狼煙を上げた。この回に2点差まで追い上げると、9回には大島洋平の2点タイムリーで同点に追いついた。

大島は昨シーズンまでヒットは積み重ねるものの、ここ一番というチャンスで再三凡退してきた印象があった。それだけに、1死満塁から放ったライトへの2点タイムリーは、大きな価値があった。そして延長10回、試合途中からショートに入っていた溝脇隼人が2死満塁から値千金の2点タイムリーの決勝打。終わってみれば、7対5で勝っていた。見事な逆転勝利だった。

監督として初めての勝利、そのウイニングボールは立浪監督の手にしっかりと握られた。

24時間前にファンが思い描いた光景は、その日は無残にもかなうことがなく、むしろ思い描けなかった翌日に現実となった。それだけに劇的だった。

「よく勝ったなあ」。

この一言に、いっぱいの喜びと少しの安堵感がにじむ。

「私にとってもスタートです」。

圧倒的な成績を残した百戦錬磨のプレーヤーだった立浪にして、監督という立場は全然違うのだろう。その笑顔は本当にうれしそうだった。

そして、開幕3連戦3連敗を覚悟した私たちファンにとっても、心からうれしい勝利だった。相手は長きにわたる宿敵ジャイアンツ、負けを覚悟して観ていた試合、そして去年まではなかった新しい戦力も活躍しての延長戦での逆転勝ち。多くの竜党は確信したはずだ……「去年までとは違うぞ！」。

2022.3.29

［バンテリンドーム ナゴヤ］

本拠地開幕戦で根尾昂がスタメン登場！ファンは沸くも3安打で完敗

立浪監督のコメント

（先発の小笠原について）7回3失点は投手の責任ではない。いいピッチングでした。（この日の外野陣は）根尾の肩はスタメンで出すのなら生きるし、岡林も守備範囲は広いので、そういう配置でいきました。

	1	2	3	4	5	6	7	8	9	計
DeNA	0	0	2	0	1	0	0	0	1	4
中日	0	0	0	0	0	0	0	0	0	0

●小笠原（1試合0勝1敗）、山本、森－木下拓

【戦評】新星岡林を中堅に起用し、前年まで不動の中堅大島を左翼に、根尾を右翼に起用する布陣で迎えた本拠地初戦。先発の小笠原は積極的な打撃で攻めるDeNA打線相手に粘投を見せるも、打線が援護できずに星を落としてしまった。この日の観客動員は28,088人と、初戦ながら空席もやや目立ってしまった。

東京ドームでの開幕3連戦を1勝2敗で終えたドラゴンズが、いよいよ名古屋に帰ってきた。公式戦で初めて、立浪和義新監督の背番号「73」が私たち地元ファンの前に登場する。公式ファンクラブを通して発売日早々に購入した内野席チケットを大切に持って、バンテリンドームナゴヤに向かった。

この試合で、私たちは開幕早々に、立浪采配の〝妙味〟を味わうことになった。シーズンでこの後も度々見せる大胆で魅力的な采配、その最初の一歩が、この試合のスタメンだったのかもしれない。先発オーダー発表の場内アナウンスにスタンドは沸きに沸いた。

「6番ライト・根尾昂」。

東京ドーム開幕3連戦では出番のなかった4年目の根尾が、本拠地でいきなりスタメン登場するのだ。

ドラフト会議でジャイアンツやスワローズなど、4球団が指名した甲子園のスーパースター。ファンの間でも、いや、あまりプロ野球に詳しくない人にとっても、注目度は高い。極論すれば、皆、根尾昂が好きなのだ。

ところが、2019年プロ1年目の一軍デビューは甲子園球場、2年目のプロ初スタメンは横浜スタジアム、さらにプロ初ヒットを打った舞台も広島だった。まるで〝名古

屋飛ばし〟とも言いたくなるような、過去の登場の歩みであった。そんなこともあって、スタンドの応援席は大歓迎の声にあふれていた。

「さすが立浪監督、ちゃんと分かっている」。

根尾の今季初スタメン以上に、実は注目の起用があった。〝不動のセンター〟大島洋平のレフトでのスタメン起用である。根尾がライトの守備に入ったことで、開幕からライトを守っていた岡林勇希がセンターに移り、その流れで大島がレフトへ。入団13年目を迎えた大島にとって、レフトでのスタメンは実は初めてのことだった。ましてやゴールデングラブ賞を9度も取っている名手。その〝聖域〟を動かしたのだ。もっとも将来のチーム構成を考えれば、強肩が求められるセンターのポジション。ベテランにも遠慮しない起用に、監督就任会見で放った立浪監督の言葉を思い出した。

「勝つために妥協はしません」。

力強くこう語っていたのだった。

先発は、東京ドームで投げた左右のエース大野雄大と柳裕也に次ぐ、先発3番目の男・小笠原慎之介。21年シーズン、初めて年間規定投球回数をクリアして、今季への期待も高い。春季キャンプからの調整も万全だったと聞く。3回には横浜DeNAベイスターズの新4番・牧秀悟にホームランを浴びたが、7回を9奪三振の3失点に抑える熱投だった。

ただ、打線が打てなかった。わずか3安打では勝てるはずがない。内野席スタンドに陣取ってじっと戦況を見つめながら、「あと1本が出ない」と言われ続けた昨季までの姿を思い出した。

4対0の完封負け。しかし、東京ドームでの開幕3連戦と先発メンバーを入れ替えた立浪采配には、まったく失望感はなく期待しかない。シーズンは始まったばかりなのだから。

この日、初スタメンの根尾は最後まで出場した。それも立浪監督の期待の表われなのだろう。しかし、サードゴロ、ファーストゴロ、セカンドゴロ、そして最後もセカンドゴロと4打席ノーヒット、すべて内野ゴロで打球は外野に飛びもしなかった。根尾の打球を相手野手が処理するたびに、スタンドは毎度ため息に包まれた。

「打てば外野レギュラー」と明言した立浪監督の期待に応えることはできなかった。せっかくの舞台なのに残念である。早いもので4年目を迎えた根尾昂、今シーズンの歩みに少しだけ不安がよぎった夜でもあった。

2022.3.30

［バンテリンドーム ナゴヤ］

髙橋宏斗が本拠地デビュー、鵜飼は初ホームラン、若竜の粘りに光差す

立浪監督のコメント

鵜飼はホームランもそうですけど8回のタイムリーもよかったですね。（髙橋宏の反省点は）四球からピンチを招いて、クリーンアップのあとにボールが先行して打たれてしまった。今回の反省を次に生かしてくれればいい。

	1	2	3	4	5	6	7	8	9	計
DeNA	0	2	2	0	0	3	0	0	0	7
中日	0	0	0	2	0	0	0	4	0	6

●髙橋宏（1試合0勝1敗）、橋本、藤嶋、福、田島－木下拓

【戦評】前日にカード初戦を落とした中日はプロ初登板の髙橋宏をマウンドに送る。150㎞超の速球を軸にピッチングを組み立てるも、要所で逆球が目立ちDeNA打線に捕まってしまう。打線は鵜飼のプロ初ホームランが飛び出し、終盤に大島や代打平田のタイムリーなどで追い上げるも、あと一歩及ばず敗戦。

ゲームを待つワクワクした心の高ぶりは久しぶりだった。この日、プロ初登板そして初先発のマウンドに立つのは、その背番号と同じ「19」歳の髙橋宏斗。２０２０年のドラフト１位で、地元である中京大中京高校から入団した将来のエース候補。満を持して、本拠地バンテリンドームナゴヤでのデビューとなった。

高卒ルーキー投手のデビュー、今も記憶に鮮明なのは１９８７年（昭和62年）８月９日の近藤真一（現・真市）である。当時の星野仙一監督は、入団１年目の左腕を本拠地ナゴヤ球場でのジャイアンツ戦、先発としてマウンドに上げた。近藤はジャイアンツ打線を相手に、ノーヒットノーランという快挙を達成。高卒ルーキー、プロ初登板初先発でのノーヒットノーランは、今なお記録にも、そして記憶にも残っている。まさか今夜も？　と思いながらも、35年も昔になったが今なお鮮明な思い出に重ね合わせようとしてしまう。

髙橋宏斗は、２年目のデビューに向けて、順調に歩んできた。沖縄での春季キャンプでも、落合英二ヘッド兼投手コーチが導入した、ストライクゾーンへのコントロールを競うピッチングテストに圧倒的な制球で合格するなど、先発ローテーション入りへの期待は、やがて確信に変わった。

21年のルーキーイヤーを含めて、まだ二軍でも一度も勝利を挙げていない若き投手の、開幕シリーズでの先発起用。それも本拠地・名古屋での初登板。立浪和義監督と落合コーチがかける髙橋への期待感は、応援するファンにとっても実にしっくりくる。ありがとう。あとは……そう結果だ。

しかし、現実は甘くなかった。髙橋は序盤から横浜DeNAベイスターズの打線につかまり、2回に2点、続く3回にも2点と、失点を重ねていく。それでもベンチは続投を命じて、髙橋に先発の最低責任回数ともいえる5回まで投げさせた。

プロ初登板は、5回5安打4失点で負け投手。しかし153キロの剛球も披露して、4回裏は三者凡退に抑えた。何より5回まで投げ続けたことは大きいと思った。苦しみながらも100球近くを投げた汗と緊張感は、次のマウンドで必ず生きるはずだから。何より、背番号「19」がついに一軍の舞台で産声を上げたことがうれしかった。

敗れた試合だったが、もうひとつ大きな収穫は、これも若い力。ドラフト2位ルーキー・鵜飼航丞のプロ初ホームランだった。詰まったと思った打球だったが、レフトスタンドの中段に飛び込んだ第1号。貧打に泣いてきた昨季までのドラゴンズ、セ・リーグ最下位はもちろん12球団で最もホームランの数が少なかった21年シーズンを受けて獲得した待望の大砲候補だけに、地元での開幕早々の一発に本拠地ドームは沸きに沸いた。鵜飼は8回にも追い上げのタイムリーを放つ。笑顔がさわやかで、何より明るく元気なムードを発散する選手だけに、これから見られる活躍が楽しみでならない。

驚いたのは8回裏の攻撃だった。残り2イニングで5点差があって、応援しているファンの私たちですら、あきらめモードだったのだが、ドラゴンズベンチは誰ひとりあきらめていなかった。この回先頭打者の木下拓哉が2ベースで出塁した後に、大島洋平、代打の平田良介、そして鵜飼と3者連続のタイムリーで一挙4点を返す。1点差まで詰め寄った。

残念ながら反撃もここまで、6対7での敗戦だったが、8回裏に見られた驚異の粘りに、これまでとは明らかに違う竜のしぶとさを感じ取った。やがて「ミラクルエイト（奇跡の8回）」とファンの間で呼ばれる攻撃。それは、1980年代初頭、近藤貞雄監督に率いられた〝野武士野球〟と言われたチームの、逆転に次ぐ逆転でファンを沸かせたドラゴンズの姿を、オールドファンの胸によみがえらせるものだった。

2022.3.31

［バンテリンドーム ナゴヤ］

本拠地まさかの3連敗で、立浪ドラゴンズの開幕ダッシュならず

立浪監督のコメント

(8回三塁憤死の京田は）積極的にいった走塁は責められないけど、ノーアウトなのでね。ライデルが9回に失点したが、チャンスつぶした後とか、流れってあるので。次からはなんとか打線が早く点を取りたい。

	1	2	3	4	5	6	7	8	9	計
DeNA	0	0	0	0	0	0	0	0	1	1
中日	0	0	0	0	0	0	0	0	0	0

松葉、藤嶋、清水、ロドリゲス、●R・マルティネス（2試合0勝1敗1S）－木下拓

【戦評】先発松葉をはじめ投手陣はふんばるも、打線がDeNA先発濵口を最後まで捉えられず、8回先頭京田の打球は外野の間を抜くも三塁を狙いタッチアウト。開幕2カード消化し1勝5敗とスタートダッシュに失敗。試合後、選手間で緊急ミーティングが開かれることになった。

横浜ＤｅＮＡベイスターズを迎えての開幕シリーズをまさかの連敗と、重苦しい空気の中で迎えた3戦目。ゲーム前に飛び込んできたニュースは、そこにさらなるショックを加えた。岩嵜翔の長期離脱。検査の結果は、右前腕屈筋損傷。おそらく今シーズン中の登板は絶望だろう。

そんな暗いムードの中、ドラゴンズの先発・松葉貴大は好投を見せた。本拠地のドーム球場では強い。２０１９年（令和元年）のシーズン途中にトレードで移籍してきた左腕は、淡々と飄々（ひょうひょう）と投げて6回途中まで5安打で無失点。しかし打線はヒットが出るのだがつながらない。無失点のゼロ行進が続く。そんな焦燥感はベンチも感じていたのだろうか。0対0で迎えた8回裏、先頭の京田陽太の打球は力強く右中間を破った。京田は二塁を蹴って三塁へ向かい、外野からの送球によってアウトとなった。「無死二塁」のはずが「1死走者なし」。次の塁をめざす姿勢も意欲も大切だが、接戦の8回という終盤においては残念な走塁だった。9回表に〝守護神〟ライデル・マルティネスが1点を献上して、0対1で敗れた。ホームでの開幕3連敗は、１９７５年（昭和50年）以来、47年ぶりのこと。開幕早々の1勝5敗は、応援する身にも堪える。立浪和義監督はどう立て直してくるのか？　とにかく信じて応援するしかない。

2022.4.1

［バンテリンドーム ナゴヤ］

髭を剃った〝マスター〟阿部が先制弾と決勝打! 立浪監督本拠地初勝利

立浪監督のコメント

鵜飼はインコースをファウルにできたことが適時打につながった。大野雄は終始安定感があり、8回まで抑えたのが逆転に結び付いた。ピッチャーも勝てば良い意味で余裕が出る。勝ちがついて本当に良かったです。

	1	2	3	4	5	6	7	8	9	計
広島	0	0	0	2	0	0	0	0	0	2
中日	0	1	0	0	0	0	0	2	x	3

○大野雄（2試合1勝1敗）、R・マルティネス（3試合0勝1敗2S）－木下拓

【戦評】大野雄、大瀬良のエース対決となったカード初戦。打線は好調阿部の先制ホームランやタイムリーなどで加点。大野雄は春先ということもあり、本来の球威はまだないものの、8回5安打2失点の力投を見せて快勝。3カード目で待望の初戦を取ることに成功した。

本拠地の名古屋に戻って、横浜DeNAベイスターズに3連敗。「まさか」の結果である。そして、立浪和義新監督も本拠地でまだ1度も勝っていないことにあらためて気づく。今日からの対戦相手は、開幕からここまで負けなしの6連勝と、勢いに乗る首位の広島東洋カープ。よりによって嫌な巡り合わせとなったが、この開幕早々の試練、ファンとしても、ここは腹を括ってしっかり応援するしかない。頑張れ!

開幕まもない時期の宿命として、開幕戦があった曜日〝金曜日〟はおのずとエース同士の投げ合いになることがよくある。今日の先発も、ドラゴンズは大野雄大、そしてカープは大瀬良大地。僅差のゲームが予想される中、先制点を取ったのはドラゴンズ。2回裏に、5番セカンドの阿部寿樹が、レフトスタンドに第2号となる、ソロホームランを放った。エース対決だけに、最少得点とはいえ、先制点は大きい。

開幕以来、阿部は先発スタメンでセカンドを守っている。実は、春季キャンプの後半からオープン戦にかけての構想は「セカンド・阿部」ではなかった。将来に向けて若手を起用するという立浪監督の方針もあって、3年目の石川昂弥がサードに、そして昨季までの与田剛監督時代には〝不

動のサード〟としてゴールデングラブ賞まで取った高橋周平がセカンドに。

そのため阿部が生きる道は外野手しかなかった。沖縄のキャンプ地でも、レフトの守備練習をする阿部の姿があった。しかし、開幕直前に高橋周平が足を負傷して、一軍を離脱。阿部は守り慣れた去年までのポジションであるセカンドに戻った。開幕3連戦は「6番セカンド」、しかし名古屋に戻ってからは打順も上がり「5番セカンド」となった。試合の打席内容を見て、その打撃の好調さを立浪監督が見抜いたのだろう。

長いペナントレースでは、度々〝想定外〟のことが起きる。立浪監督が「3番セカンド」を期待していた高橋の姿はベンチにない。また、東京ドームでは「8回の男」のはずだった岩嵜翔が負傷して降板。

しかし、マイナスがあればその分プラスもある。その象徴が阿部の活躍だろう。去年までの髭をさっぱりと剃った顔は、少しだけ弱々しさを感じる反面、すっきりと若返った印象だ。要するに、試合で打てばいいのである。好調な打撃と共に、髭なき顔も凛々しく見えてくる。そして、この試合を決めたのも阿部だった。

大野と大瀬良、両エースの投げ合いは、2対1とカープが1点リードのまま8回を迎えていた。その8回裏1死一、三塁で、3番に抜擢されたルーキー鵜飼航丞がライト前に同点タイムリー。この1打にはファンも大興奮だった。新戦力の活躍はチームに勢いをつける。4番ダヤン・ビシエドの凡退があっても、どこかで期待があった。阿部は何とかしてくれる。そして、期待に応えるセンター前への逆転タイムリー。

実は、この瞬間を、ドラゴンズファンのオーナーが経営するレストランのテレビで友人と一緒に見守っていたのだが、さすがに席から飛び上がって、画面に拍手を送った。9回はライデル・マルティネスが締めて、3対2での勝利。首位カープに勝った！ そしてこれが、立浪ドラゴンズの本拠地初勝利となった。帽子を取ってスタンドに手を振る立浪監督に、もう一度、テレビ画面の前から先ほどよりも大きな拍手を送った。

阿部には、かつてのトレードマークだった髭を含めた風貌から、バーの「マスター」というニックネームがある。髭と別れを告げて今年オープンさせた〝新店〟でも、阿部マスターが作ってくれたカクテルは、極上の味でファンを酔わせてくれた。「勝利の美酒」、さてその名前はどう付けようか？

2022.4.2

［バンテリンドーム ナゴヤ］

大島洋平が打って走って大活躍！延長12回の劇的なサヨナラ勝ち

立浪監督のコメント

開幕後の早い段階でこういうサヨナラ試合があると、ベンチもいけるぞという雰囲気になる。（大活躍の大島は）36歳であれだけ動けている。オフの過ごし方やトレーニングを真面目にやっているのが分かる。

	1	2	3	4	5	6	7	8	9	10	11	12	計
広島	1	0	0	0	1	0	0	0	0	0	0	1	3
中日	0	0	0	1	0	1	0	0	0	0	0	2x	4

笠原、清水、ロドリゲス、R・マルティネス、田島、藤嶋、山本、福、○森（2試合1勝0敗）－木下拓

【戦評】1点勝ち越され迎えた延長12回裏1死一塁。大島が無敵を誇った広島守護神の栗林から起死回生となる同点三塁打を放ち勝機を手繰り寄せた。続く岡林はしぶとく一、二塁間に打球を運びサヨナラ勝ち。ニックネーム入りのFCユニホームを着た選手たちの歓喜に沸く光景が印象的な一戦となった。

歓喜そして興奮の瞬間がこんなに早くやって来るとは！サヨナラゲーム、それも後がない延長12回の逆転サヨナラ勝ちである。思えば1年前、シーズン途中から「サヨナラ勝ちがないなあ」とファンの間でも、淋しい話題になっていた。２０２１年シーズンで、ようやくサヨナラ勝ちをしたのは、秋風吹く10月5日、実に１３０試合目のことだった。それも押し出し四球での勝利。チームもBクラスに低迷していて、どこか盛り上がり損ねた思い出がある。しかし今季は、開幕まもない8試合目、１点ビハインドを打ってはね返しての勝利だった。

この日のバンテリンドームナゴヤは「ファンクラブ応援デー」。ドラゴンズのファンクラブ会員が持つブルーに赤いラインがデザインされたユニホームを、選手たちも着用してゲームに出る。しかも今季は12球団でも珍しいユニークな試みが登場した。背中には選手の名前ではなく、選手それぞれのニックネームが入れられたのだ。前夜のヒーローである阿部寿樹は「MASTER（マスター）」、そして4番を打つダヤン・ビシエドはスペイン語で〝戦車〟を意味する「TANQUE（タンケ）」。どの選手がどんな呼び名なのか？ファンの間でも楽しい話題になった。

そして、この日のサヨナラ勝ちを演出したのは「YOHE-

人だった。

中でも、このゲームで最も輝いたのは「YOHE-」こと大島洋平だった。1対2と1点リードされた6回裏、先頭打者の大島がバットを一閃。打球はあっという間にライトスタンドに飛び込んだ。現役12年間で昨季までのホームラン数は33本、ここ2年間はシーズン1本ずつしか打っていない大島が早くもシーズン第1号。実は、この試合では1回に250盗塁も決めている。

記念の盗塁に、今季1号ホームラン。そんなメモリアルデーを迎えた大島に、ある格言が追い風となっていく。「二度あることは三度ある」。

2対2のまま延長戦に入った試合は、両チーム総力戦の様相。しかし最終回となる12回表にカープに1点勝ち越された。その裏のドラゴンズの攻撃、途中からショートに入っていた溝脇隼人が四球で出塁した。マウンドには昨シーズン抑えられ続けた〝鯉の守護神〟栗林良吏。しかし「YOHE-」に〝三度目〟がやって来た。右中間を破る同点の三塁打。どちらかと言えば冷静な大島が、三塁ベース上でガッツポーズを見せた。この瞬間に、おそらく〝勝利の女神〟はドラゴンズに微笑んだ。直後に打席に入った2番岡林勇希がセカンドへの内野安打で、大島がホームイン。「GUN-BAYASHI」のユニホームは祝福の水を浴びせられて、カクテルライトに輝いていた。

背番号「60」の開幕からの活躍がまぶしい。開幕直前に右手の指を痛めた岡林は、医者からは手術を勧められたとも言われるが、そのままペナントレースに突入した。その執念が、開幕まもない本拠地のドームで花開いた。シーズンを走り抜くにはこれからまだまだ試練はあるだろうが、岡林の頑張りに大きな期待を寄せたい。見事完走した時には、竜に待望久しい新たなレギュラー選手が誕生するかもしれない。

サヨナラ勝ちは、間違いなくチームに勢いをつける。開幕8試合目にして、こういう劇的な勝利を手にできたことは実に大きい。ましてや首位カープに連勝したのだ。ゲームセットの時に、ベンチに残っていたのは、キャッチャーの桂依央利と外野手の根尾昂の2人だけ。久しぶりの先発だった笠原祥太郎から始まり、投手9人を使い切り、根尾がブルペンで投球練習をするという総力戦だった。

こんな熱い試合があっていい。今年のドラゴンズは違うぞ！　ファンとしてもそのことを確信した、ナイスゲームだった。

2022.4.3
［バンテリンドーム ナゴヤ］

立浪監督が自らマウンドへ……柳の完封劇を導いた言葉とは？

立浪監督のコメント

柳は無失点でいってる限りは交代するつもりはなかった。最後のピンチはよく踏ん張ってくれた。毎日勝ちたいけど、相手もあること。とにかく接戦、リードしている試合を1試合でも落とさないようにしたい。

	1	2	3	4	5	6	7	8	9	計
広島	0	0	0	0	0	0	0	0	0	0
中日	0	0	0	0	0	1	0	0	x	1

○柳（2試合1勝0敗）－木下拓

【戦評】中日先発は柳。1点リードし迎えた9回1死一、二塁のピンチで4番マクブルームと相対した場面、立浪監督は自らマウンドに向かい柳を鼓舞。プレイ再開後1ボールから投じた2球目で、見事サードゴロ併殺に打ち取りゲームセット。柳はうれしい完封勝利を挙げ、チームは今季初の3連勝を飾った。

指揮官自らがマウンドに行く。ここ最近のドラゴンズでは珍しいことだった。広島東洋カープに連勝して迎えた3戦目の9回表、背番号「73」立浪和義監督はベンチを出ると、あっという間に先発の柳裕也が立つマウンドに駆け寄っていった。

監督がマウンドへ行く姿。思い出すのは2004年から8年間ドラゴンズを指揮して、リーグ優勝4回、日本一1回という〝黄金期〟を築いた落合博満監督である。監督として最初のシーズン、投手交代の時、落合監督はマウンドに行き、交代させる投手と会話した。その後にマウンドをならす光景も印象的だ。

それは、試合に登板している投手へのリスペクトでもあると聞いた記憶があるが、私たちファンの目にはとても新鮮に映り、ピンチの時もあるのだが実は大好きなシーンであった。不思議なものだ。落合監督のベンチからのゆったりとした歩み、今から思えば、あの間を取ることで、緊迫したゲームにひと息入れる、落合監督ならではの戦略だったのかもしれない。

立浪監督が初めてマウンドに行ったこの試合、9回まで背番号「17」柳裕也は、圧巻のピッチングを見せていた。前回登板した1週間前の東京ドームで、読売ジャイアンツ相手に初回いきなり4点を取られたこともあったが、この日は初回を3人で打ち取ると、2回以降も抜群のコントロールと球のキレを見せて、カープ打線を0点に抑え続けた。8回まで打たれた安打はわずか2本。味方は6回に、好調が続く阿部寿樹のタイムリーで1点を奪っていた。そして、この日の柳には、この1点で十分と思わせる気合と投球術があった。

そんな柳だったが、9回表、カープ先頭の西川龍馬が内野安打で出塁する。本当に嫌なバッター、この〝曲者〟にいつも苦しめられてきた印象だ。よりによって、この場面でしぶといヒットとは。送りバントの後、代打のベテラン松山竜平にはフォアボール。「龍馬」に「竜平」、2人ともドラゴンズゆかりの名前なのだから、おとなしく凡退してくれればいいのに。

1死一、二塁となり、ここで立浪監督がベンチを飛び出していた。かつての落合監督なら、ここで投手交代。しかし、立浪監督は違っていた。続投させる柳への激励を送ったのだった。

得点差は1点、すなわちこの状況では1点もやれない。最高の結末はダブルプレー。しかし、そんなに甘くはないと思った矢先、4番の新外国人ライアン・マクブルームの当たりはサードほぼ正面へのゴロ、そして併殺、ゲームセットとなった。

あっけない幕切れだったが、柳にもチームにも、そしてファンにも喜びが爆発した。柳は今季初勝利、12球団最速の完封劇でそれを彩った。

試合後の監督インタビューを聞いて驚愕した。立浪監督はマウンドで柳にこう語りかけたという。

「必ずゲッツー取れるから」。

その通りの結果になった。百戦錬磨の勝負師、プロの世界でも限られた人だけが持つ〝勝負勘〟とは、まさにこういうものなのか。

立浪監督が常々口にしてきたのは「投手陣のことは落合(英二)コーチにまかせる」。しかし、いざという時は遠慮なく飛び出して、直接指揮を取る。勝利を前にしたドラゴンズベンチ内に変な遠慮はないのだろう。それが真の信頼関係なのだ。

柳裕也の笑顔、立浪監督の笑顔、そしてファンの笑顔。3連敗の後の3連勝で、借金はいつのまにか1にまで減っていた。

ナイスゲーム！　笑顔の輪が本拠地バンテリンドームナゴヤに広がった。

2022.4.5

［明治神宮野球場］

神宮の夜空に花火! 石川昂弥のプロ初ホームランで勝率5割へ

立浪監督のコメント

石川昂は同点に追いつかれた嫌なところでよく打ちました。ここまで結果が出ていないが、良いきっかけになれば。アリエルも昇格即スタメンで良いものを出してくれた。レフトは状態の良い選手を使っていきます。

	1	2	3	4	5	6	7	8	9	計
中日	2	0	3	1	0	0	0	1	0	7
ヤクルト	0	0	3	0	0	0	3	0	0	6

勝野、○清水（4試合2勝0敗）、ロドリゲス、R・マルティネス（5試合0勝1敗3S）－木下拓

【戦評】阿部や木下拓らの活躍で最大5点をリードしたが、ヤクルトに山田、村上らの一発攻勢が飛び出し同点に追いつかれてしまう。しかし迎えた8回表、石川昂のプロ初本塁打となるソロアーチにより勝ち越し。ロドリゲスとライデルの継投でそのまま逃げ切り、鬼門・神宮の今季初戦を白星で飾った。

出た！　出た！　ついに出た！　いつかは出るものだと思っていたが、その「いつか」は神宮の森で訪れた。石川昂弥に飛び出したプロ初ホームランは、４連勝を決めた決勝弾。待ちに待った一発は、ドラゴンズファンの思いを満開にした。

先週は本拠地で３連敗の後に３連勝、ドラゴンズは明るいムードの中で、21年の日本一チーム、東京ヤクルトスワローズとの今季初対戦を迎えた。

この日から試合を行う神宮球場は、ドラゴンズにとってどうしても苦手な印象だ。昨シーズン、２０２１年９月には、何と16対０という大敗も喫している。まるでラグビーのスコアのようだ。それでも、関東に在住しているドラゴンズファンは神宮球場での観戦をこよなく愛している。知人も友人も、神宮で応援した時の思い出を心から楽し気に語ってくれる。そんな関東の竜党のためにも、まずは初戦を取りたい。

大野雄大と柳裕也に続く〝第３の先発〟として、週の最初の試合、すなわち火曜日をまかされるはずだった小笠原慎之介が、新型コロナウイルスに感染したことが発覚した。小笠原に代わり、特例措置として登録抹消から一定期間を経ずして一軍に復帰した勝野昌慶がこの日の先発だった。

勝野は本当に気の毒に思うほどこれまで勝ち星に恵まれない投手で、開幕2戦目の読売ジャイアンツ戦、前回の登板では自らのバットで逆転ホームランを打ちながらも、白星には結びつかなかった。この日も4失点ながら7回途中まで投げ、3点差でリリーフに後を託した。しかし、またもや〝勝利の女神〟は勝野に勝利を与えなかった。後を受けた清水達也が、スワローズ4番の村上宗隆から、絵に描いたような同点3ランを浴びて、勝野にとって1年ぶりの勝利は消えた。

勝ちムードの試合が危なくなる。勝野が前回に登板したジャイアンツとの試合もそうだったが、村上の一発で潮目はスワローズに変わるかと思われた。しかし、そこで飛び出したのが、直後の8回表、先頭打者として打席に立った7番石川昂弥の一発だった。相手はスワローズの若き中継ぎエース清水昇。2年連続の最優秀中継ぎ投手である。ストレートをとらえた打球は、ドラゴンズファンの待つ左中間スタンドへ。

石川自身も待ちに待っていたのだろう。あっという間にダイヤモンドを一周してベンチに帰ってくると、キャンプからしばしば打撃論を交換してきたダヤン・ビシエドと、ベンチ前で抱き合った。とてもいいシーンだった。ファンはこうした風景に胸を熱くする。

この試合では、もう1本、待望のホームランが出ていた。木下拓哉である。正捕手として開幕からマスクをかぶりながら、開幕から4試合ヒットなし。オープン戦での好調を受けて、開幕戦ではクリーンアップの5番に起用されていただけに、本人も悶々としていただろう。それでもリード面に影響させることなく、投手陣をけん引してきたのは、木下が持つ天性の明るさか。その木下が3ランを含む5打数3安打4打点と大当たりしたことも、苦手の神宮を克服する、大きな要因になったと思う。この球場では打てば勝つ可能性が高まる。

最後は〝守護神〟ライデル・マルティネスが締めて7対6で4連勝。〝将来の4番〟を期待される石川の〝プロ入り初ホームラン〟という記念すべき熨斗(のし)までついてきて、10試合を終えて5勝5敗の勝率5割。新監督のシーズンとしては、上々のスタートではないか。

何よりも、新しい戦力が次々と活躍を見せていることがたまらなくうれしい。若竜の息吹は力強く、そして心地いい。あっという間に借金を返済して、竜は再びスタートラインに立った。

2022.4.6

［明治神宮野球場］

福谷が初先発、2点に抑える好投も味方が点を取れず神宮で惜敗

立浪監督のコメント

打線が2点以上取ってあげたら勝てた試合。京田の不調が続いているが、うちのチームで143試合ショートで出られる体力があるのは京田しかいない。この状況は（京田が）自分で打破するしかない。期待しています。

	1	2	3	4	5	6	7	8	9	計
中日	0	0	0	1	0	0	0	0	0	1
ヤクルト	0	2	0	0	0	0	0	0	x	2

●福谷（1試合0勝1敗）、藤嶋、福－木下拓

【戦評】中日先発の福谷は強力ヤクルト打線を松本直の2ランのみに抑えるも、3番A・マルティネス、4番ビシエドで臨んだ打線が機能せず、先発高梨をはじめとするヤクルト投手陣の前に残塁の山を積み上げて競り負け。前カードの広島戦から続いていたチームの連勝は4で止まってしまった。

先発は福谷浩司。昨季2021年シーズンの開幕投手である。福谷がマウンドに上がる時、ファンとしても、どこか背筋がピンと伸びるような緊張感を感じる。それは福谷という投手が持つ空気感なのだろう。12年ドラフト1位、地元の愛知県知多市出身。慶応義塾大学の理工学部で卒業論文は、自らの投球フォームの解析がテーマだった。ファンは「ドクター福谷」、または「福谷教授」と親しみを込めて呼ぶ。ストイックなまでの野球への取り組みに、応援する側としても中途半端であってはならないと気合を入れる。そんな不思議な魅力を持つ投手が福谷だ。2回裏に、東京ヤクルトスワローズのキャッチャー松本直樹に先制2ランを浴びたが、後続を抑えて、6回2失点でマウンドを降りる。まずは上々の今季初登板だった。

結局、試合は2対1のまま終わって5連勝ならず、再びの借金生活に。4番のダヤン・ビシエド、8番の京田陽太、いずれも3打数ノーヒット。打撃不振は深刻だ。しかし、試合後のインタビューで立浪監督が発した言葉に驚いた。

「1本出れば変わってくる。ウチのチームで、143試合ショートで出られる体力があるのは京田しかいない」。

監督のこんな言葉を聞いたら、やらないわけにはいかないだろう。背番号「1」頑張れ！

2022.4.7

［明治神宮野球場］

髙橋宏斗がプロ初勝利！祝砲は石川昂弥という竜党歓喜の一夜

立浪監督のコメント

髙橋宏は先に点を取られたけど、その後よく踏ん張った。6回までは何があっても代えないつもりだった。京田は凡打の内容もよかったので一安心。ホームランも効果的だったし、自信を持ってやってもらいたい。

	1	2	3	4	5	6	7	8	9	計
中日	0	2	0	1	1	3	0	4	0	11
ヤクルト	1	0	0	0	2	0	0	0	0	3

○髙橋宏（2試合1勝1敗）、清水、田島、森－木下拓

【戦評】1点先制された直後の2回表1アウト満塁、先発髙橋宏がしぶとくセンター前に2点適時打を放ち逆転に成功する。6回には石川昂と京田の2者連続本塁打も飛び出し、15安打11得点で快勝。6回3失点にまとめた髙橋宏はプロ初勝利を挙げた。チームはカード2勝1敗で勝ち越しに成功。

期待の2年目、髙橋宏斗が3月30日に続いてプロ2戦目の先発マウンドに上がった。昨シーズンは二軍のウエスタン・リーグでも勝ち星のなかった19歳の投手が、開幕からこうして先発としてのチャンスを与えられることは、応援するファンとしてもうれしい限りである。

ましてや、この試合のスタメンには「2番センター岡林勇希」「7番サード石川昂弥」と、髙橋の1期上の20歳2人が名前を連ねている。ここ数年のドラゴンズでは考えられなかった〝若い波〟が神宮球場で相手の東京ヤクルトスワローズを飲みこもうとしている。

髙橋は初回に1点を奪われるも、スワローズの若き4番・村上宗隆を三振に切って取った。その投球の気持ちのいいこと！　球威あふれる高めのストレートで村上に投げ勝った瞬間の強気な表情に、思わずこちらも「よし！」と叫んでしまう。

自らが奪われたリードを取り返したのは髙橋自身だった。スワローズの先発は、プロ21年目、42歳になったベテラン左腕の石川雅規。19歳と42歳、その年齢差はダブルスコアをも超えている。直後の2回1死満塁で打席に立つと、髙橋はバットを強振、打球はセンター前に抜ける逆転の2点タイムリーとなった。こうなると神宮は〝髙橋劇場〟の様

相となった。

ベンチで一番若い髙橋が投打にわたっての活躍、先輩たちが燃えないわけにはいかないはず。驚いたのは、不振を極めていた京田陽太が、4回と6回に、2打席連続ホームランを打ったことだ。

ゲーム前も打率は1割を切っていた。選手会長3年目の京田としては、屈辱そのものだったであろう。昨日のゲーム後の会見で立浪和義監督が語った「143試合ショートで出られる体力があるのは京田しかいない」という言葉を思い出した。今シーズンの第1号がライトスタンドのポール際に飛び込んだ時である。そして立浪監督はこうも言っていた「1本出れば変わってくる」。それが証明されたのが次の打席。第2号ホームランは目の覚めるような見事な当たりだった。

昨シーズンまで、打線の援護がなく、若手を含めた多くの投手が勝ち星を逃していた。しかし、この試合は違っていた。石川昂弥が2号ホームラン、阿部寿樹は6試合連続の打点、さらに岡林も三塁打とヒット。先輩たちのバックアップは手厚い。

髙橋は6回を投げて、先輩投手にバトンタッチ。8回には髙橋をリードしたキャッチャー木下拓哉の3ランホームランまで飛び出して、終わってみれば11点を挙げる圧勝。かつて中京大中京高校時代、髙橋は神宮球場での明治神宮大会で日本一になったが、そんな思い出の球場でプロ初勝利を手にした。そして同じ日に、髙橋はプロ初安打、プロ初打点も記録したことになる。ウイニングボールに初ヒットのボール、2つの記念球を両手に持って、立浪監督とのツーショット写真におさまった背番号「19」。

こういうことを多くの人は言うのだろう「持っている選手」と。大歓迎である。これからもどんどん勝利を持ってきてほしい。

髙橋が投げて、石川が打つ。2020年と19年のドラフト1位選手であり、少年野球のドラゴンズジュニア出身の2人。こんなゲームを開幕早々に見ることができたことで、とにかく幸せな夜になった。これから何度も何度も、2人が共に活躍する試合を見ることになるのだろう。そして、ここにもうひとりのドラゴンズジュニアOBである根尾昂が加わることを、多くの竜党が待ち望んでいる。根尾と石川が守り、マウンドには髙橋。そんな将来への期待が胸に訪れる試合だった。

まずはおめでとう、髙橋宏斗！　今季どこまで勝ち星を伸ばしていってくれるのだろうか。

2022.4.12

［バンテリンドーム ナゴヤ］

竜のミラクルエイト！ 石川昂弥の決勝タイムリーで逆転勝ち、貯金「1」

立浪監督のコメント

（昨年4月2日以来の貯金だが）借金は返すのが大変で、貯金はすぐなくなる。実生活と一緒で（笑）。8回より早く得点しないと、お客さんも「終盤から行けばいいや」と思ってしまう。そうならないよう、選手に発破をかけます。

	1	2	3	4	5	6	7	8	9	計
阪神	0	0	0	0	0	1	0	0	0	1
中日	0	0	0	0	0	0	0	2	x	2

大野雄、○祖父江（1試合1勝0敗）、R・マルティネス（6試合0勝1敗4S）－木下拓

【戦評】コロナ感染によるDeNA3連戦の中止を経て迎えた阪神戦。先発の大野雄は阪神打線をソロホームランの1点のみに抑え、今年も相性の良さを感じさせるピッチングを披露。打線は8回裏、阿部の適時打で同点とし、続く石川昂の適時打で勝ち越しに成功した。大野雄を継いだ祖父江が今季初勝利。

久しぶりのゲームとなった。前のカードで対戦するはずだった横浜ＤｅＮＡベイスターズに新型コロナの感染者が続出して、４月８日から10日の横浜スタジアム３連戦が休止となった。直前の試合が、11得点を挙げた上に、期待の髙橋宏斗がプロ初勝利という盛り上がった試合だっただけに、この〝水入り〟は何とももったいない印象である。しかしここから気を取り直して、本拠地バンテリンドームナゴヤに今季初の対戦となる阪神タイガースを迎えての３連戦だ。

先発は大野雄大。タイガースは西勇輝。普通に予想するならば、試合は投手戦になるはず。そして予想は的中し、まさに大野と西による投手戦になった。

５回まで両チーム無得点で進む。こういうゲーム展開の場合、怖いのは〝一発〟、すなわちホームランである。最近こそ大野にそうした隙は少なくなったものの、勝負どころで手痛い一発を浴びた時期もあった。６回表に守備の乱れからダブルプレーを取り損ねたが、相手の走塁ミスもあって２死でランナーはなくなった。打席にタイガース４番の佐藤輝明が立った時、何だか嫌な予感がした。昨シーズンも佐藤には打たれたイメージがある。その予感は的中し、初球をライトスタンドに叩き込まれた。思わず「あっ！」と

叫んでしまった当たり。大野は7回を投げたところで交代した。

リリーフ投手が相手の攻撃をぴしゃりと抑えると、攻撃にリズムが出ることは度々ある。8回表には祖父江大輔がマウンドに上がった。20年の最優秀中継ぎ投手。しかし、沖縄での春季キャンプで右肩を痛めて、これが今シーズンの初登板だった。監督が代わって、トレードマークだった〝勇壮な〟髭もきれいに剃った。しかし、その眼光は相変わらず鋭い。大野がホームランを打たれた佐藤輝明を、今度は空振り三振に仕留めて、8回を締めくくった。こうした場合は、次の攻撃に得点が入る。それは予想でもあり、予感でもあった。

「ミラクルエイト」。いつの頃からか、ファンの間でも、このフレーズが口にされるようになった。「竜の8回にはドラマがある」。開幕3戦目、3月27日のジャイアンツ戦、4点リードされた8回に2点を取ったことをきっかけに大逆転勝利を手にしたことから始まって、今季のドラゴンズは8回に劇的な点をよく取っている。「ミラクルエイト」実にいいネーミングではないか。球団創設86年を迎えたドラゴンズの長い歴史の中、終盤の逆転勝ちは数多くあって、ファンの記憶に刻まれている。そんな伝統を思い出させる〝8回のドラマ〟。

0対1、最少の点差。さあ見せてほしい！ 竜の粘りを。まずは好調を持続する阿部寿樹が同点タイムリー。そして神宮球場で2本のホームランを打った石川昂弥が、1死一、三塁から勝ち越しのタイムリーをレフト前に打った。予想でも予感でも何でもいい。石川が打ったことが何よりうれしい。

「ミラクルエイト」はこの日も新たなドラマを綴った。それにしても、石川が打席に入る時の、本拠地ドームの盛り上がりはどうだ。登場曲はテレビ時代劇でおなじみ『暴れん坊将軍』のオープニング曲。世代を超えて誰からも親しまれているこの曲は、まさに幅広い世代の竜党から期待される石川にぴったりと言える。どうかこれからもグラウンドで、大いに暴れまくってほしい。

この8回の逆転勝ちで、ドラゴンズは今シーズンここまでの成績を7勝6敗と勝ち越した。貯金1は、実に1年ぶりのこと。21年シーズンまでとは、チームの勢いも底力も違うように感じる。それは岡林勇希や石川昂弥ら若い力のおかげなのだろうか。昨季は「ようやく貯金か」と何やら〝到達点〟的な受け止め方だったが、今季は〝通過点〟に思える。そんなうれしい逆転勝利だった。

2022.4.13

［バンテリンドーム ナゴヤ］

大島洋平がサヨナラヒット! 延長戦で負けなし、立浪竜3連勝

立浪監督のコメント

先発に勝ちをつけてあげたい。試合中盤「積極的に打ちにいく姿勢を見せよ」と言いました。空振りを恐れずに打ちにいくのが大事だと思います。清水は良い投球だった。今後も大事なところで行かせるつもりです。

	1	2	3	4	5	6	7	8	9	10	計
阪神	0	0	0	0	0	0	0	0	0	0	0
中日	0	0	0	0	0	0	0	0	0	1x	1

勝野、ロドリゲス、R・マルティネス、○清水（6試合3勝0敗）－木下拓

【戦評】 0対0で延長戦に突入した10回裏、下位打線がチャンスメイクに成功し、1死一、二塁の場面を作る。ここで打率.390と好調を維持しているベテラン大島が打席に。0ボール2ストライクで迎えた3球目、インコースに投じられた加治屋のフォークをライトへ弾き返し、ひと振りで試合を決めた。

連勝を受けてのゲーム、ファンとして望むことは、もちろん3連勝。そしてもうひとつ、先発の勝野昌慶に勝ち星がつくこと。その2つだった。

勝野が勝てない。毎回のように素晴らしい投球を続けながらも、後を受けたリリーフ投手が逆転を許すなど、勝ち星に縁がなくなってもう1年近くになる。その間も先発を続けているのだから、投球自体は安定しているのだ。〝いつか〟そう〝いつか〟、背番号「41」に必ず〝勝利投手〟の称号はつくはずだ。しかし、残念ながら、それは今日ではなかった。

この日の勝野のピッチングも素晴らしかった。ストレートは走り変化球のキレも良く、阪神タイガース打線から6回までに毎回奪三振。見ていて、まったく打たれる気がしない。こうした時に気をつけなければならないのは、ふとした隙に浴びるホームランだけなのだが、結果7回を投げて、打たれたヒットはわずか2本、奪った三振は8個。タイガースのスコアボードに「0」を7つ並べる完璧な投球だった。残念ながら、15試合連続で勝ち星はつかなかったが、先発で起用し続ける立浪和義監督の期待に、十分に応える熱投だった。

しかし、一方のドラゴンズのスコアボードにも「0」が

並び続けた。そして、その「0」は、両チーム合わせて19個並んだ。

そのゼロ行進を止めたのは、〝投〟の勝野同様に、〝打〟が好調の大島洋平だった。延長10回裏は、左中間2ベースの京田陽太を二塁において、ここで代打の根尾昂。その根尾が四球を選んで一塁を埋めたことが大きかった。一打サヨナラの状況で大島のような好打者を打席に迎えた際、高確率で敬遠されてしまうからだ。1死一、二塁で打席に入った大島は、加治屋蓮の3球目を右中間に打ち返した。サヨナラヒット！　一塁に走りながら、右手を高く突き上げて喜びを表す背番号「8」の姿を見て、実に感慨深かった。

大島はどちらかといえば、感情をあまり表に出すことのないタイプの選手である。ユニホームを脱いで話している時は、野球に対してとても熱く、そして理論的なのだが、ユニホームを着るとなぜか冷静さに包まれる。ドラゴンズのチームリーダーとして、もう少し闘志を前面に出してほしいという声もあった。

しかし、立浪和義監督の就任によって「野手キャプテン」という立場になった。左胸のやや肩寄り部分には、キャプテンを表す「C」マークが着けられている。立場が人を変えたのか、新監督を迎えたチームが変えたのか。今季初めてのサヨナラゲームとなった4月2日の試合でも、延長戦で貴重な同点打を打ってガッツポーズを見せたが、この日も喜びを爆発させた。

こういう選手たちの歓喜の風景にファンは感動を倍増させる。感情のほとばしりは、見ている側にも伝播する。ぜひ今後も続いてほしいものだ。

このサヨナラヒットで、大島の打率は4割に到達した。大きな目標である２０００安打達成へひた走る大島だが、「まずはチームの勝利あってこそ」という気合が、背番号「8」からほとばしっていることがうれしい。大島洋平という好打者を1番に持つ立浪ドラゴンズの強さ。1対0の勝利は、その僅差から応援している側としては見ていて疲れるが、何より最高の結末となった。

ドラゴンズはこれで3連勝。広島東洋カープ戦、東京ヤクルトスワローズ戦に続いて、3カード連続の勝ち越しとなった。コロナ禍で休止された横浜ＤｅＮＡベイスターズの3連戦が悔やまれる。勢いがある時に試合をやっていたらなあ。

貯金も2となったが、何より今シーズンここまで延長戦を3試合戦いながら、負けなしの3勝。この粘り強さが頼もしい。

2022.4.14
［バンテリンドーム ナゴヤ］

柳が2試合連続の完投勝利、打線は絶好調の阿部がけん引して4連勝

立浪監督のコメント

ビシエドは早く調子を上げてほしい。チャンスでボール球を振りすぎている。（同一リーグの対戦が一巡して）今は投手がよく頑張っている。打線の状態が上がっていけば、今後もいい戦いができると思う。

	1	2	3	4	5	6	7	8	9	計
阪神	0	0	0	0	0	0	0	0	1	1
中日	2	0	2	0	0	0	0	0	x	4

○柳（3試合2勝0敗）－木下拓

【戦評】打線は初回から阿部の2点タイムリー2ベース、3回の木下拓の2点タイムリー2ベースで試合を優位に進める。先発の柳も圧巻の投球を披露。9回阪神の反撃に遭い惜しくも完封は逃すものの、そのまま完投勝利を収める。阪神戦3タテを決め、これでチームは3カード連続の勝ち越しとなった。

これまで毎週日曜日の先発投手だった柳裕也がこの日も先発マウンドに上がった。

柳が日曜日に投げることについて、落合英二ヘッド兼投手コーチは「完投能力の高い柳が投げることで、日曜日と（移動日が多い）月曜日、2日間リリーフ投手を休ませることができる」というコメントをしていた。しかし新型コロナ禍によって、週末に予定されていた横浜ＤｅＮＡベイスターズ3連戦が延期となり、ローテーションも再編された。そのため、木曜日のこの日、背番号「17」が先発することになった。

そんな柳のピッチングについては、文字通り「言うことなし」だった。この日、阪神タイガースは、開幕からずっと4番だった佐藤輝明を2番にするという〝攻撃的な打順〟を組んできた。2番・佐藤、3番・近本光司、4番・大山悠輔、そして5番・糸井嘉男と続く打線は、投げる側も気が抜けない。

このニュー猛虎打線に対して、柳は135球を投げた。特筆すべきことがあるとするならば、まずは無四球だったこと。これは制球力の高い柳にとってもプロ入り6年目にして初めてのことだった。それだけこの日のコントロールは安定していたということだ。もうひとつは6個という奪三振の数。決して多いとはいえないが、それだけ、打たせて取る投球だった。それも柳の抜群のコントロールが成せる業だった。

こうなれば、9回を0点で抑えて、2試合連続の完封勝ちもと期待したが、残念ながら最終回に1点を取られてしまった。それでも、2試合連続の完投勝利は見事であり、大野雄大が、今シーズンここまで今ひとつ不安定さを拭いきれないことを考えれば、現時点、ローテーションの柱であることは間違いない。

ここ2試合、あまり点を取れていない打線も、いいペースで点を取っていった。

まず初回に先制となる2点。前夜のヒーロー1番の大島洋平がきっちりとセンター前ヒットで出ると、3番のアリエル・マルティネスがそれに続く。このアリエルの3番打者起用は、相手にとっては脅威だろう。巧打と共に、一発もあるからだ。依然として打率2割そこそこと低迷し続けている4番のダヤン・ビシエドは凡退し、一瞬「あーあ」とため息が出かかったが、そこはぐっと我慢してよかった。5番の阿部寿樹が、きっちりとタイムリー2ベースを打ってランナー2人を返してくれた。本当に頼りになる5番打者になっている。

阿部にとっては、129試合に出場した2019年シーズン以上に輝いている日々が続いている。何と言っても勝負強い。ファンからの拍手と歓声の大きさが、まったく違うのである。

3回裏には、先頭のアリエルがライトフライに倒れるも続く4番・ビシエドのヒット、5番・阿部のこの日2本目の二塁打、そして6番・木下拓哉の連続二塁打となるタイムリーによってさらに2点を加えた。

開幕からしばらくヒットが出ていなかった木下にも、このところ当たりが戻ってきた。7番に入った石川昂弥も、得点には絡まなかったが2安打。打率も2割5分近くまで上げてきた。投打のバランスがうまく取れての4対1の勝利だった。

相手のタイガースは、今季これまでに1勝15敗1分で、勝率は1割にも満たない。新型コロナによる感染者も出ており、その影響で二軍のウエスタン・リーグの試合もできなくなった。

お互いプロである以上、それに同情している余裕は、ドラゴンズにはない。勝てる時にはどれだけでも勝つ。開幕15試合を終えて、ドラゴンズは9勝6敗で貯金3。明るい春が続く。

2022.4.16

［MAZDA Zoom-Zoom スタジアム 広島］

岡野がバースデー登板、自ら先制点をたたき出すも3回KOで5連勝ならず

立浪監督のコメント

岡野はローテーションに入るためにはもっと強くなっていかないと。ビシエドの2打席目はいい感じで雰囲気が出ていた。体が前にさえいかなければ期待できる。早く試合の中でつかんでもらいたいなと思う。

	1	2	3	4	5	6	7	8	9	計
中日	0	2	0	0	0	0	0	0	0	2
広島	0	0	3	0	0	0	0	0	x	3

●岡野（1試合0勝1敗）、藤嶋、田島、福、祖父江、清水－木下拓

【戦評】2点リードで迎えた3回裏、先発の岡野はマクブルームの適時打で同点とされ、続く好機で坂倉に勝ち越しタイムリーを献上してしまう。藤嶋、田島、福らの中継ぎ陣は踏ん張り試合を壊さずに進めるが、打線は再三再四チャンスを作るも終始あと1本がでずに敗戦。広島に今季初黒星を喫してしまった。

先発は入団3年目の岡野祐一郎、今季の初登板である。東芝時代は社会人野球で活躍し、2019年にドラフト3位でドラゴンズに入団した。3年目を迎え、この日は28歳の誕生日。岡野本人にとっては特別な日であることは間違いない。岡野が躍動したのは、マウンドではなく、まず打席だった。2回2死満塁。相手の広島東洋カープの先発はエースの大瀬良大地。その2球目を鮮やかにセンター前に運んだ。岡野の2点タイムリー、プロ入り初安打で初打点。これでピッチングにも気合が入るはず。しかし、3回裏にカープ打線が力を見せた。満塁から、新外国人選手のライアン・マクブルームにレフト前に打たれて同点。さらに、しぶといバッティングの坂倉将吾がすかさず逆転タイムリー。1死二、三塁となったところで投手交代、マウンドを降りることになった。まだ1点差、ドラゴンズ打線は元気がなかった。大瀬良の交代後、カープの4人の投手からをまったく打てなかった。2対3のままゲームセット。

どこまで伸びるかと期待していた連勝だが、4でストップ。どうしても昔から、広島でのゲームには苦手感が伴ってしまう。それは、スタンドの赤色に圧倒されてしまうからなのか。降板した岡野は、どんな誕生日を過ごしているのだろうか。次こそ期待したい。

2022.4.17

［MAZDA Zoom-Zoom スタジアム 広島］

強竜打線が爆発!
先発全員安打の10得点で
カープ森下を撃破

立浪監督のコメント

打線は森下の真っすぐを捉えられた。鵜飼のホームランも効果的。こういう日もあっていいでしょう。（適時打のビシエドは）タイムリーが出てこないと調子は上がらない。京田は自分自身で乗っていってほしい。

	1	2	3	4	5	6	7	8	9	計
中日	4	4	0	0	0	0	0	2	0	10
広島	0	0	0	1	2	0	1	0	0	4

○福谷（2試合1勝1敗）、祖父江、清水、ロドリゲス、田島－木下拓

【戦評】今日はビシエドや木下拓らの野手陣が広島先発森下を初回から攻略し、早々に試合を決めた。先発福谷は2回以降毎回得点圏にランナーを許すも粘りを見せ、5回3失点で降板。開幕投手を務めた思い出の地で今季初勝利を挙げた。チームは鬼門・マツダスタジアムで今カードを1勝1敗の五分で終えた。

こんな気持ちのいい試合は、143試合を戦うシーズンでも何度あるものではない。特にここ最近「打てない」「点が取れない」と言われ続けてきたドラゴンズ打線だけに、驚きの速攻だった。

初回の最初から大島洋平のレフト前ヒットから打ちまくり、1回に4点、2回に4点、プレーボールからまもない内に、8対0と大量リードを奪った。

広島東洋カープの先発マウンドには、背番号「18」の森下暢仁（まさと）。入団から2シーズンで18勝を挙げている好投手である。森下を見るたびに、胸の奥がチクリと痛む。森下は大分県出身、大分商業高校時代から評判の高かった好投手で、その後、明治大学へ進む。

その森下を明治にスカウトしたのが、今はドラゴンズの〝右のエース〟とも呼ばれるようになった柳裕也、明治大学野球部のキャプテンだった。

4年生と1年生、森下は柳の背中を見ながら、明治のエース道を歩む。ドラゴンズの球団史には明治大学出身の好投手が多く刻まれている。杉下茂、星野仙一、そして川上憲伸。森下もドラゴンズのユニホームが間違いなく似合ったと思うが、縁はなかった。

2019年のドラフトで、ドラゴンズは1位で地元、東

邦高校のスラッガー石川昂弥を指名したからである。事前評価の高かった大学屈指の右腕である森下は2位まで残っていることはなかった。森下はカープが1位で単独指名して獲得していった。竜との縁はなかったが、いつも気になる存在といえる。

その好投手・森下を打ち砕いての8点である。特に初回は、大島のヒットから始まり、9番この日の先発・福谷浩司までヒットを打つという打者一巡の猛攻。

2回表には、この試合で初めて2番に入った鵜飼航丞が、森下の初球を左中間にホームラン。鵜飼にはこうした一発がある。「タイミングを少し崩されたけれど、うまく拾えた」というのがホームラン談話だったが、〝拾った打球〟がフェンスを越えていくのだから恐れ入る。三振も多いけれど、こういうホームランを打てることが鵜飼の魅力。〝強打の2番打者〟は見ていて楽しい。鵜飼にとっては久しぶりの第2号ホームランとなったが、そこからまた打線に勢いがついて、この回も4点を奪ったのだった。

終わってみれば、大島の4安打を含む先発全員安打の18安打、10対4の大勝だった。中押しができなかった中、8回表に2ランホームランを放ってダメ押しした阿部寿樹の勝負強さは、この試合でも光った。

しかし、あえて反省点を見出すならば、先発の福谷が5回でマウンドを降りたことだろう。これだけの大量援護をもらったのならば、最低でも7回までは投げてほしい。完投してもらってもいいくらいだろう。福谷はこの試合の勝ち投手になったが、毎回走者を出す苦しいピッチング。ベンチは、祖父江大輔、清水達也、そしてジャリエル・ロドリゲスという、接戦の勝ちゲームで登板させるような投手を次々と送り出すことになってしまった。福谷はしっかり自己分析ができる投手だけに、次回の登板までにきちんと修正してきてほしい。

それにしても、打線がここまで打ちまくるゲームは、本当に面白い。「打てない、点が取れない」が昨今の代名詞であったドラゴンズだが、やはりこうした気持ちのいいゲームを、もっともっと見たいと願う。1980年代に近藤貞雄監督に率いられた、いわゆる〝野武士野球〟当時は、こんな試合が沢山あった。

快勝のゲームを楽しみながら、立浪監督の就任会見での言葉がよみがえってきた。

「打つ方は必ず何とかします」。

どうかこの打撃が続きますように。とにかく、最高の日曜日の午後となった。

2022.4.19

［バンテリンドーム ナゴヤ］

名物広報だった足木敏郎さん逝く……その夜、大野が打たれ竜は惨敗

立浪監督のコメント

大野雄は良い球と悪い球がはっきりしていた。（福留に2打席与えたのは）復調のきっかけをつかんでほしいから。ビシエドは良い一発が出て次の一直も捉えていた。4番が状態を上げてもらうのが大事ですからね。

	1	2	3	4	5	6	7	8	9	計
ヤクルト	2	0	1	3	3	0	0	3	0	12
中日	0	0	0	2	0	0	2	0	0	4

●大野雄（4試合1勝2敗）、森、山本、福、藤嶋－木下拓、桂

【戦評】先発の大野雄は初回2死からの2四球をきっかけにヤクルト打線に捕まり、4回KO。リリーフした森や福らも失点を重ね、12失点を喫する。打線はビシエドに開幕戦以来となるホームランが飛び出すも、先発サイスニードを攻略できず。観客が2万人を切った客席には閑古鳥が鳴いていた。

訃報が届いた。ドラゴンズで広報などの渉外担当だった足木敏郎さんが亡くなった。享年87だった。

ファンの間でも、足木さんへの親しみは強い。トーマス・ジーン・マーチン、ケン・モッカ、そしてアロンゾ・パウエルら、球団史に残る数多くの助っ人、外国人選手を獲得した。球場でのヒーローインタビューで、一生懸命に通訳を務める足木さんの〝武骨な〟英語は、今も印象に残っている。

1974年（昭和49年）、20年ぶりのリーグ優勝を果たした時の4番打者だったマーチン。忘れられない助っ人の1人だが、ちょうどその10年後に、テレビの特集で「あの選手は今」という企画を担当した。その際、アイダホ州で農場を営むマーチンさんの連絡先を教えてくれたのも足木さんだった。選手の獲得から在籍中、さらに引退してチームを離れても、ちゃんとフォローしていく細やかさはさすがだった。マーチンさんには名古屋から突然の国際電話をかけたが、「ミスター・アシキからの紹介だ」と伝えると、一気に会話が弾んだ。

これも足木さんから情報が入っていたのか、マーチンさんは「山内一弘監督の下でドラゴンズが首位を走っているそうだね」とうれしそうに語りかけてきた。実はその時、ド

ラゴンズは広島東洋カープに首位を明け渡していたので、それを告げると、こんな言葉が返ってきた。

「いつでも駆けつけると伝えてよ」。

足木さんの人柄に助けられた取材だった。ドラゴンズ球団にとっては、大功労者のひとりだろう。

そんな足木さんの訃報が届いた夜。足木さんが獲得に関わったわけではないが、ダヤン・ビシエドのバットが追悼の一打を放った。

本拠地での初ホームランとなる今季2号ホームラン。東京ドームで行われた3月25日の開幕戦以来、72打席ぶりの一発というのだから、いかに打撃の不振が続いていたかがうかがえる。

何といっても、4番打者なのだから。この日はヒットも打ち、上向きの打撃を見せたが、ここまで辛抱強く立浪和義監督によって「4番」として起用されているのだから、そろそろ目を覚ましてほしい。足木さんが獲得してきた、数々の力強かった〝助っ人〟たちの姿を思い浮かべながら、そんなことを思っていた。

ゲーム観戦中に、そんな思い出などをしみじみとふり返る余裕があった理由は、この日のゲーム内容によるものだ。先発はエース大野雄大。舞台は本拠地バンテリンドームナゴヤ。そうそうに得点が入るシチュエーションではないはずなのだが……。

大野は、東京ヤクルトスワローズ相手に初回に2点を許すと、4回までに8安打で6失点。ほぼワンサイドゲームとなってしまった。ライトに入った鵜飼航丞やサードの石川昂弥の守備の乱れもあった。しかし、大野は今やドラゴンズのエースである。若手のミスはがっちりと受け止めて、堂々と乗り越えてほしい。

これで大野は今季の2敗目。プロ通算成績は77勝80敗と3つの負け越しとなった。エースたるもの、負け越していてはいけない。大野の前のエースだった吉見一起さんは、現役時代90勝56敗という通算成績だった。やはり、〝勝ってこそ〟のエース、チームを〝勝たせてこそ〟のエースなのだから。

ゲームのスコアは4対12、実に8点という大差をつけられての惨敗だった。足木さんへの追悼は、翌日以降に持ち越された。

天国の足木さんも、きっと渋い表情をしているだろう。いや苦笑いをしているかもしれない、そんな夜となってしまった。明日こそ快勝して「安らかにお眠り下さい」と夜空に呼びかけることができますように。

2022.4.20

［バンテリンドーム ナゴヤ］

髙橋宏斗がツバメ斬り！ 2勝目はうれしい 本拠地での初勝利

立浪監督のコメント

髙橋宏はストライク先行で非常に良かった。魅力を感じさせてくれる投球でした。京田はもっと吹っ切れてやってくれれば。（根尾に今季初安打がでて）本人もうれしいでしょうし、こちらも使いやすくなる。

	1	2	3	4	5	6	7	8	9	計
ヤクルト	0	0	0	0	0	1	0	0	0	1
中日	0	2	0	1	0	0	1	0	x	4

○髙橋宏（3試合2勝1敗）、祖父江、ロドリゲス、R・マルティネス（8試合0勝1敗5S）－木下拓

【戦評】2回、ヤクルト先発の小川に対し京田のタイムリーなどが飛び出し、集中打を浴びせて攻略。12安打で4得点と効率は良くなかったが、打線は引き続き好調。先発・髙橋宏は6回を村上のソロホームランのみの1失点に抑える好投で、前回勝利を挙げた神宮に続いて今季2勝目を記録した。

本拠地バンテリンドームナゴヤの先発マウンドには、2年目19歳の髙橋宏斗。ドラゴンズファンが最も将来を期待する投手である。

前夜は大野雄大が大量失点で完敗しただけに、この日のゲームは重要である。開幕直後を別とすれば、立浪ドラゴンズはここまで連敗をしていない。何とか勝利を！　と願いをこめて試合を見守った。

髙橋のピッチングは、初勝利を挙げた神宮球場以上に躍動感にあふれていた。相手は同じ東京ヤクルトスワローズ。初回を三者凡退に抑え、ドーム全体も引き締まった空気に包まれた。不思議なものだが、やはり立ち上がりは大切なのだろう。

2回は、4番の村上宗隆にヒットを許すも、後続をきっちり3人で打ち取る。その裏には好調な5番・阿部寿樹から3本の安打によって、2点を先制した。この2点をたたき出したのは、8番に入っている京田陽太。実はこの日が、28歳の誕生日だった。

京田の迷いは続いていた。それは開幕からというより、昨シーズンからなのかもしれない。沖縄での春季キャンプでも、立浪和義監督や新しくやって来た中村紀洋打撃コーチから、とにかく不安定な打撃フォームを理想的な型で固め

ることを指導され続けた。開幕から1カ月弱経過したが、その答えが出たとは言い切れない。しかし、この日は、相手先発の小川泰弘から、きっちりとセンター前に打ち返し、走者2人を迎え入れた。

京田は2016年のドラフトで、1位の柳裕也に続く2位指名でドラゴンズに入団。力強い打撃とスピード、さらに広い守備範囲で1年目からレギュラーをつかむと、最初のシーズンは149安打。もう少しで、長嶋茂雄さんの新人安打記録に迫るという活躍で、その年の新人王に輝いた。しかしそのシーズンがピークだったとは誰が思ったであろう。京田の輝きは年々弱まっていった。21年はシーズン途中で、プロ入り初の二軍落ちも経験した。

しかし、チーム内での存在は重い。選手会長として今季で3年目を迎えた。任期は慣例で2年、それだけ選手の信望も厚いのだろう。選手会長を3年以上務めるのは、立浪監督の現役時代以来なのである。リーダーとして立浪ドラゴンズを引っ張るためにも、そんな京田にとって上昇への転換点となる誕生日になってくれればいいのだが、と願う。

さて、髙橋宏斗である。4回には1死二塁で迎えた村上を見逃し三振に切って取った。

時おりあげる雄たけびも、ファンにとっては頼もしい。この日は最速153キロのストレートを中心に、6イニングを投げた。その6回には村上にホームランを浴びた。これから何度も何度も、この2人の対戦は続く。力と力、ファンにとっては楽しみである。髙橋は自己最多の8奪三振、1失点の見事なピッチングだった。

2回に先制した打線は、4回に1点、7回に1点と、中押しにダメ押しと理想的に点を重ねて、4対1で完勝。髙橋は2勝目、本拠地バンテリンドームナゴヤでのうれしい初勝利となった。

この日のゲームでは、6回に代打で出場した根尾昂が、今季初ヒットをライト前に打った。2番に入ったルーキー鵜飼航丞も1安打1打点。こうした若竜たちの活躍によって手にした勝利は、1勝以上の価値があるはずだ。何より、応援するファンとして喜びのレベルが格段に違う。それは髙橋のヒーローインタビューへの大きな声援で感じる。こういうゲームをこれからも何度も楽しめると思うと、とにかく明るい気持ちになる。

明日は、今季初めてのウエスタン・リーグの試合を観戦するために、ナゴヤ球場へ行く予定。根尾をはじめ一軍にいる若手も出場しそうである。さらに、ここでも若い力の胎動に出合えるはずだ。楽しみである。

2022.4.22

［バンテリンドーム ナゴヤ］

石川昂弥が本拠地で初ホームラン！その弾道にスタンドも熱狂

立浪監督のコメント

（遊撃に堂上を起用）守備で安心して見ていられますし、キャンプから一生懸命やっていたので。また明日は考えます。今日の収穫は石川昂。見事に真っすぐを捉えた。初めてかな。こういう打撃が出てくれば楽しみ。

	1	2	3	4	5	6	7	8	9	計
巨人	1	0	0	1	0	4	1	0	0	7
中日	0	1	0	0	0	0	0	1	0	2

●柳（4試合2勝1敗）、藤嶋、田島、山本－木下拓

【戦評】先発の柳は初回から失点を重ね、6回途中で降板。前回の開幕3戦目同様、巨人打線に攻略されてしまう格好となった。打線も開幕戦に引き続き巨人先発の菅野を捉えきれず、またも敗戦。明るい材料は2回に飛び出た石川昂の3号ソロホームラン。球界を代表する投手からの一発は大きな自信となった。

早いもので、つい先日ペナントレースが開幕したと思ったら、もう20試合目となった。本拠地バンテリンドームナゴヤに読売ジャイアンツを迎えての3連戦。この日はライトスタンドからゲームを観戦した。

ジャイアンツの先発マウンドには、ほぼ1カ月前の東京ドーム開幕戦と同じ、エース菅野智之。対するドラゴンズの先発投手は、前回菅野と投げ合った大野雄大ではなく柳裕也。横浜ＤｅＮＡベイスターズの複数選手が新型コロナ陽性となり試合が休止された影響で、ローテーションが再編成された。菅野と大野のエース対決はもちろんだが、菅野と柳の右腕対決も十分に見応えがある。ナインと少し離れて、一塁ベースから外野寄りのフィールドでウオーミングアップを続ける背番号「17」に、外野席から熱い視線を送る。

スタメン発表の場内アナウンスを聞いて驚いた。1番はもちろん大島洋平だが、それに続いてコールされたのは「2番、ショート、堂上直倫」。場内がどよめいた。堂上が一軍に上がってきたことは試合前に知っていたが、まさかいきなりのスタメンとは。

調子がいいから一軍に上げるのであって、上げたらすぐに使うべき。特に、二軍で好調の若手選手についてはそれ

を期待したいのだが、この日の「堂上スタメン」についてはちょっと違った意味を感じた。

堂上は入団16年目の33歳、ベテランの域に入るからだ。これは打率1割台と低迷する京田陽太に対しての、立浪監督の厳しい叱咤なのだろう。自らの誕生日だった直前の試合で活躍しお立ち台にも立った京田。しかし、待っていたのは厳しい処遇だった。さらに前日の昼間、ナゴヤ球場でのウエスタン・リーグ二軍戦を観戦したが、なんと外野手に専念するはずだった根尾昂がショートでスタメン出場した。立浪監督から再コンバートを言われてのことだった。京田に対するプレッシャーは日に日に高まっている。その堂上は、最初の打席でいきなりセンター前ヒットを放つ。指揮官の厳しい采配を肌で感じるのは、ユニホーム姿の選手たちなのだ。

この試合のハイライトは、何といっても未来の主砲・石川昂弥の放った本拠地バンテリンドームナゴヤでの初ホームランだった。

1点リードされた2回の先頭打者。相手は開幕戦で3打数ノーヒットと抑えられたエース菅野。打った瞬間、その力強い打球は、左中間スタンドをめがけて一直線に飛んでいった。ライトスタンドからは、その弾道がまるでスローモーションのように、実に鮮明に見ることができた。新型コロナウイルスの感染防止のため、立ち上がっての応援をストップされているドームだが、さすがに一瞬だけ腰を浮かせてしまった。石川はすでに神宮球場でプロ初ホームランを打っているが、地元での一発は本人にとっても格別なはず。そして私自身にとっても、それはまさに竜の新時代への〝祝砲〟のように思われた。目の前で見た記念すべきホームランのことは一生忘れまい。

先発の柳は、この日が28歳の誕生日。2回裏の打席では、応援団から『ハッピーバースデー』の演奏も送られた。しかし、自らの誕生日を勝利で祝うことはできなかった。石川のホームランで同点に追いついた後の4回表には、ジャイアンツにダブルスチールを決められて、失点を重ねた。隙をつかれた失点は、観戦する側にも虚脱感をもたらす。スタンドのため息の余韻の中、6回表には4点を奪われて万事休した。

球場から帰路につく時のお土産は、石川のホームランとセンター大島洋平が大飛球をジャンピングキャッチした超ファインプレーの2つだけだった。今はまだ開幕間もない4月下旬。シーズンの先はまだまだ長いとはいえ、やけに敗戦が身に沁みる夜となった。

2022.4.23

［バンテリンドーム ナゴヤ］

巨人の新助っ人投手 シューメーカーに手も足も出ず、2安打の完封負け

立浪監督のコメント

松葉は5回まで完璧だったが、突如6回にやられるのは自分で克服してもらわないとね。木下拓はずっと出ていますし、昨日ミスもあったので一回外そうと。桂はゲームに出ていない中でうまくリードしてくれた。

	1	2	3	4	5	6	7	8	9	計
巨人	0	0	0	0	0	1	0	0	2	3
中日	0	0	0	0	0	0	0	0	0	0

●松葉（2試合0勝1敗）、祖父江、清水、ロドリゲス、藤嶋－桂、木下拓

【戦評】打線が巨人先発・シューメーカーの前に2安打と完全に沈黙。投手陣は松葉が粘投し、後には清水やロドリゲスらをつぎ込む執念の継投を見せるも9回は藤嶋がこらえきれず、零封負けを喫してしまう。東京ドームでの開幕3連戦に続き、巨人に2カード連続での負け越しが決まってしまった。

先発は本拠地のドーム球場にめっぽう強い、左腕の松葉貴大。ゲームが大きく崩れることはないだろう。読売ジャイアンツの先発は新外国人投手のマット・シューメーカー。手元にある最新の選手名鑑に載っていない。それもそのはず、契約は春季キャンプ中だった。しかし、そんな投手にやられた。1回表に大島洋平と岡林勇希がセカンドゴロ、そして3番のアリエル・マルティネスが三振と、あっさり抑えられた瞬間から嫌な予感がこみ上げてきた。ドラゴンズは新しい投手との初対戦で、これまで幾度、辛酸をなめさせられてきたことか。

次の2回から4回も三者凡退が続く。阿部寿樹のライトへの当たり以外に、外野へ打球が飛ばないのだ。5回も3人で打ち取られて、ここまでパーフェクト。さすがに「やばいなあ。完全試合をやられてしまうのか」と思い始めた7回裏の2死走者なしで、アリエルにレフト線への二塁打が出た時は、心からホッとした。4月10日に千葉ロッテマリーンズの佐々木朗希が完全試合を達成したが、そんな大記録の相手チームには、ファンとしても絶対になりたくない。

終わってみれば、0対3で完敗。ドラゴンズは4月に入って初めての連敗。こんなにあっさりと負けてしまうと、むしろあきらめもつく。さあ明日だ、明日だ！

2022.4.24

［バンテリンドーム ナゴヤ］

石川昂弥が満塁での三塁打を含む4打点、5点差から大逆転勝利

立浪監督のコメント

石川昂は逆方向にもいい打球が飛ぶようになってきた。逆方向はしっかりボールと距離がとれないと強い打球がいかない。今までは引っ張るしかなかった。菅野投手から打ったあたりからポイントをつかんだのかな。

	1	2	3	4	5	6	7	8	9	計
巨人	0	4	2	0	0	0	0	0	0	6
中日	1	0	5	1	0	0	0	0	x	7

福谷、○山本（6試合1勝0敗）、清水、祖父江、ロドリゲス、R・マルティネス（9試合0勝1敗6S）－木下拓

【戦評】先発福谷が1回りもたずに捕まり1対6と5点ビハインドを背負う展開となってしまうが、迎えた3回裏、石川昂や京田、代打岡林らの適時打で一挙5点を取り追いつく。続く4回には石川昂の犠飛で勝ち越し、そのまま逃げ切り勝ち。今年から中継ぎに回った山本が今季初勝利を挙げた。

やられたと思ったゲームを逆転勝ちしてくれるほどうれしいことはない。この日のドラゴンズがまさにそれだった。ましてや、その立て役者が、今季レギュラーとして開幕から出場を続ける〝将来の4番〟石川昂弥であればなおさらである。最高のゲームとなった。

本拠地バンテリンドームナゴヤに、首位である読売ジャイアンツを迎えての3戦目。初戦を柳裕也で落とし、2戦目は「あわやパーフェクトゲームか？」という2安打完封負け。嫌なムードで迎えた日曜日のデーゲームも、いきなり2回表に暗い気持ちに突き落とされた。

先発の福谷浩司が、ジャイアンツ打線につかまる。5番に入った丸佳浩がヒットで出塁すると、そこからさらに、新外国人アダム・ウォーカー、香月一也、そして小林誠司と3連打を浴びる。1番の吉川尚輝や4番の岡本和真を抑えているのに、下位打線に連打されてはいけない。福谷はこの回4失点、さらに次の3回、岡本にヒットを打たれた後に、またまたウォーカー、今度は2ランホームランを献上。3回6失点でノックアウトされた。

この時点で、得点は1対6の5点差。正直、これは負けムードだと覚悟したのだが、今年のドラゴンズは違っていた。直後の3回裏にすぐさま反撃。アリエル・マルティネ

スの二塁打に始まり、阿部寿樹の四球、木下拓哉のヒットで作った満塁のチャンスに、7番・石川昂弥が走者一掃となるライトオーバーの三塁打を放つ。その右への打球の弾道は鋭かった。三塁ベースに滑り込んだ後の石川のガッツポーズと共に、私たちファンも一緒になって思わずガッツポーズをしていた。

集中攻撃はなおも続く。この2試合、スタメンを外れていたショートの京田陽太が、左中間を破る三塁打で意地を見せる。福谷の代打に送られた岡林勇希の内野安打で同点。絶望かと思われた5点差がついてから、まだあまり時間もたっていない、見事な攻撃だった。

殊勲打を放った石川には、次の4回裏にも打席がまわってきた。1死二、三塁のチャンス。前の打席で走者3人を返した石川は、ここでライトへ犠牲フライを放つ。ついに7対6と逆転した。

この2本が、いずれも右方向だったところに、石川の成長が感じられる。沖縄での春季キャンプ最終日、フリー打撃練習の最後の組は、鵜飼航丞と石川だった。2人とも軽くバットを振るだけで、右中間スタンドにもいともたやすくボールを運んでいた。それが実戦でできるようになれば、彼らのバッティング技術はワンランク成長したと言えるだろう。

その後、ゲームは落ち着いた。ドラゴンズ自慢のリリーフ陣、とりわけこの日は、4回から登板した2番手の山本拓実の投球が素晴らしかった。

2017年(平成29年)ドラフト6位で入団した山本は、兵庫で有名な進学校でもある西宮市立西宮高で優秀な成績を修めてきた〝秀才〟投手。大学に進学せずドラゴンズに入団した根底には、持ち前の負けず嫌いな性格がある。それはピッチングにも全面に表れている。小柄ながら、全身をフルに使って投げる姿に、ファンは魅了される。ひと言で表せば「ファイター」であろう。入団2年目には7試合に先発して3勝を挙げた。今シーズンはリリーフとして活躍中。山本は2回を投げて、打者6人に対し3三振と見事に抑えてみせた。打の石川と共に、堂々たる投のヒーロー、今季の1勝目を手にした。

こんな見事な逆転ゲームを見せられると、ファンとしてはたまらない。若きスラッガーを中心にした打線、そして自慢の救援投手陣。名古屋の桜はとうに葉桜になっているが、立浪ドラゴンズの強みが本拠地ドームで開花して、地元ファンに〝花見のだめ押し〟をさせてくれた、そんな幸せな日曜日だった。

2022.4.27
［阪神甲子園球場］

トリプルプレーも喜べず……勝野そして大島がケガで途中交代の暗雲

立浪監督のコメント

守備のミスで失点したが、久しぶりの土のグラウンドでエラーが出た。明日練習してミスがないように。ミスしたらこうやって負けるんで。（死球を受け交代の大島は）骨に異常はないので、明日様子を見てになる。

	1	2	3	4	5	6	7	8	9	計
中日	1	0	0	0	0	0	0	0	0	1
阪神	0	1	1	0	1	0	0	0	x	3

●勝野（4試合0勝1敗）、福、藤嶋、田島、山本－木下拓

【戦評】勝野と西勇の投げ合いで始まった一戦は、今日も打撃陣にあと一本がでず、さらに失点に直結するエラーも出るなど、全体的に精彩を欠く内容となってしまった。5回に死球を受けた大島は故障離脱することになってしまい、好調を維持していたチームに暗雲が立ち込める日となってしまった。

雨で一日水入りとなった甲子園球場での阪神タイガース戦。めったに見ることのできない珍しいプレーが飛び出した。三重殺、トリプルプレーである。ドラゴンズにとっては、星野仙一監督時代の2000年以来、22年ぶりに達成した快挙であるはずなのだが、この日は何とも後味の悪さが残った。

そもそもトリプルプレーが生まれる最低条件は「ノーアウトで少なくともランナーが2人以上出ている」こと。相手にはチャンス、こちらはピンチと〝劣勢〟なのである。この日の先発は勝野昌慶。「今日こそは」「今日こそは」と期待を背負いながらも、ちょうど1年、勝ち星に恵まれていない。

4回裏、マウンドにはその勝野がいてランナーは2人、無死一、二塁のピンチ。打席には、16年の新人王ながら、昨季も一軍での出場なしと苦悩する髙山俊。勝野のボールを真芯でとらえたが、打球はファーストのダヤン・ビシエドのグラブにノーバウンドで収まる。ビシエドは一塁ベースを踏んで、飛び出していた走者はアウトで2死。一瞬の間の後、ビシエドは同じく飛び出していたセカンド走者を刺すべく、二塁へ送球した。受けたのはショートの京田陽太。当然ながら、タッチの必要がないフォースプレーなのだが、

京田はなぜかベースを踏まずに、走者である糸井嘉男にタッチにいった。判定はアウト。阪神ベンチはリクエストを求め、しかしリプレー検証でも結果はアウト。こうしてトリプルプレーは成立して、ピンチを脱してチェンジになったのだが……。

ベンチに戻ってくる選手を迎えた立浪和義監督の表情は厳しかった。ショートの京田を呼ぶと、何やら話し始めた。プレーの確認？　いや、そんな優しいものではなかった。試合後の監督談話などから察することができたが、フォースプレーでいいにもかかわらず、それを失念していたことに対し、厳しいお叱りがあったのだった。ショートというポジションに人一倍こだわりがある立浪監督だけに、こうした〝うっかり〟は看過できなかったのだろう。ましてや、この試合は、内野の守りにミスが続出していた。京田も2回裏の守備でゴロを捕球できずに、相手に同点となる1点を与えてしまっていた。決勝点もセカンド阿部寿樹のエラーから生まれた。

実は、22年前のトリプルプレー成立には立浪監督自身が関わっていた。その時のサードはレオ・ゴメス。サードゴロを取って三塁ベースを踏み、セカンド立浪に送球して2つ目のアウト。立浪からファーストの山﨑武司へ転送して、スリーアウトとなった。内野手それぞれが状況を冷静に判断していなければ達成できない三重殺。本来ならば、立浪監督自身も喜びたいところなのだろうが、そうはならなかったことが残念だった。

3対1で敗れた試合。先発の勝野は、16度目のチャレンジでも勝ち星はつかなかった。

さらに、5回途中に突然マウンドを降りてしまった。何があったのか？　これも試合後に分かったのだが、左わき腹に痛みが走るというトラブルだった。好調な投球を続けながらも、毎試合毎試合、勝ち投手になれなかった勝野。軽傷ならばいいのだが……。

そしてもうひとり、大島洋平を襲った災厄。この試合の前まで打率3割6分を超して首位打者をひた走る大島が、右膝近くにデッドボールを受けた。倒れ込んだ大島は自力で歩くことができず、支えられてベンチに行き、そのまま交代した。今季の活躍はめざましいだけに、勝野と同様、無事であることを祈りたい。

せっかくのトリプルプレー達成という快挙も何だか遠い昔のように思えるほど、試合が終わった後はどっと疲れを感じてしまった。何だか悪いことばかりが重なった甲子園のゲームとなった。

2022.4.28
［阪神甲子園球場］

石川昂弥〝聖地〟甲子園で初ホームラン! しかし大野で敗戦、貯金0に……

立浪監督のコメント

京田は昨日の消極的な守備があったので外した。大野雄は4回だけ。ボールは8回になっても落ちなかったので自信にしてほしい。攻撃も昂弥のホームラン以外のチャンスは最後だけ。名古屋へ帰って出直します。

	1	2	3	4	5	6	7	8	9	計
中日	0	2	0	0	0	0	0	0	0	2
阪神	0	0	0	3	0	0	0	0	x	3

●大野雄（5試合1勝3敗）－木下拓

【戦評】大島を欠いて臨んだ一戦は、2回に石川昂の2ランホームランで幸先よく先制するも、先発の大野雄は4回に拙守も絡んで逆転を許してしまう。その後は復調し8回104球で投げ切るも、野手陣がその好投に応えることができず惜敗。甲子園で一勝もできずに名古屋へ帰ることになってしまった。

人にはそれぞれ〝似合う〟舞台がある。それはプロ野球選手にとっても言えるだろう。特に高校時代に甲子園球場で活躍した球児たちには、プロ野球に進んだ後も、そんな〝甲子園の幻影〟がついてくる。それはいつまでも若い青春の輝きを放ちながら……。そんなひとり、石川昂弥が〝似合う〟舞台で初ホームランを打った。

薄暮の甲子園球場、2回表ドラゴンズの攻撃。7番サードでスタメン出場した石川は、ヒットで出塁した木下拓哉を一塁において打席に入った。阪神タイガースの先発は秋山拓巳、2年連続の2桁勝利でローテーション投手に成長した右腕である。その秋山が投じた外角へのボールを石川はフルスイング。打った瞬間に心の中で「入れ!」と願った。最前列ギリギリだったが、打球はレフトスタンドに飛び込んだ。プロ入り4本目のホームランながら、甲子園での一発、それは石川にとっては忘れられない格別の一打になったことだろう。

石川は、東邦高3年だった2019年の春に、甲子園でのセンバツ大会に出場した。投手としても、打者としても、超高校級の活躍を見せた。特に千葉県の習志野高との決勝では2本のホームランを放ち、投げては胴上げ投手にも輝いた。いわゆる〝甲子園の女神〟が微笑んだ球児のひとりだった。その秋のドラフト会議では、地元ドラゴンズが早々に1位指名を発表。高校生では佐々木朗希や奥川恭伸、大学生では明治大学のエース森下暢仁がいたが、竜は〝将来の4番〟候補として石川を選んだ。福岡ソフトバンクホークスが石川の1位指名に参戦した瞬間は驚いた。何でも王貞治会長が、石川の打撃にぞっこんだったという。抽選の結果、ドラゴンズが石川の交渉権を獲得できた後、〝世界の王〟が認めた素材なのだと、しみじみとうれしかったことを思い出す。

この日の先発はエースの大野雄大。石川が挙げた2点を守り切って、2対0の完封でも上々と、応援しながら勝手なことを思っていたが、この後〝甲子園の女神〟はドラゴンズというチームには微笑まなかった。

4回裏、連続ヒットで無死一、三塁にされると、ベテラン糸井嘉男のタイムリー、そして続く山本泰寛にはセーフティースクイズで同点にされた。さらに、1死二、三塁からのショートゴロを前進した遊撃手が本塁へバックホーム。しかし送球は微妙にそれて三塁ランナーはセーフとなり、タイガースに勝ち越し点が入った。この日のショートには堂上直倫が入っていた。前夜のトリプルプレーに絡む京田陽太の〝うっかりプレー〟を、立浪和義監督が相当重く受け止めている証しだった。

守備の名手である堂上のミスだからこそ、この1点は痛かった。それでも大野は要所を締めながら、その後はタイガース打線を抑えていった。立浪和義監督も「(最後まで)球威は落ちなかった」と評価したように、8イニングを投げ切った。相手のタイガースは5人の投手リレーだったことを考えれば、エースとしての仕事はした。しかし、いかんせん4回の3失点が痛かった。

大野はここまで1勝3敗。開幕から1カ月たったのに1勝だけとは、本人にとってもチームにとっても、誤算だろう。ゲームはそのまま、2対3で敗れ、石川の甲子園弾は〝祝砲〟にはならなかった。

今季ドラゴンズは、ここまであまり連敗をしてこなかった。立浪監督も「嫌な連敗は避けたい」と表現して、気を抜かない戦いをしてきた。しかし、守りのほころびから、ついに甲子園で連敗。これは嫌な連敗だろう。前夜にデッドボールを受けた大島洋平は骨折ではなかったもののスタメンを外れた。勝野昌慶は左わき傷検査のため登録抹消。さらに落合英二ヘッド兼投手コーチのコロナウイルス感染も発表された。そんな中、ドラゴンズは貯金ゼロになって、本拠地へ帰ることになった。

2022.4.29
［バンテリンドーム ナゴヤ］

リードオフマン大島洋平が登録抹消、大瀬良にわずか2安打で3連敗

立浪監督のコメント

大島が抹消になり状況は苦しいが仕方ない。いるメンバーで頑張らないと。復帰の高橋周は3番を打ってくれないと困る選手。上を狙える打線の状況ではないが、投手がいいのでもっと必死に1点取りにいかないと。

	1	2	3	4	5	6	7	8	9	計
広島	0	0	0	0	1	0	0	0	0	1
中日	0	0	0	0	0	0	0	0	0	0

●髙橋宏（4試合2勝2敗）、田島、山本、藤嶋、清水－木下拓

【戦評】先発の髙橋宏は好投を見せるも、5回に中京大中京の先輩である堂林に左中間深くへ突き刺さる特大のソロホームランを献上してしまう。結果的にこの1点が決勝点となり敗戦。打線は大瀬良に2安打しか放てず完封されてしまい、大瀬良に4月だけで2勝を献上することになってしまった。

ショッキングなニュースが本拠地に戻ったチームにもたらされた。2日前の甲子園球場で右ひざ近くにデッドボールを受けた大島洋平の登録抹消である。ここまでの打率は3割5分4厘で、セ・リーグの首位打者。野手キャプテンでもあり、リードオフマンの不在に不安が広がる。そんな大島に代わって一軍に登録されたのは、昨季までのキャプテン高橋周平だった。開幕前に足を痛めて調整を続けてきたが、この日は即「3番・セカンド」でのスタメン出場となった。キャプテンの穴は前キャプテンが埋める。しかし、高橋周平の3打席はいずれも内野フライ。本拠地のスタンドには、マスクの下から多くのため息が漏れた。

先発は4試合目の髙橋宏斗。広島東洋カープ打線に対し、立ち上がりは、奪三振2つの上々の立ち上がり。3回まで無失点。しかし、4回表に2死から打席に立ったのは堂林翔太だった。13年目を迎えた堂林は、髙橋宏斗にとって中京大中京高の大先輩である。勢いは間違いなく19歳の後輩……と思っていたが、5球目のストレートをフルスイングした堂林の打球は広いバンテリンドームナゴヤの深い左中間に飛び込む。先輩の力強い弾道だった。打線は、カープのエース大瀬良大地の前に、わずか2安打に抑え込まれて0対1の完敗。チームは3連敗で、再び勝率5割を切った。

2022.4.30
［バンテリンドーム ナゴヤ］

早くも実現！ 若竜トリオの1～3番へ 立浪新監督の熱き期待

立浪監督のコメント

松葉の登板はバンテリンの5回までと決めました。本人もいいとのことなので。平田は走塁センスにたけているので代走で起用した。孝介にとっても（犠飛の）1点は大きい。選手を使い切ったけど勝ち越せてよかった。

	1	2	3	4	5	6	7	8	9	計
広島	0	0	0	0	0	0	0	2	0	2
中日	0	0	0	1	1	0	0	2	x	4

松葉、祖父江、清水、○ロドリゲス（11試合1勝0敗）、R・マルティネス（10試合0勝1敗7S）－木下拓

【戦評】4番手のロドリゲスが珍しく失点し、2対2の同点で迎えた8回裏、広島の中﨑を攻めて1死満塁のチャンスを作る。ここで広島は蟹江にスイッチするが、伏兵加藤翔の勝ち越しタイムリー、代打福留の犠飛が飛び出し2点を奪取。9回はライデルが危なげなく締めて、連敗を3で止めた。

いつかはやって来るかと期待していたが、ついにその日がやって来た。期待の若竜たちが並んでスタメンに、しかも上位打線に名を連ねた。

1番に鵜飼航丞、2番に岡林勇希、そして3番に石川昂弥というラインアップ。竜党からすれば、まさに夢のような先発オーダー。シーズン開幕1カ月、こんなに早く、こんなにすごいスタメンを見せてくれるとは……。さすが立浪采配である。

背景には、大島洋平のケガがあった。開幕から1番に座りヒットを量産、リーグ首位打者としてチームをけん引してきたが、4月27日の甲子園球場での阪神タイガース戦で、右足にデッドボールを受けた。幸い骨に異状はなかったと発表されたが、大島は一軍登録を抹消された。そして迎えたバンテリンドームナゴヤでの広島東洋カープ戦。立浪監督が選んだのは、期待の若手3人を打順1番から一気に並べるという、大胆なオーダーだった。

ゲーム前の練習で3人にスタメンを伝えた立浪監督は、こう話したという。

「簡単に結果は出ないかもしれないが、必死な姿勢だけは見せるように」。

さらに、

「元気がなかったり、自信がなかったりする姿を見せたら使わない」。

その場に立ち会っていなくても、文字で言葉を追っただけでも、厳しさが伝わってくる。鵜飼、岡林、そして石川、それぞれに対して監督からそう言われた直後に感想を聞いてみたかったぐらいである。

一見大抜擢に感じるこの1番から3番の起用は、単なる〝冒険〟ではない。

鵜飼は強打者だが足も速い。相手チームからすれば先頭打者から一発ホームランの恐れもある上、塁に出したらその足も警戒しなければならない。2番に座る岡林は巧打者であり、ヒットエンドランでもバントでも対応できる。そして石川には、鵜飼同様の長打力がある。初回から確実に打順がまわる3番にもうってつけである。「大胆な若手登用」に見えながら、実は理にかなっているともいえるオーダーなのである。

この結果は5回裏に出た。1死一塁の場面で鵜飼が四球を選び、岡林がヒット、そして石川がライトへ犠牲フライを打って、1点を取った。この試合、鵜飼は1安打、岡林は3安打、そして石川は安打こそなかったが1打点。若竜トリオはしっかり機能した。

そして、若い力は間違いなくチームに刺激を与える。8回表に2022年シーズンから中継ぎに転向して、ここまで無失点、防御率ゼロを誇っていたジャリエル・ロドリゲスが打たれ2対2の同点に追いつかれた。しかし、すぐにその裏に再び突き放した。1死満塁からの決勝打は、控えの加藤翔平。昨シーズン途中にトレードで移籍してきた10年目のスイッチヒッターにも、間違いなく若竜トリオの活躍は刺激になったはずだ。立浪監督も加藤の働きをこう評価した。

「いい仕事をしてくれた」。

家貧しくて孝子顕る。プロ野球の世界では、レギュラーの主力選手がその座を外れた時こそが、若手選手や控え選手にとって千載一遇のチャンスである。「孝子」などという上品なことは言っていられない。初めて若い1番から3番をオーダーに組んだ立浪監督は、試合後にこんな談話を残した。

「将来楽しみな選手を早い打順にした。必死に結果を出す姿をみていきたい」。

若竜の必死な姿は、中堅選手をも巻き込んで、勝利へひた走る。4対2で勝利。立浪野球の力強い形を見せた4月最後のゲームだった。

2022.5.1

［バンテリンドーム ナゴヤ］

「サンデー柳」が粘りの投球で7回無失点、チームは日曜日負けなし5勝

立浪監督のコメント

3回は4番の打点となりいい形だった。（観衆は今季最多31,320人で）試合後にたくさんのファンが来てくれていると思いました。日曜日は5戦5勝だが、（月曜）休むにしても勝って休むと負けて休むでは違いますから。

	1	2	3	4	5	6	7	8	9	計
広島	0	0	0	0	0	0	0	0	0	0
中日	0	0	2	0	0	1	0	1	x	4

○柳（5試合3勝1敗）、ロドリゲス、R・マルティネス－木下拓

【戦評】0対0で迎えた3回、前日に引き続き1番鵜飼、2番岡林、3番石川昂で組んだ打線が機能しチャンスメイクに成功。続く4番ビシエドの2点タイムリーで先制点をもぎ取った。先発の柳は6回に犠飛で自らを援護。ピッチングでも7回無失点の好投を見せて今季3勝目を挙げ、カード勝ち越しに成功した。

柳裕也の先発登板は、開幕から毎週日曜日となっている。そして、ドラゴンズは日曜日ずっと勝ち続けている。その意味では、ファンとしても休日を楽しむアイテムのひとつとして「サンデー柳」が加わった。必ず〝ゲームを作ってくれる〟そんな安心感があるからだ。休日の午後にはもってこいである。

しかし、この日の広島東洋カープ戦、柳らしくない立ち上がりだった。2日前に広いバンテリンドームナゴヤで見事な決勝ホームランを打った1番の堂林翔太と2番の〝曲者〟菊池涼介を抑えたものの、3番の西川龍馬にはライト前ヒット。続く4番のライアン・マクブルームに四球と、早々に2死一、二塁のピンチを迎えた。5番の坂倉将吾を打ち取ってゼロに抑えたものの、2回もそして3回も、得点圏にランナーを背負う。球数も多い。毎回のように攻め立てられながら、それでも点を取られていないところが、21年シーズンから続く柳の安定感なのだ。

その粘投に応えて、ドラゴンズ打線は3回裏に先取点を挙げた。2番の岡林勇希、3番の石川昂弥という同期の20歳2人が連続ヒットで、1死二、三塁のチャンスを作った。残念なことに今季も度々チャンスに期待を裏切ってきている4番のダヤン・ビシエドだが、この日は違っていた。レ

フト前へヒットを打ち、一気に2人をホームへ迎え入れた。ようやく4番打者の仕事をしてくれた。

それでも、この日ビシエドのヒットはこの1本だけ。5回にはまたも石川がヒットで出塁したが、直後にセカンドゴロに倒れた。ビシエドは6試合連続のヒットを記録したとはいえ、まだまだ満足できないのがファンの本音である。4番打者という、勝敗を左右する大切な打順を任されている存在だからである。

一方、石川はこの日、初回にもヒットを打ったので3安打。3番に入ってまだ2試合目だが、「3番」という打順が合っているのかもしれない。かつて2019年春の選抜、日本一に輝いた東邦高校の中軸として甲子園に出場した石川の打順も「3番」だった。そういう巡り合わせがあるのかもしれない。心なしか、打席での立ち姿がゆったりと余裕を持って見えた。

先制点を取ったこの試合、回を追うごとに気になるのは柳の交代時期だった。5回を終えた時にはすでに100球を超えていた。ここまでか？　いやまだまだか？　2対0のまま迎えた6回裏、ドラゴンズは1死二、三塁と追加点のチャンスで、次の打者は柳。投球数を考えても投手は交代し、「チャンスに代打」のタイミングだが、柳はそのまま打席に向かった。この回の攻撃が始まると、ベンチの中で早々にヘルメットをかぶって、打席に立つことを周囲にアピール。それはもちろん、次の回もマウンドに上がることを意味する。

柳の打撃センスは、現在のドラゴンズ投手陣の中でも秀でている。同じ明治大学OBの星野仙一さんや川上憲伸さんもそうであったように、明治大学の伝統なのだろうか。柳は2球目のストレートをセンターに打ち上げて、犠牲フライで追加点をもぎ取った。「投げ続ける」という柳の強い意志が、バッティングでも実った。投打の活躍、実に大したものだ。

結局、リリーフのジャリエル・ロドリゲスにマウンドを譲ったのは8回表のカープの攻撃からだった。7回131球を投げて8奪三振、失点はゼロ。見事なピッチングだった。先発投手に勝ち星がついたのは、4月20日の髙橋宏斗以来であり、このところ登板過多だったリリーフ陣を休ませることにも貢献した。

8回裏にも貴重なダメ押し点が入り、4対0で完勝。貯金も1となった。そして、ここまで日曜日のゲームは5戦5勝。またも美味しい休日のビールが飲める。ありがとう、サンデー柳！

2022.5.3
［横浜スタジアム］

コロナ感染から復帰の小笠原慎之介が先発、今季初勝利でチームは貯金2

立浪監督のコメント

苦手のロメロを今日はよく攻略できた。慎之介に勝ちが付いたのもよかった。石川昂は守備も打撃も日々成長している。スローイングがいいので守備も鍛えて、打撃と一緒にうまくなれるようやらせていきたい。

	1	2	3	4	5	6	7	8	9	計
中日	0	0	3	0	1	0	0	3	0	7
DeNA	0	2	0	0	0	1	0	0	0	3

○小笠原（2試合1勝1敗）、清水、祖父江、ロドリゲス、田島－木下拓

【戦評】今季初勝利を狙う小笠原が先発。2回に先制点を許してしまうも、直後の3回、相手のフィルダースチョイスが絡んだ機に乗じて、ビシエドのタイムリーや高橋周の犠飛により逆転に成功する。小笠原はその後踏ん張り6回途中3失点と好投。8回にはまたも相手のミスが絡み3点を挙げ、そのまま逃げ切った。

「小笠原慎之介の帰還」。この試合にタイトルをつけるならば、こんな感じであろうか。

新型コロナウイルスに感染して療養していた背番号「11」が、一軍のマウンドに帰ってきた。ゴールデンウィーク真っただ中の横浜スタジアム。神奈川県出身、東海大相模高校からドラゴンズに入団した小笠原にとっては、故郷での特別な復帰戦となった。

先発投手にとって最も大切な立ち上がり、小笠原は横浜DeNAベイスターズ打線を三者凡退に抑える。特に3番・佐野恵太を三振に切って取った時は、これはいけるぞ！とホッとした。きっと小笠原自身も同じ思いだったかもしれない。しかし、続く2回、先頭4番の牧秀悟に四球を与える。小笠原はどうも牧を苦手としているように見える。続くネフタリ・ソトに二塁打を打たれて先制される。さらに1人おいて嶺井博希にもタイムリーを浴びて、この回2点を献上してしまった。1カ月のブランクはやはり大きいのだろうか。

しかし、この日のドラゴンズ打線、逆襲は早かった。相手の先発マウンドは、昨季から苦手としているフェルナンド・ロメロ。本拠地開幕ゲームだった3月29日のバンテリンドームナゴヤでも、今日と同じ小笠原とロメロが先発で

投げ合って、ドラゴンズはロメロに8回をわずか3安打に抑えられている。

　先制されて何とも嫌なムードの中、続く3回表、1番・鵜飼航丞が四球で出塁すると2番・岡林勇希がヒット。3番・石川昂弥が送りバントをすると、ロメロが三塁へ悪送球でまず1点。続く4番のダヤン・ビシエドが同点のタイムリー。2対2、あっという間に追いついた。阿部寿樹がデッドボールで無死満塁となり、続く高橋周平が、レフト線近くへライナーを打つ。これが犠牲フライになって3点目が入り、一気に逆転したのだった。

　リードをもらった小笠原だが、なかなか制球も定まらず球数も多い。何とか6回ぐらいまでは投げてほしいと思った、その6回裏。2死二塁から大和にタイムリーを打たれて、4対3の1点差になった。

　ここで、立浪監督自らがマウンドへ走る。4月3日のバンテリンドームナゴヤでも立浪監督はマウンドへ行き、柳裕也を激励していた。その直後に柳はダブルプレーでピンチを切り抜けて完封勝利を手にした。監督が小笠原にかけた言葉は短かった。

「この回はお前にまかせた」。

　きっと、立浪マジックで小笠原は抑えるはず、と期待したが、残念ながら打者の嶺井に四球を与え、ここで降板。イニング途中の交代となった小笠原は、少し帽子を額（ひたい）の上に持ち上げながら、悔しそうな表情でベンチに戻った。わざわざ立浪監督が「まかせた」と声をかけに来てくれただけに、期待に応えられず、本人が一番残念だったのだろう。ただ、こうした悔しさを前面に出すようになったところに、背番号「11」の成長を垣間見ることができる。それがあるから、次の登板への期待も高まるのだ。

　ゲームはドラゴンズ自慢の投手リレーに加えて、8回表に3点を奪ったことから、〝守護神〟ライデル・マルティネスを使うことなく、7対3で勝利。ベイスターズには、前回カードで3連敗を喫していただけに、まずはひとつやり返したことになる。

　何より、小笠原が勝利投手になったことが大きい。大野雄大、柳裕也に続く3人目の先発投手。21年は初めて規定投球回数に到達したが、小笠原の潜在能力からすれば、入団から過去6年間の成績は、ファンからみても正直「もっとやれるはず」である。この1勝を足がかりに、今季こそ大きく羽ばたいてほしい。最低10勝は期待したい。

　チームはこれで貯金を2とした。立浪ドラゴンズ、いい戦いが続いている。

2022.5.4
［横浜スタジアム］

立浪采配の厳しさに驚く……ショートの京田陽太が交代直後に強制送還

立浪監督のコメント

（初回無得点で）ああいう絶好機をつぶすと流れが悪くなるので、それが全てですね。こっちがチャンスなのにピンチで打席に立っているみたいに映る。（3連投のロドリゲスがベンチ外は）年間通して使うためです。

	1	2	3	4	5	6	7	8	9	計
中日	0	0	0	0	0	0	1	0	0	1
DeNA	0	0	0	2	1	0	4	0	x	7

●岡田（1試合0勝1敗）、山本、福、森－木下拓

【戦評】中日は今季先発に転向した岡田をマウンドへ送るも、4回嶺井の2ランで先制を許して、ゲームの主導権を握れずに5回3失点で降板。打線も初回無死一、三塁のチャンスをクリーンアップが凡退に倒れるなど元気がなく、7回にはリリーフの福がDeNA佐野と牧に痛打を浴びて敗戦が決定的となった。

横浜スタジアムに激震が走った。

名古屋でテレビ観戦をしていたこちらにまで、その衝撃が伝わってきた。それはゴールデンウイーク中、風薫る5月、気持ちのいい好天の休日だからこそ、それは大きな驚きだった。京田陽太がゲーム中に名古屋へ強制送還されたとのことだ。

たしかに、あのゴロの処理は拙（つたな）かった。横浜DeNAベイスターズとの2戦目。4回裏、先頭打者である大和の打球は二塁ベース近くに転がった。ショート京田の守備範囲であり、京田の守備力からすれば、足の速い大和でも一塁で簡単にアウト、だと思っていた。しかし、京田はその打球を弾いてしまった。見ていて思わず「あっ」と声を上げてしまった。そして、続く嶺井博希が2ランホームラン。先制の2点を取られてしまったが、その〝呼び水〟になったのは京田の守備だった。

立浪和義監督は、次の5回表1死ランナーなし、8番・京田の打順で「代打・溝脇（隼人）」を告げる。前の打席、京田は三振だったが、スタメン選手がケガでもないのに、わずか1打席での交代。間違いなく、これは先ほどの守備に対しての懲罰だった。

京田に対しての厳しい対応は、今シーズンここまでですで

に2度あった。最初は4月22日のバンテリンドームナゴヤでの読売ジャイアンツ戦。前の試合でタイムリーを放ちながら、この日は先発ショートのスタメンに、一軍に上がったばかりの堂上直倫が起用された。次に4月28日の甲子園での阪神タイガース戦。この時は前日の試合で、トリプルプレーの際、ランナーへタッチする必要がないにもかかわらず、ショートの京田にその認識がなく、まずベースを踏みにいかなかったことへのお叱りだった。そしてこの日が3度目、背番号「1」はグラウンドから消えた。

試合は、今季から先発にまわった岡田俊哉の初登板で始まった。沖縄での春季キャンプ中に落合英二ヘッド兼投手コーチから「先発転向」を言い渡された岡田。実に2014年（平成26年）5月以来、8年ぶりの先発だった。

09年（平成21年）のドラフト1位でドラゴンズに入団した左腕もはや13年目。主にリリーフとして登板してきたが、圧倒的に活躍したシーズンは残念ながら思いつかない。与田剛監督の19年に、シーズン途中から抑え投手をまかされて13セーブを挙げたが、相手打者に出塁を許す展開が多く、正直ハラハラドキドキの場面も多かった。華奢でスマートな身体ながら、マウンド度胸に加え制球力もあるのだからもっと活躍してもいいのに、と思っていた。今季からの先発転向は、年齢も30代に入った岡田にとっては、とても良いことだと思った。

残念ながらこの日の岡田は、味方守備陣の記録に残らないミスもあり、5回で3失点。合格とも不合格とも言えない、微妙な先発マウンドとなってしまった。試合は1対7で完敗だった。

試合後に、衝撃的なニュースが伝えられた。5回に交代させられた京田が、そのままゲーム中に名古屋へ強制送還されていたのだ。グラウンドから消えただけではなく、ベンチからも姿を消していた。

「戦う顔をしていない」。

これが立浪監督の言葉だった。過去、早々にノックアウトされた先発投手が試合中に遠征先から名古屋へ帰されたことは記憶にあるが、野手の強制送還とは……。

それだけ立浪監督の逆鱗に触れたのだろう。バッティングの不安定さを指摘しながらも、立浪監督は京田をショートのスタメンとして起用し続けてきた。しかし、ついに一線を越えてしまったのだろうか。

チームの顔ともいえる選手会長の京田の強制送還、そして明日からの二軍落ちは、今後チームにどんな影響をもたらすのだろうか。

2022.5.5
［横浜スタジアム］

立浪采配が動く動く……しかし先発の福谷KO、ビシエド4打席凡退で完敗

立浪監督のコメント

福谷は勝負球が甘かった。京田が降格したが（二軍の遊撃起用は）根尾中心で。（ファームで本塁打の根尾は）打つ方は本当に良くなっているが、ショートはまず守りです。守りがある程度大丈夫となれば上げます。

	1	2	3	4	5	6	7	8	9	計
中日	0	0	0	1	0	0	0	0	1	2
DeNA	3	0	0	2	2	0	0	3	x	10

●福谷（4試合1勝2敗）、藤嶋、森－木下拓、石橋

【戦評】先発の福谷は初回に4番牧の3ランで先制を許し、4回は5連打、5回も3連打を浴びるなど5回7失点（自責6）でKO。3番左翼で起用された、福谷と同じく慶應大学出身の郡司は3打数1安打2四球と3回出塁を果たして活躍したが、打線全体では元気がなく、2点を挙げるのが精一杯だった。

立浪采配が一気に動き始めた。選手会長である京田陽太の強制送還と二軍落ちによって、チームが新たなステージを迎えたことは間違いない。京田の代わりに、三ツ俣大樹が一軍に合流してショートの守備へ。そして今年初スタメンとなる郡司裕也が、本職のキャッチャーではなくレフトで3番に入った。三ツ俣という選手は、２０１４年に移籍してきて以来、起用される度に職人的ないい仕事をする。期待通り2回と4回、２打席続けての二塁打。３番に起用された郡司もヒットを打った。しかし、主軸がぱっとしない。4番のダヤン・ビシエドはチャンスにすべて凡退、４打数ノーヒットだった。来日7年目を迎えたビシエドは人柄もよく、名古屋の地を家族ぐるみで愛してくれている。しかし、それと4番の仕事は別問題、「竜の4番」の弱さは大きな課題だ。先発の福谷浩司は、初回にいきなりベイスターズ4番の牧秀悟に3ランを打たれるなど乱調。5回7失点で降板した。終わってみれば2対10の大敗。再び勝率は5割に逆戻りしてしまった。

惨憺たる試合、しかし九州遠征中の二軍からは吉報が届いた。「2番・ショート」で出場した根尾昂が初ホームランを打った。遊撃のポジションにいよいよ名乗りを上げるのか？　「こどもの日」のささやかな希望の光となった。

2022.5.6

［バンテリンドーム ナゴヤ］

大野雄大が10回2死まで「完全試合」、歴史に残る熱投120球で勝利!

立浪監督のコメント

延長はライデルに交代という予定もしていたが「(大野雄に)行かせてください」と言われたから続投させた。行かせてくれというのは頼もしい。どっちが勝ってもおかしくなかった。勝って、チームの力になっていけばいい。

	1	2	3	4	5	6	7	8	9	10	計
阪神	0	0	0	0	0	0	0	0	0	0	0
中日	0	0	0	0	0	0	0	0	0	1x	1

○大野雄（6試合2勝3敗）－木下拓

【戦評】先発の大野雄は1人のランナーも許さない完璧な投球を披露するも、阪神先発の青柳対策で左打者を並べた打線が機能せず、0対0のまま延長戦に。大野雄は10回2死から佐藤輝に安打を許し、歴史的快挙を果たせずにこの回を投げ切る。裏に石川昂のタイムリーが飛び出し、チームはサヨナラ勝ちを収めた。

素晴らしい試合、見事な投球だった。本拠地バンテリンドームでエースの大野雄大が見せた圧巻のピッチング。この日、ドームには2万5000人余りの観客が訪れたが、この試合を目の前で見ることができた竜党にとっては、一生記憶に残る思い出になったはずだ。

「大野雄大」「本拠地ドーム」、そして「阪神タイガース」、ファンがここから連想するのは、3年前の2019年9月14日のノーヒットノーランだろう。これをステップにして、大野は同年最優秀防御率のタイトルを獲得。翌年も最優秀防御率に加え、さらに最多奪三振のタイトルを取る。合計10試合という完投数が高く評価されて、その年の沢村賞にも輝いた。通算の勝敗数こそ満足はできないが、20年に現役引退した吉見一起に続く〝竜のエース〟となった。そんな大野が演じたとてつもない試合は、タイガース先頭打者の近本光司の三振から幕が開いた。

この日はテレビで観戦したが、画面を通して背番号「22」の気迫がガンガン伝わってくるようだった。一瞬たりとも目が離せない。そんな気持ちになった試合は久しぶりだ。内野ゴロ、そして三振、時おりの外野フライ。5回ぐらいで、観ているこちらは意識したが、出合い頭のホームランでさえ打たれないような、そんな大野の投球だった。

「打たれるな」ではなく願うことはただひとつだった。「早く点を取ってくれ」。しかしタイガースの先発、青柳晃洋も素晴らしいピッチングを見せていた。2回裏に大野とバッテリーを組む木下拓哉が、ライト前にヒットを打つが、その後はノーヒットのゼロ行進が続く。息が詰まるような投手戦となった。

そして8回裏、高橋周平がレフト前ヒットで出塁。送りバントを絡めて、ランナーは三塁まで進んだが、8番の石川昂弥は当然敬遠。2死一、三塁で打席には大野。ヒットでなくても、ワイルドピッチでも何でもいい、ここで点が入ればとの願いもむなしく、大野はいい当たりを放ったもののセンターフライ。球場もそしてテレビの前も「あ〜あ」というため息の合唱となった。

9回表の攻撃も、大野は三者凡退に抑えた。この時点で、「9回パーフェクトゲーム」なのである。記録に残る完全試合達成には、勝たなければならない。祈るような思いで迎えた9回裏、しかしドラゴンズは1番から始まった打線が三者凡退で、ゲームは延長戦に入った。

大野は10回のマウンドに上るのか。この時のベンチの動きは面白かった。最初、立浪和義監督と落合英二ヘッド兼投手コーチが、座っていた大野のもとへ行って会話をする。その後、いったん離れた立浪監督を大野が追いかけて再びの会話。内容は試合後に分かったのだが、話し合った時点で9回で交代するはずだったものの、思い直した大野が続投を直訴したのだった。

延長10回表、2者を打ち取った後に迎えた3番・佐藤輝明の打球がセンター奥深くに飛んだシーンは、まるでスローモーションのようだった。ついにヒットを打たれた。9回をクリアしていた完全試合も10回2死までだった。でもとにかく試合に勝たなければならない。大野は続く4番の大山悠輔をきっちりと打ち取って、何とも複雑な苦笑いを浮かべた。

ゲームは10回裏、ドラゴンズが1対0でサヨナラ勝ち。大野の熱投120球は、勝利というご褒美で報われた。1死満塁からセンター前へ勝利を決めるサヨナラヒットを打ったのが石川昂弥だったことから、ファンの喜びは倍増した。それでも、この日のヒーローは大野雄大ただひとりであるべきだろう。

プロ野球界には数多(あまた)の投手が入ってくる。記録にも記憶にも残らない投手の方が圧倒的に多い。そんな中、ノーヒットノーランに続いて〝完全試合未遂〟を成し遂げた大野雄大、記録にも記憶にも残る投手道を歩んでいる。

2022.5.7

［バンテリンドーム ナゴヤ］

スタンドで歓喜！
満員御礼のドームで見せた
「これぞドラゴンズ野球」

立浪監督のコメント

ビシエドは初回の形で打てれば上がってくるんじゃないかな。松葉はピンチをよくしのいだ。（今季最多3万人超の来客で）もう少し点を取る場面を見てもらいたかったですが、投手リレーは見てもらえたと思う。

	1	2	3	4	5	6	7	8	9	計
阪神	0	1	0	0	0	0	0	0	0	1
中日	1	0	1	0	0	0	0	0	x	2

○松葉（4試合1勝1敗）、清水、祖父江、ロドリゲス、R・マルティネス（12試合0勝1敗8S）－木下拓

【戦評】初回2死から阿部のタイムリーにより先制点を奪う。先発の松葉は直後の2回、阪神6番の大山にタイムリーを浴びて追いつかれるも、3回に4番ビシエドが2死1塁から勝ち越しのタイムリー2ベースを放ち、すぐさま勝ち越しに成功する。松葉は定例の5回で降板し、継投でそのまま勝利した。

毎年さまざまなデザインが登場する昇竜ユニホームだが、2022年バージョンは、これまでになく斬新だと思う。下地の色はいつもブルーなのだが、今回は淡いグレー。遠目で見るとかなり白に近い色で、シーズン前にお披露目された時から気になっていた。

そのユニホームが来場者に無料で手渡される今年初の「昇竜デー」。購入したチケットを手にバンテリンドームナゴヤに向かう。相手は開幕以来、最下位に苦しむ阪神タイガース。しかし4月末に6連勝を飾るなど、チームの調子は徐々に上向きだ。

5階のパノラマ席に座る。選手個々の表情などはあまりよく見ることはできないが、逆に試合全体、特に守備位置のフォーメーションなどは実によくわかる。古くからの友人にも「必ず5階席」というドラゴンズファンがいるほどだ。早速、手に入れたばかりの昇竜ユニホームに袖を通して、応援の臨戦態勢に入った。前夜、この同じ舞台で、エースの大野雄大が素晴らしい投球を披露した。ドームの中にはそんな余韻が間違いなく残っていた。ましてや新型コロナウイルス感染拡大への警戒もあって、2年ぶりに実現した満員御礼（3万6177人）である。

初回からゲームは動いた。1回裏、2死から3番・石川

昂弥がセンター前ヒットで出塁を果たす。

前夜はサヨナラヒットを打ち、ものすごく気分がいいと思う。その勢いにけん引されたのか、ここまで15打席ヒットがなかった4番のダヤン・ビシエドが続き、5番・阿部寿樹がセンター前へタイムリーを放って先制点。こんな鮮やかな先制攻撃を見せられると、応援する方にも一気に熱がこもる。

先発は松葉貴大。19年にオリックス・バファローズからドラゴンズに移籍してきたこの左腕は、本拠地バンテリンドームナゴヤに強く、また5回までは素晴らしい防御率を誇る。

そこで立浪和義監督は、松葉に〝珍しい〟ミッションを与えた。好投していても6回以降に点を取られるケースが多いため、「登板は本拠地ドーム限定で5回まで」に決め、本人にも通告したという。こういう腹をくくれるところが、立浪采配の強さだろう。しかし、その松葉も2回表に1点を献上、あっという間に同点にされた。

追いつかれた後の3回裏に、2番・ショートの三ツ俣大樹選手がヒットで出塁すると、第1打席に続き、4番・ビシエドのバットが一閃、力強いレフト線二塁打で、三ツ俣は一気にホームに帰ってきた。

その帰還の仕方が素晴らしい。ヘッドスライディングであった。三ツ俣は前夜の試合でも、サヨナラ勝ちに結びつく二塁打を打っている。この三ツ俣も松葉と同じくバファローズからトレードで移籍してきた。堅実なプレー、守備も巧い、打撃は小技もできるがパンチ力もある。ドラゴンズに来てからは、レギュラーとして起用されることはなく、自らの立ち位置を見つけられずにいたようだった。しかし、京田陽太に代わって一軍に昇格すると、めざましい活躍を見せ続けている。プレーぶりも元気だ。

勢いのある若手だけでなく、こうして中堅の選手が輝くのは、やはり采配を振るう立浪監督の手腕が素晴らしいのだろう。

松葉は5イニング63球でお役御免。立浪監督と松葉の約束通りだった。その後は残り4イニングを、清水達也、祖父江大輔、ジャリエル・ロドリゲスそしてライデル・マルティネスと、「これぞドラゴンズ野球」といえるような、4人のリリーフ投手による圧巻のリレー。そのまま2対1で勝利した。

「VICTORY（ビクトリー）！」。力強いアナウンスが、満員のドームに響き渡り、スタンドの竜党は勝利をしみじみと噛みしめた。

2022.5.8

［バンテリンドーム ナゴヤ］

鵜飼・石川のアベック弾! 勝ったと思った試合…… 根尾は二軍で投手デビュー

立浪監督のコメント

鵜飼と石川昂は見事なホームランだった。2人ともやっぱり長打が魅力なバッター。またこういうシーンが増えるように早く何かつかんでもらいたい。結果論だが7回はこっちがしっかり判断しないといけなかった。

	1	2	3	4	5	6	7	8	9	計
阪神	0	0	1	0	0	0	2	1	0	4
中日	0	0	0	0	2	1	0	0	0	3

柳、●ロドリゲス（15試合1勝1敗）、山本－木下拓

【戦評】打線は鵜飼の3号2ラン、石川昂の5号ソロで試合を優位に進めるも、先発の柳が7回に同学年の大山に2ランを浴びて同点に追いつかれてしまう。続く8回にはロドリゲスが一死一、三塁からショートゴロ併殺崩れの間に勝ち越しを許し、そのまま逆転負け。阪神戦3タテを逃してしまった。

鵜飼航丞の豪快なホームランが飛び出した瞬間、この試合の勝利を確信した。1点を追いかける5回裏、1死一塁から鵜飼がフルスイングした打球は、阪神タイガースファンで黄色に染まるレフトスタンドの中段に突き刺さった。逆転の一発。続く6回裏、今度は石川昂弥だ。気持ちよくバットを振り抜くと、打球はこの球場で最も深い左中間スタンドへ一直線。指のVサインを額に当てて振り下ろす石川のホームランポーズに、勝利はもちろん、快勝を確信した。

しかし、勝利はやって来なかった。2点リードの7回表、先発の柳裕也が、2016年ドラフト1位同期の大山悠輔に同点2ランホームランを被弾。そうなると勢いはタイガース。続く8回表にジャリエル・ロドリゲスが四球から崩れて1点を取られた。3対4の負け、ついに勝ち続けてきた日曜日に初黒星がついてしまった。

ウエスタン・リーグの二軍戦が行われた甲子園球場から、ビッグニュースが飛び込んできた。根尾昂が〝投手〟として登板したのである。かつて春夏連覇を成し遂げた球場で、9回表にショートからマウンドへ。3本のヒットを浴び1点を失ったものの、最速150キロの速球を投げたという。鵜飼と石川のアベックホームラン、そして根尾の二刀流デビュー。新しい風がますますドラゴンズに吹いている。

2022.5.10

［明治神宮野球場］

石川・鵜飼・木下がコロナ陽性! 大ピンチに小笠原慎之介が2勝目

立浪監督のコメント

小笠原はコロナ明け2回目の登板なので、6回83球で交代させた。徐々にイニングを延ばしてもらいたい。（高橋周の三塁守備は）やっぱりうまいですね。（根尾はライトで先発したが）今後もショートという方向は変わらない。

	1	2	3	4	5	6	7	8	9	計
中日	0	0	0	1	0	0	0	0	0	1
ヤクルト	0	0	0	0	0	0	0	0	0	0

○小笠原（3試合2勝1敗）、祖父江、ロドリゲス、R・マルティネス（13試合0勝1敗9S）－石橋

【戦評】4回表、A・マルティネスのソロホームランで先制点を挙げる。先発の小笠原は強力ヤクルト打線を、6イニングを投げ4安打無失点に抑える好投。7回祖父江、8回ロドリゲス、9回R・マルティネスの盤石継投で逃げ切り。捕手に抜擢された石橋のリードも冴え、立浪竜にまた頼もしい若手が加わった。

前夜、ドラゴンズファンの友人から携帯電話にメールが届いた。「木下コロナ陽性とのニュース。痛いですね」。開幕当初こそなかなかヒットが出なかった木下拓哉だが、最近はすっかり調子を上げて、このところは打撃ベストテンに名を連ねる好調ぶりだった。

たしかに木下の離脱は痛いと思ったが、〝痛み〟はそれだけで済まなかった。その少し後に、今度は「石川昂弥がコロナ陽性」と球団から発表があった。ドラゴンズはシーズン中も新型コロナへの陽性判定について、厳しいチェックを続けている。球団が実施している定期検査で判明したのだが、木下そして石川の離脱は本当にショックだった。しかし、一夜明けて、その痛みは〝激痛〟に変わった。この2人に続いて、鵜飼航丞と平田良介のコロナ陽性も判明した。立浪ドラゴンズは突然、一軍にいる4人の打者を一定期間失うことになった。合わせて、予定されていたウエスタン・リーグの二軍戦も中止になった。出場する選手の数が足りなくなったからである。

そんな緊急事態の中で臨むのは東京での6連戦。初戦の相手は神宮球場での東京ヤクルトスワローズ戦。二軍から根尾昂、ベテランキャッチャーの大野奨太、そして外野手の渡辺勝が一軍に合流した。

この日の先発スターティングメンバーで注目ポイントは2つだった。まず「7番・ライト根尾」。つい2日前のウエスタン・リーグでは、甲子園球場のマウンドに立った根尾。本来ならば、もう少し二軍でショートの守備を磨いてくるはずだったのだが、急きょ一軍に呼ばれて即スタメン。もうひとつのポイントはスタメンマスクである。根尾と同期、4年目の石橋康太が選ばれた。ここに立浪和義監督の「チームを変えよう」という強い意志を感じる。こんな試練の中でも、その改革意欲は揺るぎない。石橋にとっては願ってもないチャンスである。それにしても、先発スタメンを見渡しても、きちんとしたオーダーが組まれている。そこに隙はなさそうだ。今季のドラゴンズ、戦力の整備がちゃんとできているとうれしくなった。

そんな石橋は「待っていました!」とばかりに存在感を発揮した。打撃はもともと評価が高いのだが、この試合で印象に残ったのは、投手とのコミュニケーションである。マウンドへ歩み寄って小笠原と会話を交わす回数も多く、ベンチでもイニングの間に隣に座って話し込む。そして、攻撃的な面構えも頼もしい。木下選手の復帰後も、スタメン出場ありかとの期待まで高まってきた。チャンスをつかむことができるか。

この試合ではもう1人、何とかチャンスをつかもうという選手が活躍した。アリエル・マルティネスである。10試合ぶりに「6番・レフト」でスタメン出場した。1打席目はライト前ヒット。そして4回表の2打席目はこれも右方向、ライトスタンドへライナーのホームランを打った。相手はスワローズ先発の小川泰弘、その初球を見事にとらえた。アリエルは続く第3打席でもヒットを打ち、4打数3安打。4番のダヤン・ビシエドが、相変わらずの不調で4打数ノーヒットだけに、ひょっとしたらアリエルが大きなチャンスをものにするかもしれない。

〝投〟では、小笠原慎之介ががんばった。前回の横浜スタジアムでは、勝ち投手ながら6回途中で降板したが、この試合は、6回を4安打無失点のナイスピッチング。これが、若い石橋とのバッテリーだけに、小笠原の成長がうかがえる。3つ年下の石橋を、先輩としてところどころでリードしながら、スワローズ打線に立ち向かった。7回からは祖父江大輔、ジャリエル・ロドリゲス、そしてライデル・マルティネスと続く〝勝利の方程式〟で1対0の勝利。

阪神タイガース戦での嫌な負け方、それに加えてチームを襲ったコロナ禍、そのどちらにも勝ったといえる貴い勝利だった。

2022.5.11

［明治神宮野球場］

アリエル・マルティネス 初の4番でホームラン、鬼門の神宮球場で連勝

立浪監督のコメント

岡野はクリーンアップに対してもストライクを先行できた。ノーヒットだったからあそこで代えたのは申し訳ないような。（4番アリエルは）素晴らしいホームランだった。ビシエドは調子が上がれば6番から戻す。

	1	2	3	4	5	6	7	8	9	計
中日	0	1	0	0	0	0	0	0	1	2
ヤクルト	0	0	0	0	0	0	0	0	0	0

○岡野（2試合1勝1敗）、山本、祖父江、清水、R・マルティネス（14試合0勝1敗10S）－石橋

【戦評】2回表、A・マルティネスの2試合連発のソロホームランで先制する。先発の岡野は5回まで与四球2つとノーヒットノーランのピッチングを見せていたが、この回限りで降板。6回からは山本、祖父江、清水と継投。9回表には併殺崩れの間に貴重な1点を追加。最後はR・マルティネスが締めて勝利した。

立浪和義監督がついに動いた。開幕からここまですべての試合で4番に座っていたダヤン・ビシエドを6番に〝降格〟させて、前夜もホームランを含む3安打と打撃好調のアリエル・マルティネスを、今季初めての4番に据えた。この英断にはファンとしても拍手だった。

もともとビジエドは中距離打者であり、4番向きではない。ここぞという時にホームランを期待される4番向きではない。2018年（平成30年）には首位打者と最多安打のタイトルを取ったように、どちらかと言えば、ヒットを量産する〝巧打者〟と見る。その意味では「3番」が合っていると思っていた。しかし、日本でのデビュー戦となった16年の開幕3連戦、京セラドーム大阪で度肝を抜く3試合連続のホームランを打って以来、4番の座を務めてきた。立浪和義新監督を迎えたドラゴンズは、大砲となる〝助っ人〟の補強を見送ったこともあって、立浪新体制でもこれまでと同じように4番を務めてきた。しかし、ここまでの成績は打率2割3分4厘、本塁打2本、打点11。これではさすがに「4番打者」としては不合格だろう。何より、打席に立った時の〝怖さ〟が消えていた。やはり相手チームが怖がる打者が4番に入るべきだろう。ドラゴンズを、そして名古屋の街を愛しているビシエド。応援するファンも多い。立浪監督のことだ

から、本人ときちんと話をした後での打順変更だと思うが、6番に下がったことでビシエドの打撃が再び元気になってくれればいいと願う。

ビシエドの代わりに4番に座ったアリエルが、早速やってくれた。2回表に先頭打者として登場、吉田大喜の3球目を振り抜くと、打球はあっという間にレフトスタンドへ。神宮球場の左翼席は、関東にいるドラゴンズファンが最も愛する〝応援の場〟である。ここで歌う応援歌『燃えよドラゴンズ!』は最高に盛り上がると聞いた。新しい4番が早々に結果を出した。このあたりの立浪采配、その勝負勘は本当に見事だ。

アリエルは、20年にキャッチャーとして一軍デビューした。ロッテ・オリオンズ（現・千葉ロッテマリーンズ）のマイク・ディアズ選手以来、29年ぶりの外国人捕手スタメン出場も果たしたが、木下拓哉や石橋康太らがいる今の状況では、キャッチャーとしての出番は少ない。魅力である力強いバッティングを生かすため、外野を守っているが、いい仕事をしてくれた。

采配の妙は、投手交代にも表れた。この日の先発は3年目の岡野祐一郎。今シーズン2度目の登板となったが、スワローズの先頭打者・塩見泰隆をセンターフライに打ち取ると、続く太田賢吾を三振、3番の山田哲人をファーストフライの三者凡退に打ち取って波に乗った。前日に続きマスクをかぶる石橋康太とのコンビネーションもよく、気がつけば5回終わったところでノーヒットノーラン継続中だった。しかし、6回表。6番に下がったビシエドの二塁打から1死三塁で打席が回った時、立浪監督は躊躇（ちゅうちょ）せずに、岡野に代打・溝脇隼人を送った。ノーヒットノーラン投手の降板。溝脇はファーストゴロに倒れたが、この采配によってチームの勝利への意志はますます鮮明になったはずだ。指揮官の厳しい執念。それは、岡野からバトンを受けた山本拓実、祖父江大輔、清水達也、そしてライデル・マルティネスの4人の投手が完封リレーを見せたこと。また9回に、この日に一軍に上がったばかりの伊藤康祐が貴重な追加点を挙げたこと、この2点によって結実したと言える。

2対0の完封勝利。苦手と言われたり、乱打戦で敗れたりすることが多かった神宮球場でのスワローズ戦、2試合連続の完封勝ちは、02年（平成14年）以来、実に20年ぶりだという。02年は山田久志監督時代だから、いかに長きにわたって「鬼門」と言われ続けてきたかがうかがえる。しかし歴史は変わる。新監督の積極的な采配は、こうして歴史を動かし、チームは貯金3、ついに3位に浮上した。

2022.5.12

［明治神宮野球場］

育成から支配下登録5日で初先発、上田洸太朗に見る〝光〟

立浪監督のコメント

上田はこの球場で5回3失点なら十分責任は果たした。楽しみな投手が出てきた。根尾はもっとコンパクトに振り幅を小さくして、強いライナーを打つ意識を持たないと。長打は期待していないので確率を上げてほしい。

	1	2	3	4	5	6	7	8	9	計
中日	0	0	0	0	0	1	0	0	0	1
ヤクルト	2	0	0	0	1	0	0	0	x	3

●上田（1試合0勝1敗）、藤嶋、田島、佐藤－大野奨

【戦評】享栄高校出身の2年目、19歳の上田が支配下登録され先発起用。初回は緊張から2失点を喫するも、持ち味の制球力の高さを見せ試合を作る。打線は1番に抜擢された伊藤が2安打とヤクルトを上回る8安打を放つもこの日も得点圏でのあと1本に泣き、1点しか奪えずに惜敗した。

神宮球場での3戦目に先発に指名されたのは、わずか5日前に育成選手から支配下登録されたばかりのプロ2年目、19歳の上田洸太朗だった。上田は「203」から「67」への背番号を替えた。背番号「67」で思い出すのは、かつてセットアッパーとして活躍した左腕・髙橋聡文（あきふみ）さんである。負けん気の強い投手で、その投球は小気味よかった。高橋さんは富山県の高岡第一高出身。実は上田も富山県高岡市出身で、同じサウスポー。何とも不思議な縁である。

上田は雨が降り続くコンディションの中で、5回を投げ切った。4安打3失点。立浪監督はストライクの多さを評価して「この球場で3失点ならば十分責任を果たした」と評価した。次の登板が楽しみである。

もう1人目立ったのは、1番センターでスタメン起用の伊藤康祐だった。2本のヒットを打ちアピールした。伊藤は中京大中京高出身で、大卒ルーキーの鵜飼航丞とは同期である。ポジションは同じ外野手、奇しくも揃ってドラゴンズブルーのユニホームを着ることになったが、伊藤は4年長く〝プロの飯〟を食べてきている。鵜飼に負けるわけにはいかないはずだ。この日はライトでのスタメン出場が続く根尾昂も二塁打を打った。試合は1対3で負けたが、降りしきる初夏の雨の中、若竜が大いに目立った試合だった。

2022.5.13

［東京ドーム］

コロナ禍で迎えた東京ドームは中田のプロ初の送りバントで敗れた

立浪監督のコメント

大野雄は6イニング2失点ですから悪い内容ではない。何とかリリーフに託しながら逆転を待とうという考えだった。清水も山本もここまで頑張っていて、失点後の打者は打ち取ってはいますから引きずらないように。

	1	2	3	4	5	6	7	8	9	計
中日	0	1	0	0	0	1	0	0	0	2
巨人	1	0	0	1	0	0	1	2	x	5

大野雄、●清水（16試合3勝1敗）、山本－石橋

【戦評】先発の大野雄は被安打6、与四球3とランナーを多く許すも要所を締め6回2失点でまとめる。打線は6回に6番ビシエドが3号ソロホームランで同点に追いつくも、7回清水が2死ランナーなしから崩れ、勝ち越しを許す。8回は山本が中田翔に2ランホームランを献上してしまい、そのまま敗戦。

新型コロナウイルス感染で、石川昂弥や木下拓哉など〝打〟の主力4選手を欠きながらも、神宮球場で勝ち越し。しかし先発の大野雄大が初回、先頭打者の丸佳浩に、いきなりホームランを打たれた。そのショックを吹き飛ばすようなプレーを見せたのは、この日もライトに入った根尾昂だった。3番のグレゴリー・ポランコがライト線にヒット。打球はフェンスまで到達し、ポランコは二塁へ向かったが、待っていたのはストライク返球だった。文句なしの「アウト」。根尾がクッションボールを取って、すばやく投げたレーザービームだった。

驚きは4回裏のジャイアンツの攻撃だった。無死一、二塁のチャンスに、原辰徳監督は、この日5番ファーストに入れた中田翔に送りバントを命じた。バントのポーズにどよめく東京ドーム。きっちりと成功させた。プロ入り1521試合、6245打席目での初の犠打。中田の送りバントは得点に結びつかなかったが、8回裏に中田はリリーフの山本拓実から2ランホームラン。打った瞬間にゲームは決まったが、送りバントを命じられたことへの複雑な感情は、ベースを回る中田の「どうだ！」という表情からも容易に理解できた。それを命じた原辰徳監督の鬼采配に負けた。やはりジャイアンツの底力はすごいものがある。

2022.5.14

［東京ドーム］

高橋宏斗熱投の後に待っていたものは？ 立浪采配「続投」に見る凄味

立浪監督のコメント

高橋周は今季初HRを良いきっかけにしてくれたら。巨人はホームランバッターが5人くらいいますからね。でもカウントを悪くしたり逃げたりしたらやられるので。攻めにいって打たれたらしょうがないです。

	1	2	3	4	5	6	7	8	9	計
中日	1	2	0	0	1	1	0	0	1	6
巨人	0	0	0	0	0	2	5	0	x	7

髙橋宏、清水、●祖父江（12試合1勝1敗）、藤嶋、佐藤－石橋

【戦評】高橋周の1号2ランなどが飛び出し6回表終了時点で5点をリードするも、その後巨人の反撃に遭い、7回には祖父江が中田翔にグランドスラムを献上してしまう。9回には巨人デラロサの乱調もあり二死満塁のチャンスを作るも、5番のA・マルティネスがセカンドゴロに倒れてゲームセット。

先発・髙橋宏斗は序盤から好投した。150キロ超の速球にカットボール、小気味のいい投球で4回までノーヒット。しかし5回からストライクの入りが悪くなり打たれ始めた。2本目のヒットは、中京大中京高時代のチームメイトで、読売ジャイアンツに3位指名されて入団した中山礼都。初対決はピッチャーゴロで髙橋の勝ち、2打席目に中山がライト前にクリーンヒット。見応えのある対決だった。

髙橋は6回裏の途中で交代したが、そこに至るまでの立浪和義監督の落ち着きぶりは見事だった。「6回の最初から？」「無死一、三塁で4番の岡本和真の時？」「岡本四球の後の中田翔の時？」そして「中田を打ち取り、左打者の大城卓三を迎えた時？」。考えただけでも4回の交代タイミングがあった。しかし立浪監督は動かなかった。代打の中島宏之に押し出しの四球を与えて2点目が入った時、ようやくベンチは交代に動いた。その間の立浪監督はベンチの最前列で微動だにせず、ゲームを見つめていた。その腹の据わり方は頼もしかった。

ゲームは3点リードで迎えた7回裏に、リリーフの祖父江大輔が中田翔に逆転満塁ホームランを浴びてしまった。6対7の痛い敗戦。今シーズンは、負けゲームでもどこか楽しんできたのだが、この日の敗戦は堪えに堪えた。

2022.5.15
［東京ドーム］

根尾昂が大活躍！17安打9得点の猛攻でジャイアンツを撃破

立浪監督のコメント

ビシエドはホームランもあったしチャンスでも打った。フリー打撃もいい感じになってきた。根尾は続けて使う中で、どこかで何かをつかんでほしいという意味を込めて出した。力むこともあるが確実に成長している。

	1	2	3	4	5	6	7	8	9	計
中日	0	4	1	0	0	3	0	1	0	9
巨人	0	0	0	0	0	2	0	1	0	3

○柳（7試合4勝1敗）、ロドリゲス、山本－石橋

【戦評】2回にA・マルティネスの適時打などで幸先よく4点を先制。続く3回は根尾の2イニング連続となる適時打で1点を加え、6回はビシエドとA・マルティネスの連続本塁打が飛び出し、効率のよい攻撃を見せる。先発の柳は7回2失点と好投して、今季4勝目。巨人戦3タテを回避することができた。

前日のまさかの大逆転負け、ドラゴンズにとっては、その嫌な余韻が立ち込めるような東京ドーム。その空気を一気に吹き飛ばしたのは、背番号「7」の待望久しかった〝打〟での活躍だった。根尾昂が躍動した。

口火を切ったのは、前の試合から再び4番に戻ったダヤン・ビシエド。読売ジャイアンツ先発の左腕・髙橋優貴からレフト前ヒットで出塁。続く5番のアリエル・マルティネスが先制の二塁打。1対0と先制したところで、打席に立ったのが根尾だった。

根尾にとって髙橋とは浅からぬ因縁がある。2018年のドラフト会議、ドラゴンズと共にジャイアンツも大阪桐蔭高校の根尾を1位指名した。しかし抽選の結果、根尾を引き当てたのは当時チームを指揮していた与田剛監督。代わりに〝外れ1位〟として原辰徳監督が選んだのが八戸学院大学の髙橋だった。

その髙橋は昨季21年シーズンに覚醒、チーム最多の11勝を挙げた。そんな頃、根尾は一軍と二軍を行き来していた。年齢は違えどもドラフト同期の投手から放った、レフト前へのきれいな流し打ちのヒット。2点目を入れた。ドラゴンズはこの後も得点し、2回で4対0とリード、この瞬間に、チームは前日の嫌なムードから解き放たれた。

根尾は次の打席でも魅せた。3回にまわってきた第2打席は、1死一、三塁から今度は引っ張ってライト前に連続タイムリー。何より良かったのは、その打撃フォームだった。実にきれいな形で、ボールを捉えていた。

これまでの根尾は空振り三振の時に、くるりと一回転してバランスを崩すことが多かった。ボールとの間合いが完全に狂っているためで、素人目に見ても「これでは打てない」と思ったものだ。

バッティングでの問題点を、当時まだ評論家時代に、沖縄での春季キャンプにやって来た立浪和義〝臨時打撃コーチ〟に徹底指導された。打撃指導は、監督になってからも続いた。

ようやくそれが実ってきたのだろうか、安定した良い打撃フォームで飛び出した2本のタイムリーだった。この日もポジションは外野のライトだったが、このバッティングを続けていれば、開幕からスタメンで出場していた京田陽太の二軍降格で、現在〝空白〟になっているショートへの道も開けてくるはずだ。

火の点いたドラゴンズ打線はとまらない。6回表には、ビシエドとアリエルが連続ホームラン。おまけにこの試合は2人とも3安打ずつと、キューバ出身〝助っ人〟2選手の打撃が爆発した。そうなると得点も入る。17安打で9点を取った。

この東京遠征前に新型コロナウイルスの感染によって、石川昂弥、木下拓哉、そして鵜飼航丞ら強打の右打者が次々とチームを離脱したが、ビシエドとアリエル、この右の大砲が火を噴いた。

マウンドには柳裕也、「サンデー柳」が安定した投球を見せた。コンビを組むのは、昨季一緒に最優秀バッテリー賞を取ったパートナー・木下の代わりにマスクをかぶり続ける石橋康太。この日も、ズバズバとストライクで勝負する強気なリードだった。どちらかというと、優しさが出てしまう木下よりも、ストライク先行の配球を心掛ける石橋の方が、組む投手や相手チームによってはいいのかもしれないと思えるほどだった。

柳は7回を6安打2失点にまとめて、先発投手の役目を十分に果たして4勝目。この2日間、辛酸をなめさせられた中田翔も3打数ノーヒットに終わった。9対3の完勝、コロナ禍の試練と見られていた東京遠征6連戦は3勝3敗のタイに終わった。

上々の結果だと評価したい。まもなく力強い仲間たちも一軍のベンチに戻ってくる。

2022.5.17

［バンテリンドーム ナゴヤ］

今季苦手のベイスターズに完封負け、育成経験の石岡が初ヒット

立浪監督のコメント

0対4が0対12くらいに感じるような内容でした。小笠原は横浜に負けているのは4番の牧によく長打を打たれているから。（離脱中の）大島は明日18日のファームの試合に出て、あとは本人の状況を聞いてです。

	1	2	3	4	5	6	7	8	9	計
DeNA	0	0	0	1	0	1	0	2	0	4
中日	0	0	0	0	0	0	0	0	0	0

●小笠原（4試合2勝2敗）、佐藤－石橋、郡司

【戦評】先発の小笠原は強力DeNA打線を相手に7回まで2失点と好投を続けるも、8回に力尽き2失点しこの回で降板。打線は1番センターの岡林が2安打するも、あとの打者が続けずDeNA先発・今永の前にトータル4安打しか放てず13三振を喫する。今永には今季初勝利を完封で許してしまった。

東京遠征を3勝3敗で乗りきった立浪ドラゴンズ。本拠地バンテリンドームナゴヤに戻っての横浜ＤｅＮＡベイスターズとの2連戦、しかし、対戦成績はここまで1勝6敗。どうやら「苦手なチーム」になってしまっている。先発の小笠原慎之介は今季自己最長の8回を投げたが、問題は打線だった。ベイスターズ先発の今永昇太の前にわずか4安打、実に13三振を喫して0対4の完封負けだった。

ドラゴンズのわずか4本のヒットの内、注目したい1本がある。それは、今季初出場した石岡諒太の安打だった。8回裏に代打で登場した背番号「00」にスタンドのファンは温かい拍手を送った。２０１５年のドラフトで6位に指名されて、ＪＲ東日本からドラゴンズに入団した。しかし腰痛を発症して度重なる手術、その後は育成選手も経験した。それでもウエスタン・リーグでは、打率3割7分8厘など、3、4月の月間ＭＶＰに選ばれる活躍で、この日一軍に昇格した。勢いのある選手を即使うのが立浪流。起用された石岡が燃えないはずはない。左対左を問題にせずに、レフト前への流し打ちで今季の初安打を放った。

試合後の立浪監督の言葉「0対4が0対12に感じる内容だった」。ファンとしてもまったく同感である。ストレスがたまる試合となり、20勝20敗、貯金は再びゼロになった。

2022.5.18

［バンテリンドーム ナゴヤ］

ショート根尾がついに実現! 5点差を追い上げる中で見た光明とは?

立浪監督のコメント

(7回の祖父江は)クリーンアップで相手のきついところを行ってもらった。今年の疲れもあるだろうし、昨季までも含めてずっと投げてきているピッチャー。今日に限って言えば空振りを取れるボールがなかったかなと映った。

	1	2	3	4	5	6	7	8	9	計
DeNA	0	0	4	1	0	0	2	0	0	7
中日	0	0	0	2	0	3	0	1	0	6

松葉、藤嶋、山本、●祖父江(13試合1勝2敗)、清水、田島－石橋

【戦評】松葉は3回にDeNAソトの適時打と牧の3ランを許し4点を先行されるも、この日は打線が奮起。ビシエド、阿部、根尾らの活躍で6回終了時5対5の同点に。しかし7回4番手の祖父江が誤算で2失点。8回に阿部の 4号ソロホームランで追撃するも、反撃及ばず2連敗となった。

立浪和義監督の仕掛けは早かった。

開幕以来、勝負どころでは一気に動く采配を見せるものの、ある期間では先発オーダーを固定し続けたり、こちらが交代タイミングと思った時でも微動だにしなかったり、いわば〝どっしりと構えた〟指揮ぶりだった。しかし、この日のゲームは違っていた。前夜の完封負けの悔しさが残っているのか。

完封負けから一夜明けての先発オーダーは昨日と同じ顔ぶれだった。しかし、3回裏、先頭打者の石橋康太が二塁打で出塁すると、その後2死二塁で、打席が回ったショートスタメンの三ツ俣大樹に、代打・石岡諒太を送ったのだった。この時すでに4点差がついていたこともあったが、序盤で1点でも返すことが大切だと決断したのだろう。残念ながら得点にはならなかったが、その結果、期せずして実現したのが、今季初の「ショート根尾昂」だった。三ツ俣に代わって、4回から背番号「7」がいよいよショートについた。

「いよいよ」と言った背景、それは2021年秋のキャンプにさかのぼる。就任したばかりの立浪監督は根尾に対し「外野1本で勝負するよう」言い渡した。ショートにはリーグ屈指の守備力を持つ京田陽太がいるため、外野手は根尾

にとっての出場機会を模索する道だった。立浪監督は「ポジションはライト」と具体的に示し「打てればレギュラー」と語った。開幕のタイミングで、根尾は登録まで「外野手」となったのだが、ショートのレギュラー京田の不調という事態によって再度ショートのポジションに戻ることになった。二軍でショートとしてのスタメン出場をしていた根尾は、5月10日に再び一軍に合流した。

根尾がいつ三遊間に立つのか、ファンの注目は高まっていた。この夜、高校時代から慣れ親しんだショートのポジションに全力疾走する根尾には、スタンドから大きな拍手が送られた。

本人もファンも待ちに待った「ショート根尾」、結果は明暗が交錯した。

5回表、リリーフの藤嶋健人を襲った横浜DeNAベイスターズ神里和毅の当たりを、セカンドベース付近で拾ってジャンピングスロー。軽快な、そして格好いいプレーだった。待望のポジションについた喜びが一挙手一投足にあふれていた。マウンドを降りながら迎えた藤嶋の笑顔が、ファンの喝采に輪をかけた。

これを〝明〟とするならば〝暗〟は同点で迎えた7回表。リリーフの祖父江大輔が2死満塁のピンチを迎えて、代打のベテラン・藤田一也が放った三遊間のゴロ。根尾は深いポジションでキャッチしたものの、一瞬の間があった後、どこにも投げることができず1点を献上した。どこかに投げても、おそらくアウトは取れず結果は同じだった。しかし、投げる行為があるかないかは、マウンドにいる投手の心理には影響ありと推察する。祖父江は次の打者に押し出し四球を与えてしまった。

「取り損ねていたから投げられなかった」。

立浪監督はこうふり返った。高卒ルーキーながら開幕スタメンとしてショートを守った名選手の言葉だけに、まさにその通りなのだろう。ただ、立浪監督は最後にこうもつけ加えた。

「それなりに守っていた」。

試合前の練習では、外野守備と共に、ショートの練習も続ける根尾昂。次にショートのポジションにつく時は、打球も、そしてレギュラーの座も決して取り損ねないようにと願いたい。

序盤の5点差を追いつき、しかし引き離され、それでも8回裏に阿部寿樹のホームランで1点差に迫る粘りを見せた試合は6対7で敗れた。借金1となったが、次への収穫も多かった夜だった。

2022.5.20

［MAZDA Zoom-Zoom スタジアム 広島］

エース大野雄大が初回に満塁ホームラン被弾、大島と木下の復帰飾れず

立浪監督のコメント

大島が復帰し根尾は内野外野併用ですね。ショートは守備がいけると思ったら使えるけど、外野はある程度打つ方でとなる。福留は抑え相手というシチュエーションが多いので、そろそろ1本出るんじゃないですかね。

	1	2	3	4	5	6	7	8	9	計
中日	0	1	0	0	0	4	0	0	0	5
広島	4	0	1	0	5	0	0	1	x	11

●大野雄（8試合2勝4敗）、佐藤、藤嶋、田島、山本－木下拓

【戦評】この日は先発の大野雄が初回から4番のマクブルームにグランドスラムを献上するなど大乱調。5回に登板した2番手の佐藤も1イニングで5失点を喫するなど、広島打線に12安打11失点を許してしまった。打線は2安打の岡林、3打数2安打1本塁打3打点の阿部の活躍が目立った。

負け越し1つで乗り込んだマツダスタジアム。広島東洋カープとの3連戦には、大野雄大と柳裕也という、左右のエースが登板した。まずは大野で勝率5割と思った矢先に、いきなりの0対4には言葉を失った。2週間前の5月6日、大野がバンテリンドームナゴヤで投じた〝魂の120球〟。しかし、次の登板5月13日の読売ジャイアンツ戦は6回6安打で2失点。そして、この日は初回の満塁ホームランを含む4回5安打で5失点である。どうした？　エース大野。

中日ドラゴンズ検定の1級試験で出題された問題を思い出した。「山本昌が引退会見で〝生涯のベスト〟と語った試合はどの試合か？」。球界最年長50歳まで現役で投げた山本昌が「生涯のベスト」に挙げたのは、実は2006年（平成18年）9月にノーヒットノーランを達成した次のゲームだった。8回を投げて5安打1失点、通算190勝目となるシーズン10勝目を挙げた。2試合連続での好投、それほど大記録後の投球は投手本人としてもむずかしいのだろう。

右足に死球を受けて調整をしていた大島洋平と、新型コロナウイルス陽性で離脱していた木下拓哉が復帰。期待も高かった試合だけに残念な大敗。大野雄大は14年9月からもう8年間も、この広島で勝てていない。そういう因縁はあるものの、エースならばこの壁を乗り越えてほしい。

2022.5.21

［MAZDA Zoom-Zoom スタジアム 広島］

根尾昂の〝二刀流〟、ついにお目見え! 立浪監督の決意と覚悟

立浪監督のコメント

序盤から厳しい展開でした。来週石川昂が帰ってくるので一度高橋周に遊撃を守らせた。（根尾が登板）ストライクを投げられるだけでもね。ピッチング練習はやってはいた。こういう展開でまた投げるかもしれない。

	1	2	3	4	5	6	7	8	9	計
中日	0	0	0	0	0	0	0	1	0	1
広島	3	6	0	0	0	1	0	0	x	10

●岡野（3試合1勝2敗）、山本、藤嶋、田島、谷元、根尾－木下拓、石橋

【戦評】先発に起用された岡野であったが、1回から3失点、2回6失点で計9失点と立ち上がりから大炎上し、試合を壊してしまう。打線は2番ライトの岡林が3打数2安打と1人奮起するも、広島先発森下を打ち崩すことができず、1点しか奪うことができなかった。9回、根尾がマウンドに上がり話題に。

マウンドに駆け出す背番号「7」を、球場全体のどよめきが包み込んだ。マツダスタジアムで場内アナウンスがその名を告げる。

「ピッチャー根尾」。その興奮は、テレビの中継画面を通して、遠く離れた名古屋の地にもリアルに届いた。敵地である広島の地で、根尾昂〝二刀流〟としてついにデビューである。

入団4年目を迎えた根尾昂の2022年シーズンは波瀾万丈だ。立浪和義新監督が就任すると、秋季キャンプの最終日に「来季は外野手1本」と通告。シーズンと共に、選手登録も「内野手」から「外野手」へと変更された。まさに「後を絶つ」覚悟での外野挑戦。しかし、今年の開幕からショートを守ってきた京田陽太の調子が上がらず、立浪監督は4月21日にショートへの再コンバートを決断する。当日、ナゴヤ球場のウエスタン・リーグの試合を観に行ったのだが、守備練習で外野のライトではなく内野のショートに入った根尾の姿に驚いたのだった。さらに、5月8日のウエスタン・リーグ、甲子園での阪神タイガース戦では、9回裏に投手として初登板。次は一軍か？ とファンの注目を集めていたが、ついにその日が来た。「投手・根尾昂」が8回裏、一軍のマウンドに上がった。

初球は、１５０キロのストレート。球場は再びどよめく。しかし2球目を売り出し中の好打者・坂倉将吾にライト前に打ち返される。やはり、一軍では通用しないのか、と少しがっかりする。次の打者は同じ4年目の小園海斗。18年のドラフト会議で、それぞれ4球団が1位指名で競合した選手であり、その時のポジションはショート。その2人が投手と打者として対決する。〝野球の神様〟も粋な舞台を用意すると感心。痛烈なライナーだったが、ライト岡林勇希のグラブに収まった。根尾〝投手〟は打者4人に対して、15球を投じて、1イニングをゼロに抑えた。ベンチへ戻った後の、ホッとした明るい笑顔が印象的だった。直後に根尾はバッターとして打席に立った。まさに完全なる〝二刀流〟デビューとなった。

試合後は、テレビのスポーツニュースもネットニュースも、根尾の二刀流で持ちきりとなった。次々と野球評論家たちも発言、当然のことながら賛否両論があった。しかし、そんなことは、立浪和義監督は承知の上であろう。

この日の〝根尾二刀流〟の持つ意味は、ドラゴンズというチームがようやく動き出したという証し。18年のドラフト会議で与田剛監督が根尾をクジで引き当てた瞬間から、ドラゴンズは興奮と注目に包まれた。読売ジャイアンツの原辰徳監督はじめ4球団が欲しがった〝甲子園のスーパースター〟がやって来る。しかし、それからの日々、ある意味チームは根尾の存在を持て余してきた。キャンプでは「ケガをさせてはいけない」。デビューは「しっかり力をつけてから」。ポジションは外野、「内野の冒険はしない」。そして3年の歳月があっという間に流れていた。就任した立浪監督は動き出した「根尾を何とかしたい」。その決意を軸に根尾の起用を見てみれば、すべて筋は通ってくる。すべては〝これから〟なのである。

ただ、はっきりしていることは、この試合が勝ちゲームや接戦のゲームだったら、根尾〝投手〟の登板はなかったという現実。この試合は、1回に3点、2回にも6点と、先発の岡野祐一郎がカープ打線に打ち込まれてのワンサイドゲームだった。アリエル・マルティネスとダヤン・ビシエドの連続ヒットなどで作った4回無死満塁のチャンスも、後続が凡退して無得点。この時点で、テレビ観戦しながらも、さすがに勝利はあきらめた。

序盤戦で「負け」が決まった大量失点が、歴史的な二刀流の〝お膳立て〟をした皮肉。そんなゲームについては苦言を呈したい。チームは4連敗で借金3、交流戦前の勝ち越しはなくなった。

2022.5.22

［MAZDA Zoom-Zoom スタジアム 広島］

柳裕也が堂林の一発に泣く……広島でまさかの3連敗、借金5で交流戦へ

立浪監督のコメント

柳は素晴らしかった。今日は打線ですよ。気持ちを打席の中で出していかないと。岡林は良くなってきて、清水も大事なところで使えるようになってきた。まだまだ先はあるので、もう一回気を引き締めてやっていく。

	1	2	3	4	5	6	7	8	9	計
中日	0	0	0	0	0	0	0	0	0	0
広島	0	0	0	0	0	1	0	0	x	1

●柳（8試合4勝2敗）、ロドリゲス－木下拓

【戦評】2試合連続2桁得点と勢いづく広島打線であったが、先発の柳が奮闘し、8回途中まで堂林のソロホームランによる1失点のみに抑える。しかし打線は今日も元気がなく、広島投手陣相手に1点も取れず継投による完封負けを喫してしまう。広島に3タテを食らい、5連敗で交流戦に突入することになった。

その瞬間に浮かんだ予感は、残念ながら当たってしまった。柳裕也が、広島東洋カープの代打・堂林翔太に、大きな一発を浴びた時のことである。レフトスタンド上段への特大ホームランで、0対0の均衡は破れた。「今日の試合は、このまま1対0で負けてしまうのでは？」。そんな予感のまま、ゲームセットを迎えた。

打線はカープ投手陣の前にわずか5安打。チャンスがなかったわけではない。2回表、5番阿部寿樹、6番高橋周平の連続ヒットでつかんだ1死一、二塁。しかし後が続かず無得点に終わった。打線の顔ぶれを見て気づいたのは、いつのまにか、昨シーズンの顔ぶれに戻っていたことだ。2番ライトで岡林勇希が入っている他は、「あと1本が出ない」と言われ続けてきた打線と同じではないか。打線にはやはり新しい力が必要だということだろう。石川昂弥と鵜飼航丞、右の若き大砲候補2人は、まだ一軍には合流しておらず、ウエスタン・リーグの試合に出場していた。

今季からの立浪ドラゴンズ。終盤の粘りもあってサヨナラ勝ちもすでに3試合もある。8回に得点する「ミラクルエイト」という言葉も定着した。そんなチームに勢いを与えてきたのは、立浪監督が積極的に起用した若竜たちだったと、痛感した惜敗だった。連敗は今季最長の5となった。

#045

2022.5.24

［バンテリンドーム ナゴヤ］

交流戦は黒星スタート、高橋周平がショートで失策、固定できない二遊間

立浪監督のコメント

（復帰の鵜飼に一発が出て）ここで逆方向に打てる選手は少ない。長打力はアリエルより鵜飼の方があるので、期待を込めて。（ショートの高橋周は）何年か前に守ったことしかないので、もう少し我慢します。

	1	2	3	4	5	6	7	8	9	計
西武	3	1	0	2	0	0	2	0	0	8
中日	0	1	2	0	0	0	0	2	0	5

●小笠原（5試合2勝3敗）、山本、藤嶋、祖父江、田島、谷元－木下拓

【戦評】本拠地開幕となった交流戦初戦であったが、先発の小笠原が1回から3失点、3回途中6失点と完全に誤算。3回2番レフトで先発出場した鵜飼のホームラン、4回代打根尾の安打など随所で客席が沸く場面を作るも追いつくには至らず、チームは交流戦前から続く連敗を6まで延ばしてしまった。

セ・パ交流戦が始まった。それを前に、チームには大きな変化があった。中村紀洋打撃コーチが一軍から二軍へ配置転換されたのだ。

立浪和義監督自らがコーチとして招致、いわば「立浪ドラゴンズの目玉コーチ」だっただけに、開幕から2カ月の時点での〝人事異動〟に「何があったのか？」とファンの間でも心配の声が飛び交った。

５連敗で突入した交流戦で、最初のマウンドに立ったのは小笠原慎之介。マウンドに向かう背番号「11」を見ながら思い出したのは、２０１６年（平成28年）の交流戦。高卒ルーキー小笠原のデビューは、交流戦での福岡ソフトバンクホークス戦だった。５回を1失点に抑えて、この時点でリードもしていたため、プロ初登板・初先発・初勝利への期待に胸をときめかせたが、リリーフ陣が逆転されて、それは夢と消えた。そんな記憶からすでに6年の歳月が流れ、小笠原も、大野雄大、柳裕也に続く〝第３の先発投手〟として立派に成長していた。

残念ながら、かつてのデビュー戦の再現はならなかった。埼玉西武ライオンズの打撃陣は「山賊打線」とも呼ばれるが、ショートの源田壮亮をケガで欠くなど万全ではない。今季ここまでのチーム打率もドラゴンズの方が上回っている。

それでも、初回に打者一巡の攻撃で4安打、いきなりの3失点は、連敗中のチームには痛い先制パンチとなった。この5連敗中、すべて先制点を奪われてきた。応援しながらも、何とも嫌な胸騒ぎがする。2回にはさらに追加点を取られて0対4となった。

しかし、この日のドラゴンズは5連敗中とは違っていた。それは、新型コロナウイルス感染で離脱していた石川昂弥、そして鵜飼航丞という、若き右のスラッガーが帰ってきたからだ。

思えば、この2人が戦線を離れてから、チームの勢いがどこか落ち始めていた。2番に入った鵜飼は、3回裏に、復帰の祝砲を自らのバットで打ち上げた。フルスイングした打球はライトスタンドへ飛び込む4号ホームラン。右方向へのホームランは初めてだった。沖縄での春季キャンプの打撃練習で、軽々とライトスタンドへ打ち込んでいた背番号「4」の姿を思い出した瞬間だった。石川は残念ながら4打席ノーヒット。とはいえ、この2人の復帰はとにかく明るい材料である。

鵜飼の一発もあって3対4の1点差まで追い上げたが、4回表に痛すぎる追加点を与えてしまった。この日、およそ9年ぶりにショートのスタメンとして出場した高橋周平のエラーがきっかけだった。サードとしては2年連続でゴールデングラブ賞を取るなど、安定した守備を見せていた高橋も、立浪監督の方針でサードを石川に譲ってから、セカンド、そしてショートと〝異動〟を続けている。

「セカンドに誰を起用するか、注目している」と、OBで野球評論家の川上憲伸さんはシーズン前に語っていた。「立浪監督はショートから始まった〝二遊間の人〟ゆえに、このポジションにはこだわりがあるというのが理由だった。

注目のセカンドは、高橋周平が想定されていたが、開幕直前に足を負傷。開幕からセカンドを守った阿部寿樹が勝負強い打撃でポジションを奪った。一方、誤算はショートだった。開幕スタメンで前年までレギュラーの京田陽太が5月に入ると二軍へ。ショートは堂上直倫、三ツ俣大樹、溝脇隼人、そして根尾昂と次々と入れ替わっている。そして交流戦開始とともに、攻撃優先のシフトとして高橋がショートに入ったのだが……。

立浪監督は「慣れないポジション。しばらく我慢したい」と語ったが、センターラインの中核を成す二遊間が落ち着かない限り、立浪ドラゴンズの反撃は本格化しないような予感もする。5対8の敗戦で、交流戦は黒星スタート。今季最長の6連敗となった。

2022.5.25

［バンテリンドーム ナゴヤ］

交流戦で髙橋宏斗が好投するも7連敗……清原さんに勝利見せられず

立浪監督のコメント

（髙橋宏の同点被弾について）ソロホームランは仕方ない。攻めた結果であれば、どうこう言うつもりはないです。連敗中は投打の嚙み合いが悪くなる。打線は開幕から非常に苦しんでいます。問題は主軸です。

	1	2	3	4	5	6	7	8	9	計
西武	0	1	0	0	1	0	0	0	0	2
中日	1	0	0	0	0	0	0	0	0	1

●髙橋宏（6試合2勝3敗）、清水、ロドリゲス、R・マルティネス－木下拓

【戦評】先発は髙橋宏。2回、先頭の4番山川に2-2と追い込むも、5球目のスプリットを左翼席に運ばれ同点弾を献上。打線は初回に先頭岡林の3ベース、2番鵜飼の犠飛で先制するも、クリーンアップが無安打に終わるなど、岐阜経済大出身の西武先発の與座を攻略できずに競り負けた。

清原和博さんがバンテリンドームナゴヤにやって来た。かつてはプロ野球のスター選手であり、高校時代は甲子園を大いに沸かせた。そのＰＬ学園高校時代は、立浪和義監督の2学年先輩であり、厚誼（こうぎ）は続いている。この日はテレビでの野球解説があり、〝清原節〟をたっぷりと楽しませてもらった。

一方で、ドラゴンズのゲームを〝楽しむ〟という余裕はなくなりつつある。この試合の前までに6連敗。今季は「若手を育てながら戦う」という立浪新監督の方針がはっきりしていて、応援する立場としても十分にそれを理解はしているのだが、そろそろ勝ち星がほしい。

先発は髙橋宏斗。前回の登板だった5月7日の読売ジャイアンツ戦では、好投しながらも後続のリリーフ陣が打たれて、勝ち投手になれなかった。しかし、髙橋が3勝目を手にすれば、同時にそれはチームの連敗脱出を意味する。期待は高まる。マウンドで躍動する背番号「19」のピッチングは、やはり見応えがあった。埼玉西武ライオンズの強力打線を相手に、6回4安打の2失点。8つの奪三振は立派だった。

髙橋の好投に呼応するかのように、打線でも若竜が活躍した。初回いきなり先頭の岡林勇希がセンター越えの三塁

打で出塁すると、続く2番のルーキー鵜飼航丞がもう少しで左中間を抜けるかという犠牲フライで、待望の先制点。先にリードを奪うのは7試合ぶりである。すなわち連敗中はすべて先制されていた。

　岡林と鵜飼に続き、もうひとりの若手スタメンは、8番サードの石川昂弥。7回裏のライトフェンス直撃の二塁打は、見事な当たりだった。テレビ解説席の清原さんが「鳥肌がたった」と激賞した弾道。もう少しで同点ホームランという一打。連勝中ならば、打球にも勢いが乗り移り、きっとホームランだったであろう。

　髙橋、岡林、鵜飼、そして石川、ファンを楽しませてくれる若手とは反対に、昨季までの〝既存メンバー〟は精彩がなかった。

　大島洋平、ダヤン・ビシエド、阿部寿樹と並んだクリーンアップ、さらに続く6番に入った高橋周平と、この4人はそろってノーヒットだった。

　中でも4番のビシエド。相手の4番、山川穂高が、髙橋から迫力のあるホームランを放った同じ試合だけに「竜の4番」の脆弱さが際立った。4打数ノーヒット。この夜、東京ドームからは、ジャイアンツの4番・岡本和真が先制された直後の1回裏に逆転3ランを打ったという情報が、名古屋にも伝わってきていた。山川に岡本に……ドラゴンズの4番打者、そろそろ覚醒してほしい。

　打てない中軸と共に、この試合でもうひとつ気になったことは、5回表、ヒットで出塁し送りバントで二塁に進んだ愛斗に、三塁へのスチールを決められたことだ。正直、ノーマークだった。テレビカメラが映したベンチの立浪監督は、一瞬だけ悔しい表情を見せた。心の声は「何やってているんだ！」であろうか。

　4月22日のジャイアンツ戦でも重盗を決められたが、プロの世界でこうした隙を見せたチームは負ける。直後にライオンズは決勝の2点目を入れた。7回裏に二塁打を打った石川に、立浪監督は代走を送った。まだ1点差、延長戦になれば石川にも打席は回る。しかし「目の前の1点」を狙う……連敗中ということが采配に影響しているのかもしれない。

　1対2で敗れて7連敗となった直後、それでも立浪監督は、テレビ中継で、清原さんからのインタビューに応じた。「勝つことができず申し訳ありません」。〝後輩〟立浪が〝先輩〟清原に詫びた。

　この日の清原解説の締めくくりは「立浪監督ならやってくれます」。その言葉を信じて、明日を迎えたい。

2022.5.26

［バンテリンドーム ナゴヤ］

連敗ストップ！西武相手にタイムリー連続の6得点、阿部の巧打光る

立浪監督のコメント

どんな形でも勝たないと流れが来ない。どれだけ続くかと思いましたが、ひとつ勝って良かったです。（高橋周の8番起用に）きょうは良かった。福留はよく粘って1本（今季初安打が）出た。良い形になってくれれば。

	1	2	3	4	5	6	7	8	9	計
西武	0	0	0	0	1	0	0	0	2	3
中日	0	0	0	3	1	2	0	0	x	6

○松葉（6試合2勝1敗）、清水、祖父江、山本、藤嶋、R・マルティネス（16試合0勝1敗11S）－木下拓

【戦評】4回に阿部、木下拓らの連続適時打で3点を先制し、5回は鵜飼の適時打、6回には高橋周と代打・福留の連続適時打で追加点を挙げて連敗脱出へ執念を見せる。投げては先発松葉が5回1失点、9回西武の反撃に遭うが、抑えのマルティネスが断ち切り逃げ切り、5/15（日）以来の勝利を挙げた。

勝った、ようやく勝った！　立浪和義監督の采配を信頼して、少々の連敗でも心穏やかに応援してきたが、こうして連敗を脱出してみると「勝つ」ということはやはりうれしい。ファンとしてもホッとしたというのが正直な気持ち。そして、連敗中の〝呪縛〟というのは、監督や選手はもちろん、ファンにも伝播することをあらためて認識した。最終回、5点差がありながらも心配で仕方なかった。勝ってよかった。

試合後のお立ち台には、投打のヒーローとして、松葉貴大と高橋周平が立った。

立浪監督から「本拠地ドーム限定の5イニング」と決められた松葉。5回を1失点に抑えて、先発投手の役目を十分に果たした。特に4回表に2本のヒットで1死一、三塁とされて、打席に4番の山川穂高を迎えた時は、背筋を伸ばしてゲームに見入ってしまった。結果は見逃し三振。よく抑えた。

高橋は交流戦から慣れないショートのポジションに入っている。この日の打順は8番。開幕から京田陽太の定位置が「8番・ショート」だったが、高橋周平にとって「8番」は似合わない。それは本人が一番わかっているはずだ。この日は3安打、タイムリー2本で2打点。よく打ったと思

う。しかし、ヒーローインタビューでは、もう少し明るく元気に話してほしい。チーム、そして応援するファンを鼓舞するためにも。

松葉と高橋周平、この2人は頑張ったが、個人的に選びたいヒーローは、実はこの2人とは違う。〝打〟の阿部寿樹と〝投〟の清水達也だ。

今日は連敗の重苦しい空気の中、先取点がどうしてもほしかった。4回裏、先頭の岡林勇希の四球と4番のダヤン・ビシエドによるヒットで作った1死一、三塁のチャンスで、この日は5番に入った石川昂弥が三振でツーアウト。ヒリヒリした場面で打席に入った阿部は、低めのボールをすくい上げるようにセンター前へ運び、先制の1点を挙げた。嫌なムードを断ち切る、まさに連敗中の〝呪縛〟をこじ開ける一打だった。その後に木下拓哉と高橋周平が連続タイムリーで続いて、一気に3点を取ったが、最初の阿部の一打こそ価値がある。

松葉が5回でマウンドを降りた後、バトンを受けたのは清水。相手の埼玉西武ライオンズはクリーンアップだ。3番のブライアン・オグレディを見逃し三振、前日ホームランを放った4番の山川穂高をセカンドライナー、そして5番の呉念庭を同じくセカンドフライと、きっちり三者凡退で抑えた。マウンドの背番号「50」の立ち姿が、とても大きく見えた。

連敗中の〝呪縛〟は最後まで立浪ドラゴンズを飲み込もうとする。

9回表、5点リードでマウンドに上がった藤嶋健人は、普通ならばきっちりと抑えたはず。しかし、先頭の山川と呉に連続ヒットを浴びる。まだ5点差もあるのだが、それがまるで1点差のように思われてしまうから不思議だ。6番の愛斗は打ち取るも、1点を取られ、さらにランナー2人を背負った場面で、ライデル・マルティネスが登場。最初5点差あった時点ではライデルの登板はないと思ったが、これも〝呪縛〟だったのだろう。6対3で勝利、ライデルには11個目のセーブがついた。

この試合では、もうひとり〝呪縛〟を破った選手がいた。45歳、球界最年長の福留孝介である。開幕戦ではスタメン出場したものの、その後25打席ノーヒット。この日の6点目は福留の二塁打によるものだった。立浪監督が信頼し、起用し続けた大ベテラン。これからの試合でどんどん打ってほしい。

多くの〝呪縛〟から解き放たれ、立浪ドラゴンズは交流戦の第2ステージへ向かう。

2022.5.27

［京セラドーム大阪］

エースと4番が活躍すれば勝てないはずがない！パ・リーグ覇者に先勝

立浪監督のコメント

大野雄は完投してくれて良かった。2年前の良かったときを思い出してくれれば。まだまだ大野雄の力はこんなもんじゃない。（途中交代の石川昂は）本人は大丈夫だと言っていたけど、明日は様子を見て。

	1	2	3	4	5	6	7	8	9	計
中日	0	0	0	2	0	2	0	0	0	4
オリックス	0	0	0	0	0	0	0	0	1	1

○大野雄（9試合3勝4敗）－木下拓

【戦評】0対0で推移した4回、京セラドームを得意とするビシエドに2ランが飛び出て先制点を挙げる。6回には古巣相手となる三ツ俣の適時打などで2点を加えた。投げては先発大野雄が最後は完封は逃すも、9回1失点で完投し今季3勝目。前年のパ・リーグ王者相手にカード初戦をもぎ取った。

野球はエースと４番……。ずっとずっと昔から、少年野球でもプロ野球でも、さらにアニメの中の野球でも言われ続けてきた言葉だ。ドラゴンズの試合で、久しぶりに見せてもらった。エースの大野雄大、そして４番のダヤン・ビシエド。この２人の活躍で、昨季のパ・リーグ優勝チーム、オリックス・バファローズに完勝した。

先発の大野雄大は、歴史に残る10回２死までの〝完全試合未遂〟の熱投を見せた５月６日の試合以降、苦しい登板が続いていた。特に、前回登板の５月20日、マツダスタジアムでの広島東洋カープ戦は、１回にいきなり満塁ホームランを打たれるなど4回5失点でマウンドを降りていた。この日の立ち上がりも、バファローズの先発・田嶋大樹の方が、明らかに良かったように見えた。しかし、ここからが大野の大野たる所以。回を追うごとに、その投球に〝修正〟が加えられた。２回と３回、ランナーを出すもののダブルプレーで切り抜けた。４回表に先取点が入ると、ギアはますます加速した。球数なんて関係ないというモードで〝当然のように〟９回もマウンドに上がった。

そこで出した１４９キロの速球。「是非、完封を！」と期待したが、残念、バファローズ打線に1点返されてしまった。それでも最後までマウンドをゆずらず、きっちりと完投。圧巻の132球だった。これで今季の3勝目。連投が続いているリリーフ陣にとっても、ひと息つけた試合になった。大野は今シーズン、立浪和義監督から「投手キャプテン」に指名された。左胸の「C」マークに応えるようなエースの投球だった。

打線では4番のダヤン・ビシエドが、ようやく4番らしい仕事をしてくれた。4回の1死一塁で田嶋の初球を振り抜くと、弾丸ライナーはあっという間にレフトスタンドの中段に。文句なしの当たりだった。

ビシエドにとって、この京セラドーム大阪という球場はとても相性がいい。2016年の来日1年目、開幕シリーズの阪神タイガース3連戦で、3試合連続ホームランという衝撃の日本球界デビューを果たした思い出の舞台。ファンもその印象的な活躍をずっと覚えている。それだけに、昨今の打撃には、4番としてのもの足りなさを覚えていた。かつての豪快な迫力が姿を消していたが、この日はやってくれた。再び〝本物の4番〟復活への道につながればいいのだが。

エースと4番の活躍の他、実は2人の打者に拍手を送りたい。まず3番に入った鵜飼航丞。4回に8球粘って四球で出塁し、直後にビシエドの2ランが飛び出した。好投を続けてきた田嶋のペースを乱す意味でも、この四球は大きかった。今の鵜飼はボールがよく見えているのだろう。この後も二塁打とシングルヒットの2安打。いずれも力強い好打だった。

もうひとりは三ツ俣大樹である。石川昂弥が一塁へ駆け込もうとする途中、送球コースを避けようとした瞬間に、足に異常が出て交代した。三ツ俣は14年シーズン途中のトレードで、この日の対戦相手であるバファローズからドラゴンズ入り。もう8年も前のことだから〝古巣に恩返し〟という言葉には違和感もあるが、追加点となるライトへの二塁打は見事なバッティングだった。大野雄大の完投を支えた一打だった。三ツ俣は、守備でも走塁でも活躍。こうしたサブの選手が即活躍できるチームは強い。

チームは前夜の埼玉西武ライオンズ戦に続いて2連勝。その前の7連敗を一気に払拭するには、連勝が何よりの薬である。エースと4番の活躍によって、反攻の準備が整った、そんな手応えを感じるナイスゲームだった。

ただひとつ、大きな気がかりは石川の足の具合である。開幕からここまで2カ月余り、立浪ドラゴンズの象徴とも言える選手であり、徐々に真価を発揮してきた時だけに、無事であることを祈りたい。

2022.5.28

［京セラドーム大阪］

球界のエース山本由伸を撃破！ 鈴木博志が投げ、三ツ俣が打ち3連勝

立浪監督のコメント

（決勝打の三ツ俣は）何とか粘りながらカーブを仕留めた。三振はしたくないですし、最後はよく打ちました。誰もがオリックスが有利だと思われていた。どんな形でも勝ちたいと思っていたので、うれしいです。

	1	2	3	4	5	6	7	8	9	計
中日	0	0	1	0	0	0	0	1	2	4
オリックス	0	0	0	0	0	0	1	0	0	1

鈴木、清水、祖父江、○ロドリゲス（20試合2勝1敗）、山本、R・マルティネス（17試合0勝1敗12S）－桂、木下拓

【戦評】オリックスは球界を代表するエース山本を先発に送るも、3回に先頭岡林のスリーベース、大島のタイムリーで先制する。7回に中継ぎが捕まり同点にされるも、8回2死一、二塁から2番三ツ俣が9球目のカーブを拾ってレフトへ値千金のタイムリーを放ち勝ち越しに成功。大金星を挙げた一戦となった。

よく勝った！　正直な思いである。オリックス・バファローズの先発は山本由伸。言わずと知れた現在の日本球界のナンバーワン投手である。昨季２０２１年は18勝５敗で、最多勝、勝率、防御率、奪三振の４冠に輝き、沢村賞も手にした。そうそう点を取ることができる相手ではない。しかし、その山本に今シーズンの３敗目をつけた。

よく投げた！　先発の鈴木博志である。この試合がプロ初先発だった。17年のドラフト1位。「清宮ドラフト」と言われたように、この年のドラフト会議は、高校通算１１１本塁打を記録したスラッガー清宮幸太郎に何球団の指名があるのか、そして、どこのチームが獲得するのか、この一点に日本中の関心が集まっていた。結果は7球団が1位指名をして、北海道日本ハムファイターズがクジを引き当て、スーパースターの交渉権を獲得した。ドラゴンズは1位指名の抽選で、夏の甲子園で活躍したキャッチャー・中村奨成を外して、社会人ヤマハの鈴木を獲得したが、もともと1位指名候補としてリストアップしていた投手。ドラフト後の森繁和監督のインタビューを聞きながら、監督が本心から欲しかったのは、鈴木だったのではと確信した記憶がある。ちなみに、清宮を外した東京ヤクルトスワローズが同じく〝外れ1位〟で獲得したのが、最年少三冠王を手に

した村上宗隆である。
鈴木は、メジャーリーグの抑え投手クレイグ・キンブレルに憧れて、同じ背番号の「46」を希望して着けた。当然のように、抑え投手の道を目指した。1年目の18年から一軍デビューを果たし、リリーフとして活躍した。19年に与田剛監督になると、抑え投手に指名された。開幕からセーブを積み重ねて、あっという間に14セーブ。しかし、次第に打ち込まれるようになって6月には二軍落ち。セーブの数はこれ以上積み上がらなかった。当初、両手を蟹のハサミを下に降ろしたような、キンブレルの投球前ポーズを真似していたが、抑えで出てきて打たれ始めると、このルーティンは姿を消した。そんなドラフト1位の鈴木が先発でよみがえった。

マウンドでの姿に、何かしら自信のようなものが感じられた。速球の走りもよく、ツーシームなどの変化球も有効だった。何より初球からストライクをポンポンと取れたことが大きい。投球のリズムは見ていて安心できるものだった。あれよあれよという間に、5イニングを無失点。球数も68球だったので6回も続投かと思ったが、5回で交代した。プロ初先発という緊張感をベンチが考えた結果であろう。この投球をしていれば先発ローテーションに加わるはずだ。この日の鈴木に、あのキンブレルポーズはなかった。

よく打った！　三ツ俣大樹である。サードの石川昂弥が負傷した足の検査のため、代わりにショートから高橋周平がサードの守備につき、三ツ俣が先発スタメンでショートに入った。打順は2番。ゲームはなかなか点の取れない山本から1点を取って、1対0で終盤に入ったが、7回裏に追いつかれた。直後の8回表、2死一、二塁で、三ツ俣はしぶとくレフト前にヒット。打った相手が山本だけに、価値ある勝ち越し打だった。二塁ランナーが代走の髙松渡だったこともあって、一気にホームイン。この1点には思わず手をたたいてしまったが、一番うれしかったのは三ツ俣本人だろう。試合後にはプロに入って初めてのお立ち台、かつての古巣を前にしてのヒーローインタビューが待っていた。うれしそうだったなあ。いい笑顔だった。

よく勝った！　今日の感想はこれに尽きる。終わってみれば、前日と同じ4対1の勝利。ただひとつ気になるのは、石川昂弥の足の具合である。この日、石川はゲームを欠場して検査のために名古屋へ帰った。大事に至らないことを祈るのみ。7連敗の後の3連勝、喜びの中でただ一点の曇りがあるとするならば、石川のケガが軽傷でありますように、その心配である。

2022.5.29
［京セラドーム大阪］

柳まさかの3回途中KO……8対0の完敗で連勝ストップ

立浪監督のコメント

柳は調整してまた次、頑張ってくれれば。（左膝痛で抹消の石川昂は）思ったより良くない。明日もう1回検査をしようとなったんで、すぐには無理という判断です。9回根尾は本人も投げたいと言ったので。

	1	2	3	4	5	6	7	8	9	計
中日	0	0	0	0	0	0	0	0	0	0
オリックス	1	2	2	0	1	0	2	0	x	8

●柳（9試合4勝3敗）、藤嶋、田島、谷元、根尾－木下拓、桂

【戦評】敵地3連勝を目指した一戦だったが、先発柳がオリックス打線に初回から捕まり、3回途中5失点で降板。打線もオリックス先発宮城の前に、初回2回と先頭打者が出塁するも後続が打ち取られるなど得点できず、リリーフ陣も失点し大敗。9回マウンドに上がった根尾の登場に沸いたのみの日曜だった。

オリックス・バファローズに連勝したドラゴンズ。先発は柳裕也。相手は昨季13勝を挙げて新人王に輝いた宮城大弥だが、ここは是非3連勝を期待したい。しかし先頭の福田周平に死球を与えて、いきなりリズムが狂ってしまったのか、続く宗佑磨にセンター前ヒット。さらに3番の中川圭太の当たり損ねの打球が内野安打になってしまい、先制の1点が入ってしまった。柳の投球は2回に入っても落ち着かず、自らのフィルダースチョイスもあってさらに2失点。3回裏にも無死満塁から1点を奪われ、満塁の走者を残したまま交代となった。柳が3回途中でマウンドを降りた瞬間、このゲームの行方が決まった。竜打線は20歳の左腕・宮城の投球に翻弄され、終わってみれば、0対8で今季7度目の無得点負け。連勝も3で止まった。

惨憺たる試合だったが、最後にあった見せ場は、根尾昂の2度目の〝投手登板〟だった。敵地のスタンド、しかも相手チームのファンからも拍手。やはり根尾のスター性は別格である。150キロの速球に球場はどよめいたが、この日はフォークも投げた。1安打されたが、1回を無失点に抑えた。日本列島は7月の夏本番を思わせる暑さ。シーズンはちょうど50試合目。太陽のまぶしさとは裏腹に、何とも暗い日曜日になってしまった。

2022.5.31

［バンテリンドーム ナゴヤ］

小笠原慎之介が田中マー君に投げ勝った! 石川離脱ショックに負けるな

立浪監督のコメント

(田中将対策は)最近は変化球が多かったので、変化球を狙っていった。阿部の逆方向の本塁打がいいきっかけとなった。ビシエドは久しぶりの完璧な当たり。先発・小笠原も粘りがあっていい投球をしてくれた。

	1	2	3	4	5	6	7	8	9	計
楽天	0	0	0	0	0	0	0	0	0	0
中日	0	0	0	1	0	1	0	0	x	2

○小笠原(6試合3勝3敗)、ロドリゲス、R・マルティネス(18試合0勝1敗13S)－木下拓

【戦評】楽天の先発はMLB帰りの田中将。中日先発小笠原も力投し0対0で迎えた4回裏、阿部が1ボール2ストライクから、田中将の外角速球をライトスタンドに運ぶ6号ソロホームランを放ち、先制点を挙げる。6回にはビシエドが今度は田中将の変化球を捉えた一発でリードを広げ、そのまま逃げ切った。

「マー君(田中将大)を打てますかねえ」と職場の後輩に声をかけられた。ゲーム当日の午後のこと。すぐに答えた。「オリックスの山本(由伸)も打ったから大丈夫だと思う」。強がり半分、願望が半分。でもそれが現実になったうれしい夜になった。

夏の甲子園優勝投手対決。ドラゴンズ小笠原慎之介と東北楽天ゴールデンイーグルス田中将大の先発は、こう注目された。

田中将大は高校2年生の時、2005年(平成17年)に行われた第87回大会で駒澤大学附属苫小牧高校を夏連覇に導き、小笠原はその10年後、第97回大会で名門東海大相模高校のエースとして出場。決勝戦で値千金の勝ち越しホームランを放ち、投打にわたる活躍で鮮烈な印象を残した。

確かに、その肩書は同じ。しかし、ここまでの歩みには大きな差がある。イーグルスに入団後は2度の最多勝、特に日本一になった2013年には24勝0敗というとんでもない成績だった。翌年からは米メジャーで活躍し、ここまで日米通算181勝というスーパースター。さらに、ドラゴンズにはこれまで7試合に登板して4勝で負けなし。「強がり半分、願望半分」でも仕方ないだろう。しかし、小笠原には負けん気と若さがある。

この日の小笠原は投球リズムが良かった。キャッチャーの木下拓哉がうまくリードしたことも大きいが、ボールを受け取って投げるまでの〝間〟がこれまでより微妙に短く、それがゲームのテンポをよくしていた。最大のピンチは4回表だった。この回の先頭、2番の小深田大翔、そして3番の浅村栄斗、ともに決していい当たりではないヒットで出塁を許し、無死一、二塁。ここを無失点で抑えたことは大きかった。ダブルプレー崩れで1死一、三塁になるも、5番の渡邊佳明をセカンドゴロに打ち取って、今度こそのダブルプレー。

ピンチの後にチャンスあり。4回裏に5番・阿部寿樹が田中から、ライトスタンドに一直線に飛び込むホームランを打った。待望の先制点だった。

ピンチの後にチャンスあり、その機会はもう一度やってきた。1点リードで迎えた6回表は2死一、二塁。イーグルス4番の島内宏明の打球は、右中間を襲う大飛球。抜かれたと思ったが、このところ大島洋平に代わってセンターに入っている俊足の岡林勇希が追いついた。少しだけ余裕を見せながらキャッチするという素晴らしいプレー。小笠原がうれしそうな笑顔で迎える。

そして直後の6回裏、久しぶりにものすごい当たりだった。4番ダヤン・ビシエドが、いかにも〝ビシエドらしい〟という弾丸ライナーのホームラン。「打った瞬間」とはまさにこのことを言う。田中からの2本のホームランは、実に見事だった。

8回ジャリエル・ロドリゲス、9回ライデル・マルティネス、楽々と150キロを超える剛速球を投じる2人が今日もしっかりと抑えて、2対0で勝利。小笠原は3勝目を挙げたが、それは同時に、田中将大に〝投げ勝った〟ことを意味する。価値のある1勝だった。それは小笠原本人にとっても、そしてチームにとっても。

この日の試合前、チームにはショックなニュースが届いていた。5月27日のオリックス・バファローズ戦の走塁で足を痛めていた石川昂弥がこの日に精密検査を受けて、「左膝前十字靭帯不全損傷」という診断を受けた。場合によっては手術さえ必要になるという重傷。石川は新型コロナウイルス感染に次ぐ離脱となるが、今回は間違いなく長い期間となる。「100試合でも200試合でも、打てなくても使い続ける」と立浪和義監督が明言し、開幕からスタメン起用してきた〝立浪竜の象徴〟。その打撃は急速に成長していただけに、ファンにとっても大きすぎる衝撃となった。そんなショックを少しだけ忘れさせてくれた快勝だった。

2022.6.1

［バンテリンドーム ナゴヤ］

ああ、点が入らない！ 10残塁で完封負け、自慢の投手リレーも実らず

立浪監督のコメント

先発の上田は緊張したのか、ストライク先行の投球をできなかった。ちょっと反省点ですよね。(8回走塁ミスの鵜飼は）打球が抜けてからでも（本塁へ）帰れる。捕られたらタッチアップしないといけなかった。

	1	2	3	4	5	6	7	8	9	計
楽天	1	0	1	0	0	0	0	0	0	2
中日	0	0	0	0	0	0	0	0	0	0

●上田（2試合0勝2敗）、藤嶋、山本、祖父江、田島、谷元－木下拓

【戦評】初勝利を目指す先発上田は3回2失点で降板。一方、打線も楽天先発の辛島を捉えられない。数少ない反撃機となった8回無死一、二塁の場面も、阿部の右飛で二走鵜飼が判断悪くタッチアップできずに好機を逸してしまう。3試合連続タイムリーが出ず、継投による完封負けを喫してしまった。

バンテリンドームナゴヤ5階のパノラマ席にたどり着いた瞬間と、ドラゴンズ先発の上田洸太朗が、東北楽天ゴールデンイーグルスの先頭打者・西川遥輝にデッドボールを与えるのが、ほぼ同じタイミングだった。

上田はシーズンに入って、5月に育成選手から支配下登録されたばかり。2度目の先発で、本拠地では初先発だった。やはり地元での初舞台とあって、得も言われぬ緊張があるのだろうか、コントロールがいいという評価の投手なのに、そこはまだまだ若い19歳。つい硬くなってしまうのだろうか。この後、ランナーが進み、上田は4番の島内宏明にセンター前に先制タイムリーを打たれる。この後、まだ1死満塁のピンチだったが、早々にマウンドに行った落合英二ヘッド兼投手コーチの檄が効いたのだろうか、ダブルプレーで何とか1点に留めた。

しかし、3回表にスタンドから、初回とまったく同じ場面を見ることになる。先頭の西川に今度はフォアボール。ランナーが進み、再び4番の島内。またしてもセンター前にタイムリーを打たれて2点目。死球とタイムリー、四球とタイムリー、どちらも1番西川と4番島内。さらに3番の浅村栄斗が直前にヒットでつないでいることまで酷似している、何とも不思議な攻撃だった。

感心している場合ではなく、こういう点の取られ方は観ている側にも堪えるが、ベンチにとってはもっと堪えているに違いない。立ち直りの兆しが見られない上田が4回表のマウンドに立つことはなかった。3回2失点での交代となり、地元での先発を勝利で飾ることはできなかった。この日は、19歳上田のピッチングを見ようと、急きょ思い立ってドームにやって来ただけに、拍子抜けしてしまった気分だった。

この後、ドラゴンズ自慢のリリーフ陣が試合を再構築していった。上田の後、4回のマウンドに上がったのは藤嶋健人。その回と続く5回の2イニングをゼロに抑えると、6回には山本拓実。このところ進境著しく、勝ち試合での登板が多いのだが、2点ビハインドでの登板に、ベンチの気合を感じる。7回は〝勝利の方程式〟メンバーの1人である祖父江大輔が、おなじみのＴＯＫＩＯ『宙船（そらふね）』にのってマウンドへ。

「2点差ならば追いつける。それを保ちながら、味方の攻撃に期待する」。采配の意図は明白だった。もし、ここまでに同点もしくは逆転していたら、8回はジャリエル・ロドリゲス、9回はライデル・マルティネスと繋ぐ構想だったはず。しかし残念ながら得点差はそのままで、8回に田島慎二、9回に谷元圭介が登板。この2人もイーグルス打線をゼロに抑える気迫の投球を見せた。

こうなると問題は攻撃陣である。イーグルス先発の辛島航の緩急をうまく使った投球術にやられた。辛島は前日先発の田中将大の入団2年後にイーグルスに入団し、２０１３年の球団初の日本一となったシーズンで、共に活躍した好投手。ようやく辛島攻略のチャンスをつかんだのは6回裏、しかし2死満塁から木下拓哉がリリーフの西口直人に打ち取られた。8回には、先頭の鵜飼航丞が目の覚めるような右中間2ベース、ダヤン・ビシエドがフォアボールを選んだ。無死一、二塁の大チャンスだったが、後続は凡退。最後はまたまた木下。

ふと気づくと、ドームにはチャンスに使われる応援歌『サウスポー』が流れていた。この3シーズン封印されていた歌詞「お前が打たなきゃ誰が打つ」を聞きながら、木下のレフトフライを見て、何だか淋しくなった。そう、お前が打たなきゃ……。

ゲームはそのまま0対2で終了。10残塁は観戦した身にはつらかった。最後の打者となった大島洋平の空振り三振にため息をついて、すぐ球場を後にした。足取りはもちろん重い。

2022.6.2

［バンテリンドーム ナゴヤ］

〝定時退社〟松葉貴大、苦手の岸に投げ勝ち交流戦2カード連続の勝ち越し

立浪監督のコメント

（岡林について）ずっと試合に出るとへばってくるが、ここを踏ん張っていかないとレギュラーは取れない。（根尾は）仮に投手をやるにしても今の野手経験は無駄にならない。彼が生きる道を見極めるのが僕の役割。

	1	2	3	4	5	6	7	8	9	計
楽天	0	0	0	0	0	0	2	0	0	2
中日	1	1	1	0	0	0	0	0	x	3

○松葉（7試合3勝1敗）、清水、ロドリゲス、祖父江、R・マルティネス（19試合0勝1敗14S）－木下拓

【戦評】この日は通算1勝9敗と相性の悪い楽天先発の岸を相手に打線が奮起。初回1番岡林が3ベースで突破口を開き、続く鵜飼にタイムリーが出て速攻に成功。その後も8番三ツ俣らのタイムリーで加点し、試合を優位に運ぶ。先発の松葉は5回無失点で中継ぎ陣にバトンを渡し、楽天打線の反撃を抑えて辛勝した。

このところ、毎回のように、インターネットのアクセスランキングでトレンド入りする言葉が「定時退社」。松葉貴大が先発する試合である。

「本拠地ドーム限定の5回まで」という球界でも珍しい起用法である。好投していても、なぜか6回になると崩れるという松葉の投球の特性から、立浪和義監督が決断した。もう1カ月以上になる。この日も「ブルペンから調子がよかった」という言葉通り、東北楽天ゴールデンイーグルスの打線に対しても、5回3安打で無失点。この間投じたのは64球。しかし、やはり6回のマウンドには上がらなかった。〝ワークライフバランス〟の優等生は、この日も残業をすることなくきっちりと仕事を終えた。

相手のマウンドには岸孝之。FA移籍前の埼玉西武ライオンズ時代からの〝苦手〟という印象がある。実際、この試合が始まる前まで、1勝9敗の対戦成績。交流戦のみの戦いということを考えれば、長きにわたって、やられ続けてきた。しかし、その岸に先制パンチを浴びせたのは、3年目20歳の岡林勇希だった。先頭打者として1回裏の打席に立つと、いきなり2球目をライトオーバーの三塁打。これは大きかった。

ここまでの交流戦、山本由伸、そして田中将大と、エー

ス級の投手を撃破してきたドラゴンズ。その狼煙（のろし）が上がった。岡林の三塁打は、この時点で12球団トップの5本目。足があるだけに、岡林には三塁打がよく似合う。続くのは2番に入った鵜飼航丞。打席後に「ゴロを転がせば点が入る」と自己分析したように、サードへゴロを打つ。岡林はスタートを切っていて本塁は間に合わない。そして鵜飼も一塁に駆け込んでタイムリー内野安打となった。

〝タイムリー〟という前日まで縁遠かったこの言葉だが、今日は違った。1回の先制点の後も、2回そして3回とタイムリーが続き、序盤で3対0となった。

特に3回裏の木下拓哉の一打は大きかった。アリエル・マルティネスとダヤン・ビシエドの連打で1死一、二塁としながらも、アリエルが岸のけん制球で二塁ベースに帰塁できずにタッチアウト。球場にも、テレビの前にもため息が広がる。走塁ミスは敗戦のきっかけとなることが多い。ここを0点に抑えられると、流れが一気にイーグルスにいきかねない、ゲーム最初の〝潮目〟だった。しかし阿部が四球でつないだ後に、木下はセンター前にタイムリー。前日、ドーム観戦でチャンスでの木下の凡退を目の当たりにしてきただけに、よく打ってくれたと夢中で手をたたく。追加の1点を取った以上に、流れを渡さなかったことが何より大きい。

こうなると、あとは松葉が〝定時退社〟した後のリリーフ投手たちの〝時間外労働〟、いや、彼らにとってはそれが〝通常勤務〟か。しかしこの日は珍しく、清水達也がいつもと違う勤務についた。「回またぎ」である。6回の攻撃を3人できっちり抑えた後、7回もマウンドに上がったのだった。いつもと違う勤務に戸惑ったわけではないだろうが、四球をはさんだ2本のヒットで無死満塁。3点差あるとはいえ、緊張が走る。本来は8回の登板予定だったジャリエル・ロドリゲスが、いつもより早く勤務に入る。2点を取られたものの、リードを保ったままバトンを次へと渡した。8回のマウンドに上がった祖父江大輔の眼つきを見た時に、これは大丈夫と確信した。思えば5月14日の読売ジャイアンツ戦で中田翔から痛恨の逆転満塁ホームランを打たれてから、しばらく眼光には一抹の弱さがあったが、文句なしの三者凡退。9回はライデル・マルティネスが締めて、3対2で逃げ切った。

リリーフ陣の力を見せつけたこの日のゲーム。これで2カード連続の勝ち越しとなったが、勝った瞬間、喜びと共に思いっきり背伸びをしている自分がいた。あ〜疲れた、でもうれしい。

2022.6.3
［バンテリンドーム ナゴヤ］

大野雄大と千賀滉大、ノーヒットノーラン投手対決は完敗に終わる

立浪監督のコメント

大野雄は立ち上がりからとばしていた。6回で代えようとしたがもう1イニングだけいきたいと。よく投げてくれた。（千賀相手で）序盤に走者は出したが、バントミスなどがあり、得点圏に進められなかった。

	1	2	3	4	5	6	7	8	9	計
ソフトバンク	0	0	0	1	0	0	0	4	1	6
中日	0	0	0	0	0	0	0	0	0	0

●大野雄（10試合3勝5敗）、山本、谷元、田島−木下拓、桂

【戦評】蒲郡市出身のソフトバンク千賀と大野雄のエース対決で始まった一戦は、4回表、千賀の犠飛によりソフトバンクが1点先行する。千賀はそのまま中日打線を寄せ付けずに試合を進め、8回には代打・デスパイネの2ランなどで4点を奪われて完敗。先制された試合はこれで14連敗となってしまった。

先発は大野雄大、相手は千賀滉大。5月31日の小笠原慎之介と田中将大は〝甲子園優勝投手対決〟と呼ばれたが、この試合は〝ノーヒットノーラン投手対決〟となった。

序盤3回までは両チーム「0」が並んだ。この日の大野は初回からランナーを出し続ける苦しいピッチング。2回も3回も2本ずつのヒットを打たれながらも無失点なのは、さすが大野だが、先制点は思わぬ打者から奪われた。4回表に、1死二、三塁で打席に立つのは千賀。指名打者制のパ・リーグで投手が打席に立つことは数少ない。しかしバットを持てば、投手も〝9人目の打者〟なのだ。千賀の打球はレフトへ。これが犠牲フライとなって、重い1点が相手エースのバットによって入った。千賀は6回裏のドラゴンズの攻撃中に交代したが、竜のエースは投げ続けた。7回を123球の失点1、千賀以上にゲームを作った。しかし残念ながら点が入らない。「よく投げた」と褒めるのは大野にとって失礼だろう。エースは常に勝たなければならない。その意味で、エース対決は千賀に軍配が上がった。

ドラゴンズは0対6で完敗。8回に山本拓実が、代打のアルフレド・デスパイネにバックスクリーン直撃の特大ホームランを打たれたが、それに負けない本拠地での一発をドラゴンズの誰かに打ってほしかった。

2022.6.4

［バンテリンドーム ナゴヤ］

代打・溝脇が逆転3ベース!ガールズデーで満員のドームは歓喜

立浪監督のコメント

少ないチャンスで溝脇に長打が出て一気に逆転できた。前日いい形で打っていたので行かせた。いいプレーをしてくれた。（髙橋宏は）役割は果たしているが四球やボール先行が続いている。次回克服できるように。

	1	2	3	4	5	6	7	8	9	計
ソフトバンク	0	0	0	1	1	0	0	0	0	2
中日	1	0	0	0	0	0	2	1	x	4

髙橋宏、○祖父江（19試合2勝2敗）、ロドリゲス、R・マルティネス（20試合0勝1敗15S）－木下拓

【戦評】初回にA・マルティネスのソロホームランで先制するも、中盤に逆転を許してしまう。迎えた7回裏2死一、二塁の場面、ここまで得点圏打率4割を超える熊本出身の代打溝脇が値千金の走者一掃タイムリー3ベースを放ち、中日が再逆転勝利。なお、この試合で先発の髙橋宏は初の2桁奪三振を記録した。

溝脇隼人がバットを一閃。打球がライト線を破った瞬間、思わずバンザイをしていた。よく打ってくれた。1点差で迎えた7回裏、2死一、二塁からの逆転タイムリースリーベースとなった。サードベースに達した溝脇の勇姿、それ以上に三塁に立つ大西崇之コーチの喜びようもすごかった。もちろんファンの我々も飛び上がった。

このゲームはとても大切な試合だった。交流戦、福岡ソフトバンクホークスとの2戦目。

前夜のエース対決で敗れた後の試合ということもあるが、負け方も悪かった。最後にリリーフの山本拓実がアルフレド・デスパイネに打たれた特大ホームランのショック。もし、この試合も負けるようならば、ホークス戦3連敗もありうるかとも思った。しかし、1回裏、3番に入ったアリエル・マルティネスの滞空時間の長いホームランで先制点を挙げた。先発の髙橋宏斗も力強い投球を見せていただけに、追加点に期待したが、逆にホークスに1点ずつ取られて、5回までで1対2。試合は膠着して、ホークス自慢のリリーフ陣による継投となった。

このままいくと、8回には又吉克樹がマウンドに上がる。FA宣言をしてホークスに移籍していった元ドラゴンズの〝中継ぎエース〟。こうした場合、よく「古巣への恩返し」

なる言葉が引用されるが、恩返しなんて不要。ましてや、又吉の代わりにドラゴンズへやって来た岩嵜翔が、開幕直後のケガで長期離脱している中で、又吉に抑えられることだけは勘弁してほしい。これがファンとしての偽らざる正直な気持ちだった。

そんな7回裏は先頭のダヤン・ビシエドが倒れた後、5番・阿部寿樹がセンター前ヒットで出塁し、高橋周平が四球。ここで立浪和義監督が、8番の三ツ俣大樹に代わって、左の溝脇を打席に送った。

溝脇の劇的な一打として印象的なのは、シーズン開幕直後、3試合目の読売ジャイアンツ戦だった。延長10回に決勝の2点打を放ち、立浪監督に初勝利を贈った一打。ここで「夢よもう一度」と期待した。ファウルで粘る溝脇。こうして粘っている内に、ボールに合ってくるのだよなあ、と思った次の瞬間。目の覚めるような当たりが溝脇のバットから飛び出した。単打で同点に追いつかれる展開を阻止するため、前進守備を敷いたホークスのライト柳田悠岐の右を抜ける3対2の逆転打。本当によく打ってくれた。こうして、又吉の昨季までの本拠地での登板ではなくなった。

それにしてもホームラン量産中の東京ヤクルトスワローズ・村上宗隆と同じ九州学院高出身の溝脇の集中力は素晴らしい。入団10年目、今やチームの左打者では、不調が続くベテラン福留孝介を凌いで「代打の切り札」と言っても過言ではない活躍を見せている。見事な打席だった。ケガに泣かされたことも多かったが、このままシーズンを走り抜けてほしい。

ホークスとの3連戦は「ガールズシリーズ2022」と題して、イケメン投票で選ばれた選手のうちわやユニホームのプレゼントがある。この日は土曜日のデーゲーム、バンテリンドームナゴヤは今季2度目の満員だった。大勢のお客さんが入った試合で勝つことは大切である。それは次の観戦にもつながるからであり、応援が選手を鼓舞するという相乗効果も期待できるからである。

できることならば、先発した髙橋宏斗に勝ち投手になってほしかった。この日は6回を投げて10奪三振で2失点。よく投げた。しかしまだスタミナが不足しているのか、回を追うごとにコントロールが乱れてくるのは、この日も同じだった。きっと〝野球の神様〟が、まだまだ髙橋を甘やかしてはいけないと思ったのだろう。でも次こそは勝ち星を手にしてほしい。

何はともあれ、チームは最高の勝ち方で4対2、大切な試合に勝利した。さあ、祝杯だ！

2022.6.5

［バンテリンドーム ナゴヤ］

激走ホームイン相次ぐ、1点取られたら1点取り返し、柳が粘りの投球で5勝目

立浪監督のコメント

初回に失点したがすぐ3点取れたのが大きかった。（柳は不運な打球があった際）前回同様のケースで気持ちが切れたように映ったので、ベンチで我慢しろと伝えた。根尾は将来的には先発とも考えています。

	1	2	3	4	5	6	7	8	9	計
ソフトバンク	1	0	0	1	0	1	0	0	0	3
中日	3	0	0	0	1	1	0	2	x	7

○柳（10試合5勝3敗）、清水、ロドリゲス、R・マルティネス－木下拓

【戦評】先発の柳が初回に1点先制されるも、直後の攻撃ですぐさま反撃。2死一塁から4番ビシエドの一撃を皮切りに、3者連続長短打を絡めてのタイムリーが出て、逆転に成功する。追いすがるソフトバンクを1番岡林のタイムリー2本などで振り切り勝利。楽天戦に続き、連続でのカード勝ち越しを決めた。

劇的な勝利の余韻は、次のゲームにも残るのだろう。この日も多くのファンが詰めかけたバンテリンドームナゴヤには、やはり興奮が残っていた。勝利の余韻は、それを手にしている側に有利に動く。1回表に、先発の柳裕也が2死三塁から、当たり損ねの不運な内野安打で1点を取られても、その余韻は冷めることはなかった。そんな中で迎えた1回裏だった。

ツーアウトから3番のアリエル・マルティネスがレフト前ヒット。バットがよく振れている。前日のお立ち台でのヒーローインタビュー、上手な日本語で「アシタモ、キテクダサイ（明日も来てください）」とファンに呼びかけていたが、まさに有言実行の一打だった。このアリエルから、この日の反撃が始まった。

キーワードは「激走」。続く4番のダヤン・ビシエドが右中間に二塁打を放つ。ツーアウトだったとはいえ、決して足が速くないアリエル。しかし、一気にホームに帰ってきた。同点！　よく走った。そこから「激走」の幕が開いた。5番阿部寿樹のヒットで、二塁にいたビシエドがホームイン。その阿部を一塁において、木下拓哉が左中間に二塁打を打つと、またまた一塁から阿部もホームへ生還。この回のツーアウト後に、一塁から2人がホームインした攻撃は

大きかった。

「激走」の締めは8回裏だった。このベースランニングには正直驚いた。またしてもツーアウトランナーなしから高橋周平がデッドボールで出塁すると、打席には8番の鵜飼航丞。3打席目こそ、振り逃げで出塁したが、この日は3打席3三振。しかし、この4打席目は力強い打球がレフト線へ飛んだ。

これで二、三塁かと思った矢先、なんと三塁に到達していた一塁ランナーの高橋がサードベースを蹴った。これには驚いた。レフトは肩が強くないジュリスベル・グラシアルだが、これは本塁でアウトだろう。しかし返球は緩慢で、ホームへ戻ってきたボールもキャッチャーが飛び上がって取ったほどの高さだった。ホームイン！　ダメ押しの6点目が入った瞬間だった。

こんなに〝走る竜〟を見るのはいつ以来だろうか。それも決して、足が速いといえない選手たちが、続々とホームに帰ってきている。初回のアリエル、ビシエド、そして阿部。8回の高橋。気持ちのいい生還をたっぷりと見せてもらった。三塁の大西崇之コーチの判断と指示も見事だった。常に虎視眈々と次の塁を狙う積極性をチーム全体に徹底させる、これも〝立浪革命〟のひとつなのだろう。なかなかホームランが出にくい広い本拠地ドームでは、「走る」ことによる機動力は大切な武器である。これからもどんどん今日のような走塁を見せてほしい。その躍動がチーム全体を鼓舞する。

日曜日の登板が続く「サンデー柳」こと、柳裕也が先発したこのゲームは、追いつかれそうになると突き放すという、竜党にとってはたまらない試合になった。その中で光ったのは、1番の岡林勇希と5番の阿部のバッティングだった。それぞれ3安打、それぞれを3つの方向に打ってヒットにした岡林、そして測ったような見事な右打ちを見せた阿部。この2人の巧打に触発されるように、1回、5回、6回、8回と合わせて7得点。パ・リーグ首位のホークスとがっぷり四つに組んだ力勝負で7対3、見事に勝ったという印象だった。

これで、交流戦は3カード連続の勝ち越し、ましてや相手がオリックス・バファローズ、東北楽天ゴールデンイーグルス、そして福岡ソフトバンクホークスと、現在パ・リーグの上位3チームだということに価値がある。それは、立浪ドラゴンズに底力がついてきた〝証し〟。最大6あった借金は2まで減って、3位まで1ゲーム差となった。ナイスゲーム！　よく走った！

2022.6.7

［ZOZOマリンスタジアム］

好投の小笠原慎之介を見殺し……12安打を放ちながら拙攻、一発に泣く

立浪監督のコメント

小笠原は2ストライクから甘いボールを打たれている。これは自分で克服していくしかない。（拙攻の打線には）チャンスでボール球を振って相手投手を助けないというところと、強振せずに、振り幅をもう少し考えて。

	1	2	3	4	5	6	7	8	9	計
中日	0	0	0	0	0	2	0	0	0	2
ロッテ	0	0	0	0	0	3	0	3	x	6

●小笠原（7試合3勝4敗）、田島－木下拓

【戦評】0対0のまま突入した6回表、4番ビシエドと8番鵜飼にタイムリーが出て、2点を先取する。しかしその裏にロッテの売り出し中の代打山口航輝に2死から3ランホームランを浴び、すぐさま逆転を許してしまう。12安打で2得点と拙攻が続いた打線も元気がなく、敵地6連戦の初戦を落としてしまった。

この日の小笠原慎之介は明らかに何かが違っていた。千葉のZOZOマリンスタジアムは、時おり吹く強風に加えて、降りしきる雨という最悪のコンディション。それでも、先発マウンドに立った時から、小笠原の表情には厳しさが漂っていた。それは漢字で書くならば2つの「覚」、〝自覚と覚悟〟なのかもしれない。火曜日に6連戦の最初の試合を任される重要な立場。小笠原が勝つことによって、チームの流れは明らかに良くなる。自らの使命を十分に認識して、それを球に込めていた。

しかしゲームは、2回表の無死満塁からの拙攻が痛かった。9番・三ツ俣大樹、そして1番・岡林勇希と、勝負強い打者が続いたが凡退。6回表には3番アリエル・マルティネスが二塁打で出塁すると、立浪和義監督は代走に俊足の髙松渡を送った。アリエルにはこの後も打席が回るはずだが勝負に出た。どうしても先取点が欲しかったのだろう。ここは得点に結びつくも、直後の回に代打・山口航輝の3ランで逆転されてしまった。アリエルの不在は7回の攻撃に影響した。1死三塁のチャンスで「3番」に回った。代走の髙松が入っていたが、代打に福留孝介。空振り三振に終わった。続く4番のダヤン・ビシエドも空振り三振。終わってみれば2対6の完敗。小笠原の好投は報われなかった。

2022.6.8

［ZOZOマリンスタジアム］

先発の鈴木博志が四球で自滅、苦手の印象が根強いロッテに残念な連敗

立浪監督のコメント

先発の鈴木は2点先制した後にヨーイドンでフォアボール。自滅ですよね。（屋外球場で苦戦傾向があり）そんな意識はないんですけど、いろんなミスは出やすいですよね。本拠地がドームなので、克服しないとね。

	1	2	3	4	5	6	7	8	9	計
中日	2	0	0	0	0	2	2	0	0	6
ロッテ	1	0	3	2	0	2	1	0	x	9

●鈴木（2試合0勝1敗）、藤嶋、山本、谷元、祖父江、マルク－木下拓

【戦評】初回にビシエドの2ランホームランが飛び出し幸先のいい出だしを切るも、先発の鈴木が制球難による乱調で3回に逆転を許し、結果4回途中6失点で降板。この日は打線が好調でロッテ投手陣に追いすがるも、中盤以降も小刻みに失点を重ねて敗北。連敗でカードの負け越しが決まってしまった。

ダヤン・ビシエドのホームランは、その多くが〝打った瞬間に分かる〟。初回に出た一発もまさにそんな当たりだった。内野安打で出塁した3番のアリエル・マルティネスを一塁において、左中間スタンドへ第7号の先制ホームラン。ベンチで出迎えた立浪和義監督のうれしそうな笑顔を見た時、「今日こそは勝つ」と期待した。ただ、2対0で初回の攻撃が終わった時、前夜も同じ点差で先制したけれど逆転されたと、嫌なことを思い出した。

予感を的中させてしまったのは、この日プロ2度目の先発マウンドに上がった鈴木博志だった。前回のオリックス・バファローズ戦では、球界のエースともいえる山本由伸と投げ合い、5回を無失点の好投。それに続く登板は、「先発・鈴木」にとっては試金石といえるものだった。しかし、味方が2点を先制してくれた直後の1回裏、いきなり先頭の高部瑛斗にフォアボール。続く2番のレオネス・マーティンにライト前ヒットを打たれて、その後またも四球も出して1点を返されてしまった。鈴木は3回裏には3点を奪われ、4回途中で降板。6失点6安打以上に、4つの四球が重い。立浪監督は、選手の弱気が大嫌いなはず。ゲームは6対9、せっかくパ・リーグ上位3チームに連続で勝ち越してきたのに、何とも嫌な連敗になってしまった。

2022.6.9

［ZOZOマリンスタジアム］

元同僚のロメロにやられた! 勝たなければならない試合を落とし痛い3連敗

立浪監督のコメント

ロメロは良かったが、点を取らなければ勝てない。松葉は7回途中までいってくれましたし、今後はどこの球場でも使っていきたい。3連敗したんで、反省しながら最後の3試合は勝ち越せるようにやっていきます。

	1	2	3	4	5	6	7	8	9	計
中日	0	0	0	0	0	0	0	0	0	0
ロッテ	0	1	0	0	0	0	1	0	x	2

●松葉(8試合3勝2敗)、清水、祖父江－木下拓

【戦評】ロッテの先発は2020年まで中日に在籍していた左腕のロメロ。中日時代は球威は光るもムラの多さが目につくタイプであったが、この日は別人のような快投を見せられ、8回無失点に抑えられてしまう。投手陣はロッテ打線を2失点に抑えたが打線が一点も奪えず、今季10度目の零封を喫してしまった。

ペナントレースはどんな試合でもドラゴンズに勝ってほしい。143試合で143勝してもらってもいいというのがファンの心情である。是非とも勝ちたい試合の他に、〝勝たなければならない〟試合がある。今日の千葉ロッテマリーンズ戦は、まさにそんな大切なゲームだった。ここまでパ・リーグ上位3球団に続けて勝ち越して、ZOZOマリンスタジアムに乗り込んできたものの、まさかの2連敗。どちらも先制した試合を逆転負けしただけに、よろしくない。3連敗だけは避けたい。

今シーズンは、開幕早々に横浜DeNAベイスターズに、そして5月後半に広島東洋カープに、それぞれ3タテされたが、同一カードの3連敗はショックも大きい上、それを取り戻すことも大変なのだ。ベイスターズ3連敗の後は、逆にそれに続くカープ3連戦に3連勝と、一気に回復させて勢いに乗ったが、連勝もそんなにできるものではない。さらに、連夜の逆転負けというこの悪いムードに終止符を打ちたい。

そして何より、勝たなければならない理由、ファンにとっては「負けてほしくない」最大の理由は、この日の相手の先発投手が、元ドラゴンズのエンニー・ロメロだったからである。

ロメロは2019年のシーズンからドラゴンズに在籍した左腕投手。与田剛監督の1年目に開幕から先発ローテーションに入って、シーズン8勝を挙げた。しかし、翌年のオープン戦で左肩の違和感を訴えると、治療のため米国へ帰って、現地で検査、そして手術を受けた。そのまま故郷のドミニカに残って、ドラゴンズのユニホームを再び着ることはなかった。その投球スタイルと同様に、何ともムラのありそうな事後対応だった。我々ドラゴンズファンは忘れかけていたところ、昨季2021年のシーズン途中で千葉ロッテマリーンズと契約して、日本に戻ってきた。そんなロメロと交流戦で戦う。

あくまでも長い間ファンとして応援してきた印象なのだが、ドラゴンズは〝元同僚〟を相手にした際、どこか優しいところがある。相手が投手なら抑えられ、打者なら打たれてしまう。ZOZOマリンスタジアムで大野雄大がロメロと再会のハグをしている写真を見たが、何とも複雑な思いがした。

ロメロがポンポンと気持ちよさそうに投げ込むボールに3回まではパーフェクト。4回以降はヒットは出るものの、すべて単打で、その後が続かない。業を煮やしたベンチは、4回そして6回のランナー一塁の場面でヒットエンドランを仕掛けたが、あろうことかいずれも打者は三振し、ランナーは盗塁失敗でゲッツー。応援していてもため息の連続だった。ロメロは来日後初めてという8イニングを投げて、5安打で無失点。お手上げだった。「ドラゴンズ選手はお人よしにもほどがある」と竜党仲間にメールしたら、「これが実力だろう」と厳しい言葉が返ってきた。こういう試合こそ、4番のダヤン・ビシエドあたりに一発ホームランがほしい。

ドラゴンズは「本拠地ドーム、5回限定」の松葉貴大が、敵地の屋外スタジアムで先発登板。7回途中まで投げて2失点だった。〝定時退社〟の男も、力強い成長を見せ始めた。そんな試合だっただけに、本当に悔しい一戦。0対2、今季10度目の完封負けだった。

長年のファンの立場から、どうしても「ロッテ」という球団に苦手意識を持ってしまう。1974年（昭和49年）そして2010年（平成22年）、2度の日本シリーズでいずれも敗れてきた。歴史を消し去ることはできないが、新たな歴史を加えることはできるはずだったのだが……。

「3連敗」「ロメロ」など、悲しいキーワードと共に、ドラゴンズは〝勝たなければならない〟大事な試合を落としてしまった。

2022.6.10

［札幌ドーム］

エース大野雄大を見殺し……点を取れずに延長11回にサヨナラ負け

立浪監督のコメント

大野雄は向こうが降りるまで投げる、という感じでした。9回までよく粘ってくれた。打つ方が頑張らないとね。（メンバー表交換時BIGBOSSの小道具使用に）彼のパフォーマンスですから、全然気にならないです。

	1	2	3	4	5	6	7	8	9	10	11	計
中日	0	0	0	0	0	0	1	0	0	0	0	1
日ハム	0	0	0	0	1	0	0	0	0	0	1x	2

大野雄、清水、●ロドリゲス（25試合2勝2敗）－木下拓

【戦評】1対1のまま延長戦に突入した11回裏、1死から清宮をセカンドゴロに打ち取るも、ここで阿部が痛恨の後逸。続く松本はサードゴロに打ち取るもランナーを二塁に進められ、続く谷内に前進守備の外野の頭を越される一打を放たれサヨナラ負け。延長戦で初黒星を喫し、チームは4連敗となった。

大野雄大の登板試合では、なぜか援護点が入らない。札幌ドームのこの試合もエースは孤立無援だった。千葉での3連敗という悪い流れを断ち切るべく、背番号「22」はマウンドに立った。先頭打者の上川畑大悟を、いきなり三振に切って取る上々の滑り出し。5回裏に2本の二塁打で1点を奪われたものの、その投球は熱を帯びていく。一方のファイターズ先発の上沢直之は、交流戦でドラゴンズは、5月の月間MVPに選ばれた勢いのある好投手。山本由伸、田中将大ら各チームのエースから勝ち星を挙げてきたはず。そんな期待に応えたのは、2020年に大野と共に最優秀バッテリー賞に選ばれた木下拓哉だった。7回表に同点となる三塁打。しかし後が続かなかった。大野の力投は続く。左こぶしを握り締めるガッツポーズも登場。9回134球を投げて5安打1失点。1対1のまま延長戦に入った。

ミスをした方が負ける。この語り尽くされた勝負の鉄則は、この日のドラゴンズに降りかかった。延長11回裏、マウンドにはジャリエル・ロドリゲス。セカンドの阿部寿樹が清宮幸太郎のゴロをトンネル。ツーアウトから谷内亮太の打球が、前進守備のセンター岡林勇希の頭を越した瞬間は、声を出すことも忘れていた。1対2でのサヨナラ負け。今季、延長戦での初めての敗戦となった。

2022.6.11

［札幌ドーム］

岡田俊哉は初回で降板、北の大地で10失点と大惨敗し最下位転落

立浪監督のコメント

（ストライクが入らなかった先発の岡田は）気持ちの問題だと思うので、クリアしてほしい。日本ハムの選手はギラギラと目を輝かせているが、うちの打者はチャンスでもピンチのようにやっていると感じることもある。

	1	2	3	4	5	6	7	8	9	計
中日	0	0	0	0	0	0	0	0	0	0
日ハム	3	0	0	0	3	0	3	1	x	10

●岡田（2試合0勝2敗）、藤嶋、山本、田島、谷元、マルク－桂、郡司

【戦評】中日の先発は岡田。なんとか結果を出したいマウンドだったが、初回から日本ハム打線に捕まり、いきなりの3失点。5回裏代わった田島の場面で2ランスクイズを決められるなど、ずるずると失点を重ねていき、打線も元気なく完敗。カード負け越しが決まり、チームは5連敗。単独最下位に沈んでしまった。

シーズンに何度かは、とんでもない負けゲームに出くわすことがある。まさにこの試合がそれだろう。先発マウンドには、ほぼ1カ月ぶりの岡田俊哉が上がった。しかし、先頭打者へのいきなりのフォアボールから始まり、初回早々に3失点。決して速い球があるわけではなく、コントロールで勝負する岡田にとって、この日の制球の乱れは致命的だった。岡田は1回で降板。ベンチも「3点が逆転の限度」と判断したのだろう。その後リリーフがファイターズ打線を0点に抑えていくが、4人目の田島慎二が1死二、三塁から、何と2ランスクイズを決められてしまった。2020年の右ひじ手術から復活してきた田島、その投球には鬼気迫るものが宿っていたが、残念な失点だった。ファーストのアリエル・マルティネスがバント処理をする間に、二塁走者も一気にホームイン。ゲームの勝敗は決まった。

試合後に立浪和義監督は「いいようにやられた」と語った。0対10の大敗。その通りなのだが、それ以上にファイターズの選手たちの元気のよさが印象に残った。かつて2006年、日本シリーズでファイターズに完敗したが、その時は、SHINJOという選手1人にやられた印象がある。そんな嫌な思い出がよみがえってきた大惨敗。ドラゴンズはリーグ最下位に転落してしまった。

2022.06.12

［札幌ドーム］

交流戦はまさかの6連敗で終戦、最下位は継続……柳でも勝てなかった

立浪監督のコメント

柳は踏ん張ってくれていたが、3試合1得点で勝つのは難しい。（リーグ戦再開に向け）孝介を下げて渡辺を上げます。次は本当に良くなれば上げる。あとは若い選手にアドバイスしてくれよと伝えました。

	1	2	3	4	5	6	7	8	9	計
中日	0	0	0	0	0	0	0	0	0	0
日ハム	0	0	1	0	0	1	0	0	x	2

●柳（11試合5勝4敗）－木下拓

【戦評】5連敗で迎えた交流戦最終戦。なんとか最後に一矢報いたい一戦であったが、やはりこの日も打線に元気がなく、終わってみれば7安打を放つも1点も取れずに敗北。柳は8回を投げ切るも完投負け。2試合連続無得点、3連戦1得点と打線の不振は深刻を極め、6連戦6連敗で交流戦を終えることとなった。

今季から突如札幌ドームに登場した「きつねダンス」。チアガールたちのその楽しげなパフォーマンスをテレビで見ながら、だんだん腹が立ってきた。今やYouTubeでも大人気の踊り。観客はもちろん、北海道日本ハムファイターズのベンチの選手たちも踊っている。おそらく、今年の流行語のひとつにも選ばれるのでは？　しかし、なぜドラゴンズの本拠地バンテリンドームナゴヤでは、こうしたアイデアが生まれてこないのだろう。「ドアラダンス」でも何でも作ればいい。

腹立ちの理由はもうひとつある。この日も点が入らないのだ。せめて初回から、ドラゴンズ打線がガンガン打って、先発の柳裕也を援護していたら、「きつねダンス」も心穏やかに見ることができるのに……。

セ・パ交流戦もこの日で終わる。すでに東京ヤクルトスワローズの交流戦優勝は決まっているが、ドラゴンズにとっては何とか連敗を止めて、交流戦を締めくくりたいところ。ここに来て、千葉ロッテマリーンズ、そして日本ハムファイターズと、パ・リーグの現時点Bクラスの2チームに勝てない。首位の福岡ソフトバンクホークスはじめ、Aクラス3チームすべてに勝ち越してきただけに、「まさか」という思いである。

「交流戦で初優勝も！」との夢さえ描いていたのに、負け越しも決まり、あろうことかリーグ最下位に転落している。だからこそ、柳には期待と共に、やってくれるはずという確信めいたものもあった。

その柳がマウンドに上がる前の1回表、先頭の大島洋平がレフト前にヒット。4月末の試合で足にデッドボールを受けて一軍を離脱。復帰してからも、なかなか調子の出なかった大島だが、ようやくコンスタントにヒットが出るようになってきた。大島には、ドラゴンズでは荒木雅博（現・一軍内野手兼走塁コーチ）に続く、2000本安打という目標があり、それはファンの楽しみでもある。年齢的にも、1試合でも1打席でも無駄にする時間はない。そんな大島が早々に出塁。柳に先取点をプレゼントしてほしい。そんな願いもむなしく、2番の三ツ俣大樹が送りバント失敗でダブルプレー。続くアリエル・マルティネスも凡退に終わり、柳は味方の得点ゼロのまま、マウンドに上がった。

そしてゼロのまま、マウンドを降りることになった。悔しい〝完投負け〟だった。

ランナーは出た。特に、2回のダヤン・ビシエド、5回の高橋周平、そして6回のアリエルと二塁打も多かった。しかし、打線がつながらない、線にならない。7安打で得点はゼロ。札幌ドームでの3試合、奪った点は1点のみ。これでは勝てという方が無理である。

5回表の攻撃前に、ベンチ前の円陣で波留敏夫打撃コーチが、聞いていてびっくりするほどの強い檄を飛ばしたことが印象的だった。しかし効果はなかった。2点リードされた9回表の攻撃中に、逆転を信じてベンチ前で投球練習をする背番号「17」。ゲームセットの瞬間、柳の胸に去来したものとは？　この姿に打線が応えなければ嘘だ。波留コーチの檄があまりに悲しく思われる。あんなことを言われて黙っている選手たちなのかと。

しかし反撃のムードもなきままに0対2で敗れ、注目の新監督対決はまさかの3連敗。交流戦は6連敗で締めくくることになり、借金も今季最多の「8」となった。

2022年の交流戦は、7勝11敗に終わった。最後の6連敗が痛かった。これがシーズンの致命傷にならなければいいのだが……。

明日から4日間はゲームがない。リーグ戦再開後は本拠地バンテリンドームナゴヤで、読売ジャイアンツ、東京ヤクルトスワローズという上位2球団を迎える、いきなりの正念場。立浪和義監督はどんな立て直しを図ってくるのだろうか？「きつねダンス」が何とも恨めしい。

TATSUNAMI
73
76
79
makita
東海東京証券

［証言①］

福留孝介

間近で目撃した〝立浪采配〟

福留孝介が、24年間の現役選手生活に別れを告げた時に着ていたユニホームが、ドラゴンズブルーであったこと。そして、その時の指揮官が、子供の頃からあこがれだった立浪和義監督であったこと。これは決して偶然ではない。〝野球の神様〟による必然だったと信じている。自らの引退試合で、最後の打席を終えた後、ベンチ前で立浪監督に声をかけられて、堰を切ったように涙を流した福留。首位打者2回、そしてMVPなど、竜の球団史にも、ファンの記憶にもその名を刻んだスター選手は、現役最後の1年を立浪監督とどう過ごし、どんな戦いの日々を送ったのか。ユニホームを脱いだ福留に、身近にいたからこそ分かる立浪采配の知られざる姿を率直に語ってもらった。

現役生活に別れを告げて

北辻　長きにわたった現役選手としての活躍、本当にお疲れ様でした。私たちドラゴンズファンにとって、福留さんは記録にも記憶にも残る竜戦士の1人でした。ユニホームを脱いで、何か生活は変わりましたか？

福留　それなりにいろいろと忙しく、大きく変わったかなっていう感じではないです。しかし、何かしなきゃいけないなとか、トレーニングしなきゃいけないないなとか、そういうことを一切思わなくなったことはあるでしょうね。何かサボってしまっているようで、悪いことをしている気分になりますね（笑）。だんだんそれに慣れていくのでしょうね。

立浪新監督を迎えた思い

北辻　2021年シーズンに阪神タイガースから中日ドラゴンズに戻って来て2年間活躍しました。ちょうど1年経った時に、与田剛監督が退任となり、立浪和義さんが新監督としてドラゴンズにやってきました。立浪さんが監督として戻ってくると、最初に聞いた時は、どんな思いでした？

福留　長くグラウンドから離れていらっしゃったので、やっと、この現場というか、そこに監督として戻ってこられるんだなあって、素直に思いましたね。

北辻　福留さんのバンテリンドームでの引退試合、そのセレモニーの時に、自身がスピーチでお話しされたように、立浪さんという存在に子供の頃から憧れていたエピソードは有名です。そういう意味からも、立浪さんのドラゴンズ監督就任は、とても感慨深かったと思うのですか？

福留　自分も現役時代にずっと一緒にやってきた方だったので、同じベンチでプレーをしている姿を見ていて、将来いずれドラゴンズの監督をやるんだろうなっていう思いは、ずっと持っていました。むしろ、ちょっと遅かったかなと思うぐらいの気持ちです。

入団の時にかけられた言葉

北辻 福留さんは、1999年に入団されて、その時、立浪和義選手はチームの中心選手。同じチームメートとして、立浪さんはどんな選手だと受け止めていましたか？

福留 僕の中ではやっぱり憧れの方だったので、そういう方と同じユニホームを着て、同じグラウンドでプレーするっていうことは、もう感無量というか、とにかくうれしかったですね。ドラゴンズに入団して最初に印象に残っている会話は、「よろしくお願いします！」と挨拶した時に、「待っとったぞ」って言われました。やっぱりうれしかったですね。

北辻 「待っとったぞ」ですか、いいひと言ですね！

福留 僕が高校生の時のドラフトで、他球団（当時の近鉄バファローズ）に指名されながらも入団せずに、3年間、社会人野球に行ったことも、もちろん

全部知ってらっしゃる。そういう意味で、この言葉をかけてもらった時は本当にうれしかったです。

チームを動かした立浪選手

北辻　監督としての立浪さんを語る前に、「選手・立浪和義」についてうかがいます。一緒にプレーした立浪さんは、どんな選手だったのですか?

福留　自らのプレーで引っ張るっていうか、選手全員が年上とか年下とか関係なく、一目置く選手というイメージですね。グラウンドでのプレーはもちろんそうですけど、発言力というものがものすごくあった方だった。僕が入った時はマサ(山本昌)さんだったり中村武志さんだったり、山﨑武司さんとか愛甲猛さんとか、そういう上の方々がいる中でも、立浪さんの発言が、ドラゴンズというチームを動かしているという実感はありましたね。

監督に復帰しての会話

北辻　そんな立浪さんが、いよいよ監督としてドラゴンズに戻ってきて、今度は監督と選手という立場で再会しました。その時はお2人の間でどんな会話があったのですか?

福留　前の年、21年の沖縄での春季キャンプに臨時コーチとして来られていたので、その時にグラウンドでちょっと話はしました。現場を離れて12年目、久しぶりにグラウンドに来ると、こちらから見ていて楽しそうっていうか、そんな会話はしましたね。「やっぱちょっと面白いな」「やっぱなかなか難しいな」とか、立浪さんが話していたのを覚えています。

その時は臨時コーチという立場でもあったので、まだ選手とは普通に軽くしゃべってという感じでしたが、今の監督という立場では、選手に近すぎても良くないでしょうし、今の若い選手たちのことを理解しなければいけないでしょうし、監督自身もそんな思いの中にいるのかなと思いました。

若手との世代間キャップ

北辻 立浪監督自身も、若い選手に積極的に話しかけたりしたとかおっしゃっていましたけど、福留さんが間近で見ていて、そのあたりの世代間ギャップってありましたか？

福留 僕自身は昨シーズンまで現役だったので、常に若い選手といろいろな話をしながら一緒にやれていましたけれど、監督やコーチという立場として久しぶりにチームの中に入ってくると、今の若い子たちが何を考えているのか理解するのに、すごく時間はかかったんじゃないのかなと思います。

北辻 そういう時に、立浪監督から福留さんに対して、自分と若い選手との間に入って「いろいろ頼むぞ」みたいなことはあったのですか？

福留 僕であったりとか、大島（洋平）であったりとか、そういう立場でしたね。特に、僕はＰＬ学園の後輩ということもありますし、そういう意味での気心はよく知れていたこともあって「孝介、ああいうことだから、ちょっと頼むぞ」ということは、何度かありましたね。立浪監督が現役の時の考えを知っていて、それに近いものを持っているって思ってもらえていたのか、監督と僕はそういう話をよくしました。

開幕スタメン起用の秘話

北辻 シーズンの戦いに話を移します。22年3月25日、東京ドームでの開幕戦、福留さんは「3番・レフト」で開幕スタメンでした。立浪監督は「今年は若手を使う」と宣言していて、実際に岡林勇希選手とか石川昂弥選手はスタメンだったのですが、そんな中でのベテランである福留さんの起用、事前にはどんな話があったんですか？

福留 沖縄での春季キャンプの終盤ぐらいですね。キャンプも調子自体はずっと悪くなかったので、練習を見ていた立浪監督から「開幕はスタメンで行くからそれに合わせて調整してくれ」っていう話がありました。「わかりました」と答えました。それだけです。

北辻　その時の受けとめ方、どんな思いだったのですか？　よしやるぞ！　なのか、淡々としていたのか。

福留　この年齢になって、それでも開幕スタメンで使ってもらえるっていう時点で、本当に「よしやるぞ！」っていうことも思いますし、そこに向けてしっかりと自分で調子を合わさなきゃいけないっていう責任感も出ました。いろんな気持ちはありましたけれど、でもやっぱり「よし、やってやろう」っていう思いがあったことと、それに向けて、とにかくケガをしないようにしなければならないという思い、この2点が頭に浮かびました。僕らの年代はそこでケガをすると、もう絶対に間に合わないですから。

北辻　私も、その開幕戦を東京ドームのスタンドで見守っていました。若手起用と言いながらも、福留孝介というベテラン選手を、あえて開幕戦でスタメン起用したという立浪采配に驚き、その意味するところを考えていました。開幕戦史上の最年長スタメン記録を塗り替えましたね。

福留　そういう意味で、本当に僕自身すごくうれしかったですし、感謝しています。でも、やっぱり選手である以上、その試合で監督の期待に応えられなかったっていうのは、僕の至らなさであって、立浪監督1年目の最初の試合でちょっとつまずいてしまったっていうことは、すごく責任を感じますよね。

若竜台頭のシーズン前半

北辻　福留さんの開幕戦はノーヒットでした。応援していた私たちファンもとても残念でした。しかし、その後も今度は代打という立場で、勝負どころのいいポイントで起用されていきましたね。

福留　立浪監督からも「ここ一番でしかいかないよ」と言われていました。そのつもりで準備しましたし、この世界は、そこで結果が出なければ自分で責任を取るだけだという、そこの腹づもりはもちろん持っていました。だから大事な場面だろうがなんだろうが、立浪監督に「行け！」と言われたら行くという、とにかくそういう感覚でした。

北辻 立浪監督自身も、現役時代の最後の頃は、主に代打としての出場でした。福留さんも同じような立場になって、私たちも球場のスタンドで「代打・福留孝介」が場内アナウンスされると興奮しました。

福留 やっぱり声援をもらうとうれしいし、立浪監督もご自身が代打の立場を経験されていたので、ここぞというタイミングということをすごく考えて下さり、自分を使っていただいた。僕自身、去年の1年間っていうのは、そういうやりがいも持ちながら、その一方で、それに応えられない自分の不甲斐なさを持ちながら、そんな感じでシーズンを送っていました。

北辻 22年シーズンの前半、福留さんが開幕スタメンの後に代打という立場になられた後、立浪監督は、岡林選手、石川選手そして鵜飼航丞選手ら若手を積極的に使ってきました。シーズン最初の頃、8回に逆転する「ミラクルエイト」いう言葉も登場するなど、新監督を迎えてのドラゴンズには勢いがありました。

福留 勢いというか、あの時は、使ってもらっている若い選手たちが、このタイミングでこんなに早い段階から使ってもらっているということを、やはり意気に感じてやっていましたね。勢いのいい時っていうのは何をしていてもうまくいくんです。若い選手がのっている時には、監督も気持ちよくやらせているという、そういう試合が多かったですね。

岡林選手へのアドバイス

北辻 そんな若い選手たちから、福留さん自身がアドバイス求められたこともあったのですよね。具体的に、どんな選手にどんなアドバイスをされましたか？

福留　それはいろいろなところでありましたね。岡林とかには外野の守備位置から始まって、こと細かにひとつずつ、ずーっと説明しながらやってきました。

北辻　岡林選手もライト、福留さんと同じ外野手としてのポジションでした。

福留　岡林は、自分がアドバイスをして、それを受けとめてこなせるだけのポテンシャルを持っている子でした。それぞれの選手に合わせて、「このレベルでは、ここまで言ってもまだ頭が混乱するな」ということもありました。相手のそういうことも考えながら、若い選手には話をするようにしていましたけどね。

北辻　シーズン最初の頃に、岡林選手が、若干打撃の調子が落ちた頃はどうだったのですか？

福留　あの頃はバッティングのことをどうのこうのって、僕はほとんど言わなかったですね。年間を通

して常に良い時は続かないし、必ず疲れてきてしまう。特に、22年に関しては、岡林はプロに入って初めてずっと出ずっぱりだったので、そういう意味ではこれもまたひとつの経験だから、調子が落ちた時にはどうしたら体調が戻ってくるのかっていうことを自分でもしっかりとよく考えて、この1年は過ごさなきゃダメだよっていう、話をしていました。

北辻 岡林選手は、シーズンを通して頑張りましたね。最多安打のタイトルも獲得しました。

福留 何度かへばってというところはありましたけど、その中でも、ああやって成績を残したということなのだから、やっぱりすごく頑張ったんじゃないですか。

石川離脱とチームの誤算

北辻 そんな若手の勢いがあったシーズン当初ですが、ちょっと失速し始めた頃と石川昂弥選手のケガによる離脱が重なります。交流戦の後半あたりからのチーム状況を、どうご覧になっていましたか？

福留 それに関しては、やっぱりそこで僕らベテランという立場の選手が、しっかりと踏ん張っていれば、あそこまでガタガタとなってしまうことはなかったのでしょう。若い選手につられてではないですけれど、中堅とかベテランっていうところも同じタイミングでみんなが調子を落としてしまった。そこはもったいないかなとは思いました。

北辻 福留さん自身も、開幕からずっとヒットが出なかった。5月の末に、シーズン初安打のツーベースヒットが出た時は「ようやく」という感じでしたか？

福留 ようやくっていうかね、「ああやっと出たな」っていう、そういう感覚ですよね。四球で塁に出たり、犠牲フライもあったりしたので、そこまでヒットが出てないっていう感覚もなかったんですけれど、それでもまあ「やっと出たかな」というところはありましたよね。本当であれば、チームの流れ的には、ここでヒットを打って決めたいっていうところも何度かあったので、その中での四球ということは、逆にもったいないなと思った時もありました。

二軍落ちへ監督からの言葉

北辻　交流戦が終わった後に、一軍を離れましたが、立浪監督からは二軍行きについて、どんな話がありましたか?

福留　もう1回調整し直して、その間に、ファームの若い選手をちょっと見てやってくれ、いろんなアドバイスしてやってくれという、そういう話はありました。

北辻　福留さんが身近にいてのアドバイス、ファームの若い選手にとっては、ものすごくありがたかったでしょうね。

福留　僕は逆に、細かいことをアドバイスするっていうことは、そんなにしないようにはしていましたけどね。

北辻　一方で、打者・福留孝介としては、絶対にまた一軍に上がってやるという思いもあったのでしょう?

福留　ありました。もちろん、それはありました。自分がユニホームを着てプレーしている以上、自分の状態をまず上げていくっていうのが大前提ですし。そういう中でも、僕がやっていることをファームにいる選手に見せる。だからこそ、そういう練習に関しては、一軍にいる時よりももっと必死にという思いでやっていましたね。実際に、若い子がどう感じていたかは、僕にはわからないですけど(笑)。

星野仙一監督を語る

北辻　監督論についてお聞きいたします。立浪和義という監督を語っていただく前に、これまで福留さんが出会った数々の監督たち。ドラゴンズでは、星野仙一さん、山田久志さん、落合博満さんの下でプレーしました。阪神タイガースでは和田豊さん、金本知憲さん、矢野燿大さん、さらにメジャーでも3球団でさまざま監督に出会ったと思います。プロ入りした時のドラゴンズの監督、星野仙一さんはどんな監督でしたか？

福留　ユニホームを着た時と脱いだ時のオンとオフの違いが印象的ですね。グラウンドに出たら上下関係なく、言い方は難しいのですが、昔ながらのスポ根（スポーツ根性もの）みたいな、そういうところを、僕は星野さんに教えてもらったような気がします。グラウンドでチャラチャラしてどうするんだっていう厳しさもありながら、ユニホームを脱いだ時は自分の父親みたいな優しさっていうのもあった。そういうところを星野さんにすごく教えてもらったと思いますね。

山田久志監督を語る

北辻　星野監督に続いてドラゴンズを率いた山田久志監督はどんな感じでしたか？

福留　山田監督はいろいろなことを考えている監督、本当にこと細かく色々と考えてらっしゃって、そんな中で、僕のバッティングを生かすという、その1点だけで外野手への転向となりました。これは山田監督の発案だった。静かなように見えますけれど、意外に星野さんにちょっと近いところ、急に熱くなるっていうところも持っている、そんな監督でしたね。

落合博満監督を語る

北辻　04年から8年間、ドラゴンズの黄金期を築いた落合博満監督はどんな監督でした？

福留　「野球っていうのはこうやれば勝つんですよ」っていうのは、僕は落合さんから教わったような気がしますね。難しく考えずに、「勝つためには、こういう風にやっていったら勝てるでしょ」っていう。選手に自分で考えさせるというか、落合監督って絶対に答えを言わない方だった。「答えを言わない」というとちょっと語弊がありますけれど、必ず選手に1

度は考えさせる時間を作るというものがあったように僕は思いますね。

北辻　広島東洋カープの前田智徳選手の打撃スタイルを参考にしようという落合監督との会話、2人の考えが一致したエピソードもありますね。

福留　前田さんのことは僕自身ずっと見ていたので、打撃フォームについて考えた時に、「前田さんみたいなのはどうなんですか?」って言ったら、落合さんが「あそこまでシンプルにいったらいいんじゃねえか」っていうね。必ずしも、もうちょっとこうしたらとか、この人の真似をしてみたらとか、そんな風に物事をはっきり言うことはなかったですね。

タイガースの3人の監督を語る

北辻　阪神タイガースでは3人の監督と一緒にプレーしました。最も印象深いのはどなたですか?

福留　金本監督と矢野監督っていうのは現役時代が重なっているので、同じグラウンドでプレーをしていた人っていうイメージでした。選手として一緒にやっていた時の印象を持ったまま、僕は2人の監督の下でやっていました。その意味では和田さんは別ですね。僕がメジャーから帰ってきて阪神タイガースを選んで日本でプレーすることになった時に、和田さんは、すごく我慢していただいた思い出があります。和田さんっていうのは我慢強いし、現役当時のプレーを見ているような、繋ぐ意識が強い。和田さんの細かい野球っていうのは、すごく好きでしたね。

メジャーの監督を語る

北辻　では、メジャー時代の監督はいかがですか?印象深い監督を1人あげるとすると?

福留　メジャーであれば、最初にシカゴ・カブスで一緒にやった、ルー・ピネラ監督ですね。

アメリカの練習スタイルとか、そういうものって、やっぱり日本とはまったく違うので、そういう中で、僕は自分が日本でやってきた練習をやっていた時に、ピネラ監督から言われたのは、「君はなぜそんなに練習をするんだ？ シーズンは長いのだから、試合で100パーセントのことができるように、練習をたくさんするのではなく休むことも必要だ」っていう言葉でした。「もう練習するな」って言われたこともありましたね（笑）。全然違う感覚なんだなあ、面白いなあと思ってやっていましたね。

北辻 そんな経験も将来、指導者になった時の財産になりますね。

福留 日本っていくらレギュラー選手であっても、ちょっと違うなと思った瞬間にすぐ外すとか、調子が悪くても、ここを乗り越えてもらわなきゃいけないっていうところがありますけど、アメリカは逆に「休んでリフレッシュして、次の試合を迎えてくれ」っていうスタイル。それを選手も納得している。日本だと、調子悪いからと監督が外したら「俺もう外される」「レギュラー外される」と思う選手が沢山いますけれど、向こうはそれがベテランだろうが若い選手だろうが、それを受け入れることができる。アメリカらしかったですね。

立浪和義監督を語る

北辻 これまで出会った監督について、福留さんなりの「監督論」を語っていただきましたが、それでは、立浪和義という監督は、福留さんが知っている数々の監督の中で、誰に似ていますか？

福留 監督はひとりひとり違っていて、誰かに似ているということはないですね（笑）。

北辻 では、そんな立浪監督の最初のシーズン、22年の監督の姿を振り返っていただきます。立浪監督の1年間の戦い、これをどのように分析されますか？

福留 大変だったんだろうなと思います。多分、監督の頭の中で描いていたことって、たくさんあったと思うんですよ。「こうやったら勝てる」「こうしていったら、選手がうまくなれる」ということを、おそらく監督は、頭の中でいっぱい考えられていたと思うんです。

しかし、自分が選手としてやっている時にはできるんですけど、逆にこれを人に伝えて、その人がやるとなった時に、その選手がうまく動かない、言っていることがうまく伝わらない、そんなことが多かったのでは。今の子たちの感情とか考え方とかっていうものを、立浪監督がつかむまでに、結構時間がかかったんじゃないかなと思います。そういう意味で、すごく大変な監督1年目だったのだろうなと。

間近で見た立浪監督の苦悩

北辻　チームを率いる立浪監督の大変さ、具体的にどんな場面で見られたのですか?

福留　監督の中で「もうちょっとこうしたらいいじゃん」と思って教えることでも、若い選手の理解が追いつかないとかはありましたね。昔の選手って1から10まで言われたら、1から10までそれを繰り返す、ずっとやり続けるということが普通でしたけれど、今の選手って、1から10のことを言っても、逆に自分で12、13、14と違うこともやってしまう。教えたことができて、次のことに進むのは構わないんですけど、言ったことがまだ完璧にできていないのに次に進んでいってしまうので、結局また同じことを言わなきゃいけなくなってしまう。そこで「なんでそれができないんだ」「なんで我慢できないんだろう」っていうのは、立浪監督もすごくあったと思う。逆に、選手よりも監督の方が我慢強くやらなきゃいけなかったシーズンだったのかもしれないですね。

北辻　立浪監督は、選手に対して、一生懸命コミュニケーションをとられていたという印象があります。ベンチでは、若手を自分の横に呼んで話をしたりした場面などをよく見ました。

福留　自分が1年間見ていた中では、立浪監督は野手よりも、ピッチャーの方にすごく気を使っていましたね。投手は自分がやったことがないポジションということもあると思うんですけれど、監督に声をかけていただいて、すごくリラックスしてやっている若い投手は多かったんじゃないですか。

立浪監督の「誤算」

北辻　1シーズン戦って、結果的には最下位でした。立浪監督にとっての最下位という成績、福留さんはどう受けとめていらっしゃるのでしょうか？

福留　誤算だったと思いますよ。「仕方ない」って思う部分もあったでしょうけれど、その中でもやっぱり誤算だったと思います。「いきなり優勝」と、多分そこまでは思っていなかったと思います。でも、やっぱりAクラスに入ること、そして選手がもっと伸びるということ、これについては「もう少し」と思っていたところはあると思います。そんな中で、（石川）昂弥がケガをするとか、期待した鵜飼（航丞）もケガなどでもうひとつというところとかもあった。京田（陽太）や（高橋）周平も、調子自体そんなに良くなかった。これも、監督の中では誤算だったと思います。

北辻　福留さんが名前を挙げた選手は、すべて野手でしたね。やはり打つ方、打撃陣であり野手たちが誤算だったということですか？

福留　投手に関しては、自分は投手ではないので、なかなか判断をしにくいですけれど、その中でも髙橋宏斗が出てきて、（小笠原）慎之介が2桁勝って、野手に比べれば、投手は出てきた方じゃないのかなとは思いますね。清水（達也）も出てきましたしね。後ろの2人（ジャリエル・ロドリゲスとライデル・マルティネス）がかっちりと決まっているっていうのは、おそらく12球団を探してもなかなかないことでしょう。

監督が感情を出した瞬間

北辻　誤算が多かった中、立浪監督は、感情を表に出すのか、淡々としているのか、ずっと身近で見ていていかがでしたか？

福留　感情を出す時もありましたよ、もちろん。逆に、出さなきゃいけないだろうなと思います。今の若い子たちに、監督自身が、自分は今こういう感じなんだっていうことを伝えないといけない。そう思った時には、おそらく出していたと思う。
1度、無得点で勝てなかった試合終わりに、選手ロッカーのところでミーティングが行われ、結構しっかりとした口調で強く言われました。けれど、それは言われて仕方のないことだろうなって思いながら、僕らは聞いていました。これが若い選手たちにどう響くのか、若い選手たちがこれを聞いてどう思うのかっていうのは、これからじゃないとわからないことですよね。

北辻　先ほどもおっしゃったのですが、若い選手の受け止め方、そして世代や時代の違いみたいなことでしょうか。

福留　22年のシーズンを通しては、岡林であったりとか、途中から土田（龍空）も出てきたりとかありました。監督が新しくなって「岡林スタメン」っていうのをある程度は頭には入れていた。それ以外の名前がなかなか出てこなかった。では若い選手が今度はどうしていくのか、おそらくシーズンが終わって、秋から冬になり、ひと冬を越えてというところを、監督も見ているんじゃないですかね。

根尾投手への期待と課題

北辻　ドラゴンズファンだけでなく、多くのプロ野球ファンが注目の根尾昂選手。外野手から内野手へ、さらに投手へと変わった時は、同じチームにいた福留さんは、どんな風に見ていましたか？

福留　かわいそうでした。どっちつかずになってしまうので、全部が。ちょっとかわいそうだなと思って見ていました。しかし、シーズン途中で「投手」と決まったので、これで昔から言われていた〝器用貧乏〟にならなくて済みます。投手もできて野手もできる、内野もできる外野もできる、何でもできるというのは、彼のポテンシャルからしたらもったいないし、器用貧乏になるっていうのも、とにかくもったいないなと思っていたので。そういう意味では、これでもう「投手」としてはっきり決まったから、そ

福留孝介氏と筆者

れに専念してやることによって、彼が持っているものは、十分に発揮できるんじゃないですか。

北辻　「投手・根尾昂」の可能性と今後の課題は何でしょうか？

福留　去年に関しては、まだ身体が野手でしたね。オフになって会いましたけど、少しずつ投手の身体にはなってきつつある。いよいよ投手として勝負しなきゃいけないですけれど、その中でもしっかり投手としての身体を作って、ケガをせず1年投げ切るっていうことが、まず第一じゃないですか。いきなり何勝しなさいとか、何勝するのを期待していますとかいうのは、やっぱりそうそう甘いもんじゃないんで。まずそこを第一にやってくれたら、その先も長くプレーヤーとしてできると思うし。そこで焦ってしまって中途半端になるとよくないと思うので。

北辻　かつて福留孝介少年が立浪和義選手に憧れたみたいに、根尾昂少年は福留さんに憧れていたと言っていました。今シーズンに向けて、何か言葉を交わされましたか？

福留　会った時には、とりあえず身体をしっかりと作って無理せずに1年間投げるということを、まず今年の目標にしてやった方がいいよっていう話はしました。

北辻　可能性としてはいかがですか？　根尾昂投手のプロ野球選手としての可能性は？

福留　持っているものも素晴らしいし、人間性もすごくいい子なんで、そういう意味でやっぱり伸びてほしいなと思いますね。

断行されたチーム大改革

北辻　新しいシーズンに向けて、22年のシーズンオフに多くの選手が自由契約であったりトレードであったり、ユニホームを脱ぎました。こんなたくさんの選手がドラゴンズブルーのユニホームを脱ぐことは久しぶりです。このチーム改革はどのように受けとめられていますか？

福留　Aクラスが1度あったとはいえ、ほとんどBクラスで、12年を最後にクライマックスシリーズにも出ていないチーム。多分、立浪監督の中にもこれに慣れるのは良くないっていう思いがあったのだと思うんです。（この状況では）新しく真っさらにしてもいいのがこの世界なのだよということを、若い選手たちに伝えるという意図もあったのだと思います。出ていく選手に対しては、まだまだ若いのだから、もう1回、違う環境で頑張れっていう叱咤激励的な意味もあると僕は思います。

　昔、星野さんが監督時代に同じようにやったけれど、こればかりは正解というものはないので難しい。チームが変わるので、外に出ていった選手の寿命が伸びるという可能性もありますし、同じような空気の中でずっとやっているよりも、新鮮な空気を吸うことによって劇的に変わる選手っているんです。今回トレードでチームを出た阿部寿樹であり、京田であり、そういう選手たちには、これをチャンスにして、なんかもっともっと長くやってほしいな、活躍してほしいなっていうのは、僕はすごく思いますね。

北辻 ある時期、ドラゴンズで縁があった選手たちですから、ファンとしても活躍してほしいし、応援したいなという気持ちもあります。

福留 その活躍する時期が、やはり1年、2年だけじゃなくてね。やっぱり、もうちょっと続くようにということができるように、このまま同じ空気を吸うのは違うんじゃないかと、立浪監督が考えられたんだと思いますよ。

ドラゴンズに足りないこと

北辻 いよいよ最下位からの逆襲に向けて、ここからは、これから評論家の道を進まれる福留孝介さんにうかがいます。今のドラゴンズには何が足りないですか？

福留 もちろん点を取らなきゃ勝てないっていうのもありますけど、まずやっぱり守らないと、しっかり「守ること」が大切だと思います。まず守備、やっぱり昨シーズン、二遊間があれだけ代わってしまっていては、なかなか勝てないですよね。そういう意味では二遊間をしっかりと固めて、「ピッチャーを含めた守りの野球」をもう1段階、上にあげないときついんじゃないでしょうか。

北辻 立浪監督は元々ショート出身だし、その後にセカンドも守りました。やはり二遊間に対するこだわりって立浪監督にはありますよね。

福留 抜けそうな打球を内野手が止めてくれるのか、抜けてしまうのかで、1点を相手に取られるか取られないかって出てきます。そういう意味では守りがしっかりしていれば、そうそう簡単には点は取られない。ドラゴンズの投手陣には、バンテリンドームナゴヤという広い球場があるし、まず「(ドラゴンズからは)簡単に点を取れないな。1点でもやってしまったら、ちょっとまずいな」っていう空気を相手が持ってくれるようになると、勝手にミスしてくれたりとかする。そうなると、相手のピッチャーにもプレッシャーがかかるし、その意味では、（打線が強いから）プレッシャーがかかるのではなく、1点もやれないと思わせることも、またひとつのプレッシャーになる。野球は、こちらが1点もやらなければ負けることはないので、やっぱりその意味で守りというのは大事なんです。その中で1点を取って、相手が慌ててまたミスが出れば次の2点目、3点目が生まれる。そういうふうにやっていくと、点が取れないのではなくて、勝手に点が取れるようになると思うんです。

外野の守備もそうですけれど、内野も含め、やっぱり選手たちみんなが「守る」ということへの意識をひとつ高く持たない限りは、上位への浮上はちょっと難しいでしょうね。

北辻　ドラゴンズは打つ方が足りないと言われていますけど、そうではなくて、まず守りからということですね。

福留　打つ方なんてこれだけ練習してるんですから、たまにバット振れば当たりますよ（笑）。だから、そこでやっぱり、どれだけ我慢して守れるかじゃないですか。

僕が現役の頃は、荒木雅博コーチも現役でセカンドを守っていて、井端弘和さんがショートにいて、あれだけ彼らが守っているから、相手に「もうどこに打っても捕られるな」と思わせる二遊間だった。外野には、僕やアレックス・オチョアとか強肩の選手がいた。「ヒット1本で本塁に帰れないな」と相手に思ってもらえることで、相手の動きはすべて止まっていくじゃないですか。

向こうのピッチャーが「1点もやれない」と思った時に、四球からチャンスをもらったりとか、ノーヒットで1点取れたりとかっていう、そういうことができる。その中で少しずつ打っていけば、またバッティングを覚えていく。今のドラゴンズは、打つことからではなく、守ることをもうちょっと意識しないといけないと思います。

立浪竜2年目はココに注目する！

北辻　23年シーズンのドラゴンズ、最も注目するポイントをひとつあげると何ですか？

福留 どういう布陣にして、どういう打順を組むのかなっていうのは、僕自身すごい楽しみです。内野と外野含めて。

北辻 福留さんは評論家として、どんな布陣をイメージされますか？

福留 （石川）昂弥のケガの状況とかもあるでしょうけれど、サードは（高橋）周平と昂弥で勝負でしょうね。ファーストがタンケ（ダヤン・ビシエド）か別の外国人なのか。セカンドがルーキーになるのか誰かが出てくるのか。外野に関しては、多分、岡林のセンターは決めているんじゃないですかね。そして、大島をレフト。ライトに鵜飼か別の誰なのかはわからないですけど。

北辻 新外国人の（アリスティデス）アキーノ外野手はいかがですか？

福留 こればっかりはやってみなきゃわからないので。肩が強いということは聞いていますけれど、肩が強いだけだったら。いくらでも選手はいるのでね。外野は岡林をセンターに入れて、センターラインを固定できるようになればいいのかなと思います。キャッチャーは誰か木下拓哉と争う選手が出てこないと。誰か木下をおびやかす選手がいると、安定するのかなと思います。そうすれば、ベンチも落ち着くでしょうしね。

投打のキーマン「髙橋と高橋」

北辻 投打のキーマンは誰になりそうですか？

福留 投げる方は髙橋宏斗が、今シーズンは中6日でローテーションにきちんと入って回れるのか、そして、1年間ケガなくできるかどうかです。去年は、間隔をあけての登板でしたから。あとはケガをした梅津（晃大）が復帰してくれると、もうひとつ大きいなあ。

打つ方は（高橋）周平でしょうね。周平がやってくれるか、やってくれないかによっては、だいぶ中身が変わっていくような気がします。（石川）昂弥もケガ明けなので、すぐにはなかなか難しいでしょうし。ホームランとまでは言わなくても、ある程度（外野の）間を抜ける長打を打ってくれる選手は誰かと考えると、周平かなと思いますね。

立浪采配への注文

北辻　立浪監督の2年目の采配に対して、評論家という立場で何か注文がありますか？

福留　1年目の22年シーズンについては、立浪監督もちょっと試している部分っていうのは多分あったと思います。今年は「しっかりと勝ちにいく」と言われているので、ここ一番でしっかりとバントを決めるなど、そういう確実な戦術というのは必ずやってくるでしょうし、ここ一番というところの思い切りの良さも出てくると思います。1年間やってきた分、ある程度この選手がこういうことができるっていうのを把握していると思うので、それに関して言えば、監督自身、迷いなく采配できるんじゃないでしょうか。

●

自らの現役生活最後の1年間を、ドラゴンズで立浪監督と共に戦った福留孝介氏。その証言は、チームにいたからこそ分かる多くの真実と、日米で活躍した一流プレーヤーだからこその深い洞察力が随所に散りばめられていた。そして何より、そこに貫かれていたものは、立浪和義監督へのリスペクト、そしてドラゴンズというチームへの溢（あふ）れんばかりの愛だった。竜の球団史の1ページにその名を刻む福留氏は、野球評論家としての新たな一歩を踏み出す。その視線は温かく、時に厳しく、2年目を迎える立浪竜を見守ることになる。

【証言①】福留孝介 間近で目撃した“立浪采配”

ふくどめ・こうすけ／1977年4月26日生まれ、鹿児島県出身。小学校4年生の時、春季キャンプで当時新人の立浪和義からバットとサインをもらったことがきっかけで、立浪選手に憧憬を抱く。後を追うようにPL学園高へ進学し、日本生命を経て中日ドラゴンズへ入団。首位打者2回、MVP1回など、数々のタイトルを獲得する。リーグ優勝やWBC日本代表の世界一に貢献してMLBでもプレーするなど長く活躍し、2022年に現役引退。

立浪戦記 2022 ［後編］

6月17日〜10月2日

［期間内成績］39勝40敗2分

2022.6.17

［バンテリンドーム ナゴヤ］

負けられないゲームはエース大野の熱投と阿部の激打で連敗止めた!

立浪監督のコメント

10日以上勝ってないと長く感じた。（連敗中）わいわい元気を出して前を向いてやろうということは打者陣に話した。大野雄は開幕のころと比べるとベース際のキレが良くなった。今日は素晴らしい投球してくれた。

	1	2	3	4	5	6	7	8	9	計
巨人	0	0	0	0	0	0	0	0	0	0
中日	0	0	0	0	0	0	0	2	x	2

○大野雄（12試合4勝5敗）、R・マルティネス（22試合0勝1敗16S）－木下拓

【戦評】リーグ戦再開の1戦目は、大野雄と菅野のエース対決で幕を開けた。闘志溢れる大野雄は巨人打線に打撃をさせず、8回のピンチも冷静に切り抜ける。裏の攻撃では阿部が2死二、三塁から渋くライト前に落とす殊勲打を放ち連敗脱出。8回被安打3、10奪三振の大野雄の力投が光る一戦となった。

セ・パ交流戦が終わり、つかの間の空白。5日ぶりのゲームとなった。この短い期間、ドラゴンズには2つの大きなニュースがあった。

ひとつは、福留孝介の二軍落ちである。ここまで22試合に出場、打席には29回立ったがわずか1安打。立浪和義監督は、東京ドームでの開幕戦に福留を「3番・レフト」でスタメン起用した。相手先発の菅野智之への相性の良さもあったと思うが、それ以上に今季〝ここ一番〟という場面での福留へかけられた期待、そんな〝檄〟の意味もあったのだろう。

しかし残念ながら期待通りにはいかなかった。指名打者制があった交流戦でもスタメン起用は1度もなし。交流戦を終えての二軍降格は、むしろ遅すぎた感がある。少ない打席数にもかかわらず今季11三振。背番号「9」の空振りが悲しかった。復活に向けて45歳のベテランが見せる意地に期待したい。

もうひとつは根尾昂の投手転向発表である。リーグ戦再開のこの日から選手登録は「投手」になった。

「根尾昂」という選手は、今のドラゴンズにとってはやはり〝特別な存在〟だということを証明したようなペナントレース中断中の5日間。連日〝根尾投手〟をめぐる報道は、

賛否両論にぎやかで、交流戦の最後にドラゴンズが6連敗したことなど、忘れ去られたかのようだった。外野手1本に決まればニュースになり、再びショートに戻ればニュースになり、投手かという動きが出れば「いよいよ二刀流か」とニュースになり、投手転向となれば初登板はいつかと注目される。

「投手・根尾昂」が成功か失敗かは今後のことだが、ここまで全国的に話題になる選手が、ドラゴンズにはいるのである。スター不在と言われ続けて久しいドラゴンズ、大切にしてほしい。それを一番理解しているのが立浪監督なのだろう。

さあプレーボールだ。絶対に負けられない試合の相手は読売ジャイアンツ。先発は大野雄大、そして相手の先発は菅野智之。両エースの対決は、3月25日の東京ドーム開幕戦以来である。大野が登板する試合、今シーズンは本当に点が入らない。この試合もまさにそうだった。そうした中でも勝つことがエースの宿命なのか。この日の大野はボールが走り、球の切れも良かった。それは序盤の5者連続三振が物語る。5月6日の阪神戦で10回2死までパーフェクトゲームをした時よりも、ひょっとしたら調子がいいかもしれない。

早いペースで試合は進む。大野にとってこの試合唯一ともいえたピンチは、8回表に訪れた。ツーアウトから2本のヒット、さらにフォアボールで2死満塁。巨人の代打は前の年にイースタン・リーグでホームラン11本を打った石川慎吾。祈るような思いで見守った。しかし大野は石川をあっさりと打ち取った。それも石川を完全に手玉に取っての3球三振。お見事!

ピンチの後にはチャンスあり。何ともベタな言葉だが、その裏ドラゴンズは1死二、三塁で打席には4番のダヤン・ビシエド。これまで何度裏切られてきたことだろう、それでも期待する。結果は空振り三振。ため息が漏れた。しかし、そのため息の余韻が残っていた中で、5番・阿部寿樹が、抑えのチアゴ・ビエイラの初球をライト前にクリーンヒット。そのきれいな弾道、それはエース大野の95球、10奪三振の力投に贈る見事なタイムリー2点打だった。試合は2対0で、最終回はライデル・マルティネスが締めた。

リーグ戦再開の日に最高のスタート。交流戦後半からの連敗もようやく6でストップ。この日から一軍に復帰して、8番・ショートに入った京田陽太にもヒットが出た。明日からも続くジャイアンツ戦へ、明るい展望が開けた勝利の夜になった。

2022.6.18

［バンテリンドーム ナゴヤ］

執念の立浪采配! 阿部がプロ初の4番、アリエルが劇的サヨナラヒット

立浪監督のコメント

9回表はピンチを招いたが、4番岡本を三振にとって流れがくるかな、と思っていた。（3番起用の鵜飼は）9回先頭の二塁打のようなものを期待して出した。ある程度は目をつぶって、覚悟して出しています。

	1	2	3	4	5	6	7	8	9	計
巨人	0	0	3	0	0	0	0	0	0	3
中日	1	1	0	0	0	1	0	0	1x	4

髙橋宏、藤嶋、清水、ロドリゲス、○R・マルティネス（23試合1勝1敗16S）－木下拓

【戦評】巨人先発アンドリースがアクシデントで早々に降板するも、中日打線は決定打を放てず残塁の山を築いてしまう。一方、中日先発の髙橋宏は悪いながらも要所で踏ん張りゲームメーク。最後は3番鵜飼、4番阿部がつなぎ、続くA・マルティネスが執念でセンター丸の前に打球を運びサヨナラ勝ち。

「勝つために妥協はしません」と、昨秋の就任記者会見で語った立浪和義監督。その力強い言葉は、シーズンここまでの戦いで、きちんと貫かれていると思う。この日もそうだった。

不調のダヤン・ビシエドが今季初めてのスタメン落ち。古傷の左肩痛が理由とは言うものの、前夜のゲーム、0対0で迎えた8回裏1死二、三塁の大チャンスでの空振り三振を目の当たりにしたファンにとっては、納得である。代わりに4番に入ったのは前夜のヒーロー、阿部寿樹だった。今シーズンはここまで、数々の場面で勝負強いバッティングを見せているだけに、当然といえば当然。そこに妥協はなかった。阿部は1回の1死一、三塁できっちりと犠牲フライを打ち、先制点を呼び込んだ。こういう堅実さも4番には求められる。

妥協しない立浪采配は、2対3と1点リードされて迎えた6回裏にも表れた。先頭の京田陽太がセンター前ヒットで出塁。「戦う顔をしていない」と二軍落ちした京田が、一軍スタメンに復帰して2戦目。最初の打席に続く、この日2本目のヒットだった。投手・藤嶋健人の打席で、この3連戦から一軍に上げた三好大倫が代打で起用される。こういう若手の〝即・起用〟は、今シーズンの立浪采配のいい

ところでもある。「調子がいいから一軍に上げた」のだから、その勢いのままに使わない手はない。しかし、京田が盗塁を決めると、わずか1球だけだった三好に「代打の代打」三ツ俣大樹を送った。記念すべきプロ初打席だった三好。しかしそこにも妥協はない。

バントの得意な三ツ俣は、きっちりと仕事をこなした。そして大島洋平の同点タイムリーへと結びついていった。この大島の一打は味のある巧打だった。指揮官が見せた勝利への執念。これがベンチ全体に伝播しないはずはない。9回裏のサヨナラ勝ちは、この「代打の代打」から伏線が引かれていたのだろう。

先発マウンドは髙橋宏斗。思えば、好調だったチームがつまずいたのは5月14日の同じ読売ジャイアンツ戦だった。これも同じ、土曜日のデーゲームで髙橋が先発だった。髙橋が好投して「勝った」と思った試合が、あろうことか中田翔の逆転満塁ホームランで打ち砕かれたあの日。今ふり返っても、ターニングポイントのひとつになるゲームではあった。

そしてこの日、同じ髙橋がマウンドに。この日はヒットを打たれ続けた印象、5回を投げて、よく3失点で留まったものだ。交代前の5回表も、いきなりの連打、さらに四球で1死満塁の局面となった。しかし、ここで交代させないのが立浪采配。髙橋宏斗という19歳の〝先を見据えて〟いるのだろう。ピンチをしのいでベンチに戻って交代した髙橋。その後、落合英二ヘッド兼投手コーチと2人で話し込む風景がテレビに映し出されたが、こうした一瞬一瞬が、髙橋の糧（かて）となっていくことだろう。

相手のジャイアンツは、明らかに投手の数が不足していた。初回に3番・鵜飼航丞の打球が足に直撃し、先発のマット・アンドリースが緊急降板。投手リレーに苦しむ巨人を尻目に、髙橋の後を受けて、藤嶋健人、清水達也、ジャリエル・ロドリゲス、そしてライデル・マルティネス、この4人が1回ずつをピシャリと抑えていくドラゴンズの投手陣。これもサヨナラ勝ちへの伏線だった。

3つ目の伏線があるならば、それは9回裏の先頭打者である鵜飼航丞の二塁打。三振も多い反面、こうした一撃を打てる打者である。この日の4番・阿部がヒットで続いた時、この試合の勝敗は決まったように思う。サヨナラヒットを打ち、歓喜の輪に包まれるアリエル・マルティネス。一生懸命に練習する選手が、結果を出すことはうれしい。

4対3で巨人に連勝。ここまできたら、一気に3タテを狙いたい。

2022.6.19

［バンテリンドーム ナゴヤ］

柳が打たれ、巨人に3連勝を逃す……9回まさかの根尾登板にドーム興奮

立浪監督のコメント

（7回4失点の柳は）再調整して次につなげてほしい。期待しています。（投手転向の根尾は）どんな状況でもストライクを先行できるのがいいところ。まだまだ課題はあるけど、極力投げて経験を積んでほしい。

	1	2	3	4	5	6	7	8	9	計
巨人	0	0	0	3	0	1	0	1	0	5
中日	0	0	0	1	0	0	0	0	2	3

●柳（12試合5勝5敗）、山本、谷元、根尾－木下拓

【戦評】柳は苦手巨人相手に踏ん張りきれず、7回4失点で降板。この日もビシエドを欠く打線は、アリエルの特大弾、高橋周の2ランで観客を沸かすも追いつくには至らず敗戦。9回2死4番岡本の場面で投手根尾が本拠地初登板を飾り、ドラゴンズファンのみならずレフトスタンドからも歓声が上がった。

名古屋市営地下鉄「ナゴヤドーム前矢田」駅からバンテリンドームナゴヤに向かう地下道、通称「ドラゴンズロード」。壁に貼られたとある写真に両手をついて、何か祈っているような若者の姿があった。近づいて見ると、それは柳裕也の大きな写真だった。この日の予告先発である柳。気温30度を超え、蒸し暑くなってきたコンコースを球場に向かって歩きながら、柳投手に思いを馳せた。巨人に3連勝を是非！

この日も立浪采配に、度々驚かされた。この日は三塁側の内野席での応援。ゲーム開始まで30分を切って、場内アナウンスがスタメンを発表する。「2番ライト・三好大倫」。驚いた。前日のプロ入り初打席が「1球で代打」を送られたため、打席に立ちながらもルール上の「初打席」は持ち越しとなった三好。こういう選手の思いを生かす采配は、さすが立浪和義監督である。

続くコールにはさらに驚いた。「3番レフト・郡司裕也」。曲がりなりにも、鵜飼航丞が前日2安打だっただけに、岡林勇希、そして鵜飼航丞のスタメン外には場内の空気もワサワサした。試合後立浪監督は「2人ともいつまでも、打率2割2、3分で試合に出られると思われても困る」と語ったが、こういう厳しさこそ、低迷を続けるドラゴンズが

生まれ変わるためには必要なのだろう。

5回裏、投手・柳裕也の打席にも驚いた。直前の打者、8番の京田陽太がワンアウトから右中間を抜く2ベースで出塁。本来ならば、1死二塁で柳には送りバントなのだろうが、柳はバントではなくスイング。確かに柳は投手の中でもバッティングがいい。二塁にいる京田の足を考えれば、柳が凡退しても、次の1番・大島洋平がヒットを打てば1点が入るという目算か。初回にも大島出塁の後、2番の三好に送りバントではなく強攻策でフライアウト。この5回も結局、柳はサードゴロに倒れて、大島も三振と無得点。この采配には、驚かされるのではなく、首をかしげることになった。

読売ジャイアンツ4番の岡本和真のホームランは素晴らしい当たりだった。それをきっかけに、柳は4回に3点を奪われた。その裏、ドラゴンズ5番のアリエル・マルティネスが打ったホームランも、岡本を上回る快音を残して、レフトスタンド上段に飛び込んだ。三塁側で見る左翼席へのホームランが好きだ。目の前を横切っていく弾道は、ボールの縫い目が見えるほどで、スローモーション的で美しい。この日のアリエルのホームランもきっと思い出に残る一発になるだろう。

しかし、この日の柳は、6回にも追加点を与えてしまう。8回からリリーフとして登板した山本拓実も1失点。1対5になった時、ひょっとしたら背番号「7」が、9回のマウンドに上がるのではないか？　と期待が湧き起こってきた。しかし、コールされたのは谷元圭介。この瞬間、ドームの席を立って球場を出た。

一緒に観戦していたのが大学時代の卓球部の先輩だったため〝反省会〟へ向かった。そのタクシーの中、運転手さんから「根尾が出てきて岡本を三振に取った」と聞いた瞬間の衝撃を、きっとこの先も忘れないだろう。

根尾昂が投手転向後の初登板、それも本拠地バンテリンドームナゴヤでの決定的な瞬間を見逃してしまった。まさか9回ツーアウト後に、根尾がマウンドに上がるとは誰が思っただろう。こんな立浪采配が待っているとは……。根尾は対峙したジャイアンツの4番・岡本を三振に切って取った。その裏には打席まで回ってきたが、ここは三振。ゲームは3対5で敗れた。

根尾投手を見ることができたことによって、満足して家路についたファンも多かったことだろう。しかし、勝負は勝たなければならない。3連勝か2勝1敗か、この違いは大きい。ドラゴンズの借金は再び7に逆戻りしてしまった。

2022.06.21

［バンテリンドーム ナゴヤ］

小笠原が圧巻の粘投！首位ヤクルト相手に延長10回サヨナラ勝ち

立浪監督のコメント

小笠原は9回に行かせるか迷うぐらい良い投球だった。今後必ず勝ちがついてくると思う。（10回三ツ俣には）追い込まれるまで直球か変化球かどちらか絞って思い切りいけと。素晴らしい当たりだった。

	1	2	3	4	5	6	7	8	9	10	計
ヤクルト	0	0	1	0	0	0	0	0	0	0	1
中日	0	0	0	0	0	0	0	1	0	1x	2

小笠原、R・マルティネス、○ロドリゲス（27試合3勝2敗）－木下拓

【戦評】ビシエドが左肩炎症で登録抹消となってしまい、暗雲立ち込める雰囲気の中始まった前年覇者ヤクルトとの一戦。1点を追う8回裏、代打溝脇の併殺崩れの間に高松の好走塁で1点を挙げ、同点とする。10回には溝脇らがつないだ二死満塁の絶好機を三ツ俣が決めてサヨナラ。控え選手が躍動し勝負を決めた。

ヒリヒリするような投手戦の結末は、心が熱くなるようなサヨナラ勝ちだった。

読売ジャイアンツに続いて、本拠地・バンテリンドームナゴヤに迎えたのは、セ・リーグ首位をひた走る、21年日本一に輝いた東京ヤクルトスワローズ。交流戦優勝の勢いそのままに、8連勝で名古屋に乗り込んできた。今季ここまでの対戦成績は、ドラゴンズだけが勝ち越しているとはいえ、手強い相手だ。

さらに、試合の前に、これまでほとんどの試合で4番を打ってきたダヤン・ビシエドが登録抹消となった。古傷の左肩痛というのが理由だが、ここまで併殺打10などなかなかチャンスに打てなかっただけに、このタイミングで一拍置くという意味合いもあるのかもしれない。真面目な選手だけに、今後4番に戻るかどうかは別として、早めの復帰を待ちたい。

ドラゴンズ・小笠原慎之介、スワローズ・小川泰弘、両先発投手の投げ合いは、実に見応えがあった。小笠原は、初回からマウンドに向かう空気感が違っていた。それを〝自覚〟と表現してもいいのかもしれないが、大野雄大、そして柳裕也に続く〝第3の先発〟として、長いイニングを投げなければならないという〝使命感〟でもあるのだろう。内

角へもビシビシ投げ込む気迫は、時おりの雄叫びにも表れていた。3回表に先頭のホセ・オスナにソロホームランを許した以外は、首位の打線を見事に抑えた。7回にはリーグ本塁打王の村上宗隆からの攻撃を三者三振、圧巻の投球だった。

しかし、それを上回っていたのが相手投手の小川。初回の先頭打者・大島洋平のヒットの後、2本目の安打は8回裏。送りバントを失敗した後の木下拓哉のライト前ヒットまで、ドラゴンズ打線を封じ込めた。

0対1、このまま完封で抑えられてしまうのかと思った時に、今シーズン、とてもうれしいフレーズとなった「ミラクルエイト」が浮かび上がってきた。無死一、三塁の場面で、代打・溝脇隼人のダブルプレー崩れによって1点を取り同点。よく追いついた。

そして、この場面で生きたのが代走の髙松渡だった。スワローズ内野陣は得点を許すまじと、かなりの前進守備を取ったが、見事にホームに帰ってきた。髙松は昨シーズン、度々スタメンでも起用されたが、ここぞという時の代走に、髙松のような韋駄天がいることが、本当に心強い。まさに切り札の1枚である。

こうなると、竜自慢のリリーフ陣が力を発揮する。9回はライデル・マルティネス、10回はジャリエル・ロドリゲスと、いつもとは逆の順番でマウンドに上がり、0を並べた。10回裏にワンアウトから、この日4番に入ったアリエル・マルティネスがセンター前ヒットで出塁。その後2死一、二塁になってから登場した2人、溝脇隼人と三ツ俣大樹が頑張った。

スタメンに復帰した京田陽太が不在の間、ショートのポジションを争った2人。何だか、やってくれそうな予感が湧き起こる。

まずは溝脇がライト前へクリーンヒット。足の速いランナーなら一気にホームインの場面だったが、アリエルは三塁ストップ。しかし、続く代打の三ツ俣が渾身の一撃をレフト前に放って、ゲームは決着した。溝脇も三ツ俣も、スタメンでも代打でも守備固めでも、着実に与えられた役割を果たしてきた。その延長戦上に、サヨナラゲームの立て役者という晴れ舞台が待っていた。

2対1、今季5度目のサヨナラ勝ちは、首位スワローズの連勝を止める重い1勝になった。こういう戦いを続けていれば、上昇の時は遠くないはず。今季ここまでのペナントレースの中でも、素晴らしい、そして記憶に残るナイスゲームの1つだった。

2022.6.22

［バンテリンドーム ナゴヤ］

祖父江と福の継投失敗、根尾は圧巻のリリーフ見せるも残念な負け

立浪監督のコメント

走塁も含めて反省点の多い試合でした。根尾は真っすぐも伸びていましたし変化球で空振りが取れるというのも大きい。戦力になると思っています。今は25〜30球という目安があるが、今後も経験を積ませたい。

	1	2	3	4	5	6	7	8	9	計
ヤクルト	3	0	0	0	0	2	2	0	0	7
中日	0	1	0	0	2	0	0	0	0	3

松葉、●祖父江（22試合2勝3敗）、藤嶋、福、根尾、谷元－木下拓、桂

【戦評】2点差を追う5回、ヤクルト先発の原から同点に追いつくも、京田や岡林の走塁ミスで流れを掴みきれず前半戦を終える。悪い流れとなった6回、7回と連続でヤクルト打線に得点を許し、そのまま敗戦。根尾が8回表から登板し、自己最速を更新する152kmをマーク。最後にファンを沸かせた。

バンテリンドームナゴヤには、前夜の劇的なサヨナラ勝ちの熱が残っていた。先発の松葉貴大が初回にいきなり3点を奪われたが、それでも5回までに3点を取り返して同点に追いついた。6回1死から登板した右腕の祖父江大輔が誤算だった。左腕の松葉が4番・村上宗隆を抑えてバトンを渡したが、祖父江がホセ・オスナにセンター前にヒットを打たれて流れが変わった。4年目の若手、濱田太貴にレフトスタンドへ目の覚めるようなホームランを打たれた。追いついた直後の再びの2点差は痛かった。その後、福敬登も打たれてさらに失点を重ねた。

そんな嫌なムードを一気に打ち消したのが、背番号「7」だった。8回に「ピッチャー・根尾昂」がコールされた瞬間、球場には大歓声が沸き起こった。4点リードされた場面での登板とはいえ、この日の根尾の投球は見事だった。好調の先頭打者、塩見泰隆との対決では、初球に自己最速の152キロを記録。わずか9球で三者凡退に抑えた。根尾はグラウンドに登場しただけで、空気を変える貴重な選手である。何より、打者に向かう姿勢、そこには「抑えてやる！」という強い意志があふれている。ゲームはそのまま3対7で敗れたが、根尾の投球をベンチで見守る立浪和義監督の顔に、ちょっぴり笑みすら見られたような気がした。

2022.6.23
［バンテリンドーム ナゴヤ］

村上の連弾によってスワローズに惨敗、早くも自力優勝が消えた

立浪監督のコメント

（村上に2本塁打）初回に満塁ホームランを打たれたら乗せてしまう。（今季これまで本拠地で4被弾に）インサイドが効いている時は抑えられているが、だいたい長打になっているのは低め。対角線を意識させていきたい。

	1	2	3	4	5	6	7	8	9	計
ヤクルト	4	0	0	3	0	0	1	2	0	10
中日	0	0	0	0	0	0	0	0	0	0

●岡野（4試合1勝3敗）、山本、谷元、祖父江、福－木下拓、桂

【戦評】先発の岡野が初回から4番村上に満塁ホームランを献上し、そのまま失点を重ねてゲームセット。不振の山田に3打点、バンテリンを得意とする村上は5打数4安打2HR6打点と、ヤクルトの主軸にいいように打たれてしまった。借金8のチームは最下位に逆戻り。開幕から3カ月弱で自力優勝消滅となった。

長いシーズン、どうしようもないひどい試合もある。この言葉をつい最近も口にしたような気がする。しかしこの２０２２年シーズン、そんな大敗が多すぎないだろうか？

「投手・根尾」の一軍初登板が話題となった5月21日の広島東洋カープ戦は１対10、前日に球界のエース山本由伸を攻略した勢いを帳消しにするかのような先発柳裕也の乱調で、ＫＯされた5月29日のオリックス・バファローズ戦は０対８。貧打が深刻を極めておりセ・リーグ最下位に沈んだ6月11日の北海道日本ハムファイターズ戦は０対10だった。そしてその悲しい系譜に、新たな試合が加わった。

東京ヤクルトスワローズとの３戦目、先発は久しぶりの岡野祐一郎。いいピッチングをするのだが、立ち上がりが課題の投手である。21年シーズンのセ・パ交流戦で、埼玉西武ライオンズに先制攻撃された記憶がつい蘇る。この日もいきなり先頭の塩見泰隆に二塁打、続く山崎晃大朗にライト前ヒット、３番の山田哲人にデッドボールで無死満塁。そして迎えるは、現時点リーグの本塁打王である４番・村上宗隆。この日、スワローズの球団記録に並ぶ３３１試合連続の４番先発出場を果たした。

そんな４番のバットが一閃。フルカウントから岡野が投じたボールは、あっという間にライトスタンドに叩き込ま

れた。これまたあっという間に0対4。この直後、ドラゴンズファンの仲間から、テレビ観戦をやめたとメールが届いた。まだ18時台、夏至からまだ2日、外は十分に明るいのに……。

先発投手が早々に崩れると、ゲームは雪崩をうって、さらに崩れていく。岡野は足に違和感を訴えて、4回途中でマウンドを降りた。緊急リリーフした山本拓実も、満塁のピンチから3番・山田哲人に走者一掃の二塁打を打たれて、0対7。続く3人目の谷元圭介も1点を取られて、0対8から登板したのは祖父江大輔だった。

前夜のゲームで手痛い決勝ホームランを打たれた祖父江。シーズン当初は〝勝利の方程式〟の一角だったのだが、このところピリッとしない。大差でのリリーフ登板は、前夜の嫌なイメージを少しでも払拭させようというベンチの配慮だったのだろうが、立ちはだかったのは再び村上だった。

この日はここまで初回の満塁ホームラン、ヒット、二塁打と打ってきて、あと三塁打が出ればサイクルヒットという打席だったのだが、三塁打どころか、打球は悠々とフェンスを越えていった。この日2本目、脱帽という他なし。実に見事な力強いホームランだった。こういう4番打者がいるチームがうらやましい。祖父江は連日の被弾となった。

終わってみれば0対10の惨敗。リーグ戦の再開後に、いきなり読売ジャイアンツに連勝し、さらにスワローズとの1戦目もサヨナラ勝ちとムードは高まっていたのに、これでスワローズに負け越して、交流戦後再開されたリーグ戦は3勝3敗になった。この6試合が本拠地バンテリンドームナゴヤでの戦いだっただけに残念である。さらにその前に8つの負け越しがあり、結局それも減っていない。

この敗戦によって、ドラゴンズの自力優勝がなくなった。21年シーズンは8月13日だったので、それよりもかなり早い。ここ10年間でも6月の自力優勝消滅はない。もちろん、今後の展開によって優勝の可能性は復活する。しかし、まだ梅雨明けすらしていない時期にこんな状況になったことが淋しくてたまらない。立浪和義監督も「来てくれたお客さんに申し訳ない」と本拠地での悲しい現実に、素直に頭を下げた。

この日は、太平洋戦争で沖縄での戦いが終わった「沖縄慰霊の日」。沖縄県にとっての重い〝終戦の日〟なのだが、いくら春季キャンプを沖縄でやっているとはいえ、それに合わせる必要はない。キャンプ地である北谷町や読谷村の人たちも、「今年こそは！」と竜にエールを送り続けている。明日から甲子園で出直しだ！

2022.6.24

［阪神甲子園球場］

左打者ズラリ、そして大島の本盗……大胆策も奇策も実らず競り負ける

立浪監督のコメント

防御率1点台の青柳から4点取れたのは非常によかった。(8回に決勝打を浴びた清水は)打たれることはある。2ボールにしたのがやられてしまった原因かな。2死なのでもうひとつ開き直ってほしかった。

	1	2	3	4	5	6	7	8	9	計
中日	0	0	2	0	0	0	0	2	0	4
阪神	0	2	0	0	0	2	0	2	x	6

大野雄、藤嶋、●清水（27試合3勝2敗）－木下拓

【戦評】苦手とする青柳対策に、4番に座った捕手の木下拓以外は全員左打者を並べて臨んだ一戦。2点ビハインドの8回、代打三ツ俣のタイムリーで同点に追いつくも、裏に清水が阪神打線に捕まり競り負ける。チームは借金を重ね、今季ワーストの9を計上。これで屋外球場では8連敗となった。

甲子園に舞台を移しての3連戦。ドラゴンズの先発はエース大野雄大、そして相手の先発はこちらも現時点、防御率も勝利数もリーグトップの青柳晃洋。この試合、立浪和義監督は大きく動いた。スタメンが発表された時、「ここまでやるか」と驚いた。キャッチャーの木下拓哉以外、すべて左打者を並べたのである。それは右のサイドスロー青柳から簡単には点が奪えないという分析に立っての戦略でもあるが、一方でなかなか低迷から抜け出すことができないチームを鼓舞する大胆な奇策でもあった。

立浪采配の大胆さは、初回の攻撃から現れた。大島洋平のホームスチールである。2死で三塁にいた大島は、一瞬のスキを狙ってホームベースめざして一直線。残念ながら本塁タッチアウトとなったが、どうしても点がほしいという立浪監督の切実な思いの表れだった。そんな指揮官の決意を受けて、ゲームは2点を取り合う接戦になった。

この試合の大胆な策としてもうひとつ、木下の4番起用があった。キャッチャーが竜の4番に座るのは実に20年ぶり、2002年の谷繁元信さん以来のことだ。しかし、3打数ノーヒット。皮肉にもその木下が最後の打者になって、4対6で競い負け。借金は今季最大の9になった。何より、エース大野で勝てなかったことが痛かった。

2022.6.25

［阪神甲子園球場］

先発の福谷が炎上！甲子園の雨中対決は10失点の惨敗で最下位へ

立浪監督のコメント

（先発福谷の乱調に）攻めた結果だと思うんですけれど、勝負球が真ん中にいく。警戒しないといけないところでも真ん中付近。真ん中付近のボールは芯で捉えたらヒットコースへ飛ぶように野球はなっている。

	1	2	3	4	5	6	7	8	9	計
中日	0	0	0	0	0	0	0	0	0	0
阪神	1	3	1	4	0	1	0	0	x	10

●福谷（5試合1勝3敗）、福、根尾、森、山本－木下拓、桂

【戦評】先発の福谷は雨天中断や拙守が絡む不運なども重なり、4回9失点でKOされてしまう。なんとか反撃したい打線も8回まで毎回安打、9回まで毎回出塁するも本塁は遠く、1点も奪えず惨敗。チームは黒星を重ねてついに借金は2桁に到達。3位広島とのゲーム差は4.5と広がってしまった。

つい2日前に大惨敗の試合を見せられたが、まさかこんな短期間に同じ屈辱を味わうことになろうとは……。スコアも同じ0対10。日本列島は真夏のような熱波に襲われたが、応援するこちらまで腹立たしさで熱くなる。

先発は福谷浩司。1カ月半にわたって、ファームで調整をしてきた。セルフコントロールに長けている投手だけに、前回からどんな点を修正してきたか、楽しみな登板だった。しかし、雨模様の天候が何かを狂わせたのだろうか。初回にマウンドの土の再整備を求めた福谷は、2死満塁から先取点を献上した。2回は雨によって30分近い中断、この〝水入り〟は福谷にとって凶と出た。さらに3点を奪われて、4回9失点でマウンドを降りた。

甲子園が大いに沸いたのは6回裏、場内に「ピッチャー・根尾昂」がアナウンスされた。かつて甲子園を愛し、甲子園に愛された大阪桐蔭高の球児が〝聖地〟の一軍マウンドに帰ってきた。しかし、大歓声には複雑な思いだった。得点は0対9、タイガースファンにとっては勝敗に関係なく「投手・根尾昂」の登板を見る余裕があるのだろう。それが悔しい。勝ち試合での登板で、ブーイングを受けてほしいとさえ思った。根尾投手も1点を奪われて10失点。甲子園の雨は夏でも冷たく、最下位の竜ナインに降り注いだ。

2022.6.26
［阪神甲子園球場］

柳で勝てると思ったゲームもまさかのサヨナラ負け、甲子園3連敗に泣く

立浪監督のコメント

8回ロドリゲスが失点したが、勝ちパターンでいって最後にやられる分にはしょうがない。反省して切り替えてまたやるしかない。木下拓は腰痛で外した。名古屋から出られるように、球場で治療してから帰りました。

	1	2	3	4	5	6	7	8	9	10	11	計
中日	0	0	0	3	1	0	1	0	0	0	0	5
阪神	3	0	0	0	0	0	0	2	0	0	1x	6

柳、ロドリゲス、清水、藤嶋、●福（13試合0勝2敗）、山本－石橋

【戦評】先発の柳はこの日も初回に捕まり3失点するも、以後修正し7回まで無失点で切り抜ける。打線は7回まで5点を奪い柳は勝利投手の権利を手にしてマウンドを託すも、この日は中継ぎ陣が捕まり逆転負け。試合後、コロナ離脱を除いて一軍帯同を続けてきたルーキー鵜飼の二軍降格が発表された。

ナゴヤ球場近くにある筆者の実家の父親は、筋金入りのドラゴンズファンである。大エース杉下茂や初代ミスター・ドラゴンズの西沢道夫の現役時代も、そのプレーを目の当たりにして応援してきた。日曜日の昼下がり、所用があって電話したのだが、用件が終わるか終わらないかの内に、ドラゴンズの話になった。

怒っている、89歳が怒っている。

父が最も強く語ったのは「やっぱり野球というものは強打者、4番が勝負だ」。ここまで4番打者が打てていないドラゴンズ。村上宗隆だの岡本和真だの牧秀悟だの、ライバルチームの4番打者の名前を挙げながら〝ないものねだり〟の時間が過ぎた。電話を切って2時間ほど後、先発の柳裕也が初回に5安打を浴びて3点を失っていた。「今日は勝っておかないとね」と、ついさっき父にかけた言葉がやけにむなしい。

甲子園での阪神タイガースとの3戦目、初回に柳が3点を先制された時、何だか最初に点を取られることに慣れかけている自分を感じた。もっというと、まだ3点でよかった。実際、柳はその後、見事に立ち直っていく。その軌道修正能力は、さすが大野雄大と並んで、竜の先発2本柱だけのことはある。

この日は、正捕手の木下拓哉が腰痛のため欠場して、急きょ二軍から呼ばれた石橋康太がマスクをかぶってバッテリーを組んだ。5月に木下が新型コロナウイルスに感染した際には、柳と石橋のバッテリーで勝利もしている。回を追うごとに調子も上がり、タイガース打線のゼロ行進が続いた。

その間に打線も頑張った。4回表にアリエル・マルティネスの目の覚めるようなレフト前タイムリーで1点を返すと、勢いそのままに高橋周平の2点タイムリーで同点に追いついた。さらに5回表には大島洋平の二塁打を足がかりに1点を挙げて逆転、7回表にも岡林勇希のタイムリーで1点を追加して5対3となった。柳がさらに頑張って7回裏をゼロに抑えた時点で、今日は勝ったと思った。しかし、勝てなかった。

4人の投手で培ってきた〝勝利の方程式〟、その一員である祖父江大輔が二軍調整に回り、残るは清水達也、ジャリエル・ロドリゲス、そしてライデル・マルティネスの3人。8回と9回の2イニングを抑えることは十分に可能とみた。しかし、8回にジャリエルが打たれて同点に追いつかれた。

シーズン最初の頃は、絶対的な安定感を持っていた背番号「29」も、このところ時おり打たれるようになった。逆転まで許していないからギリギリでセーフなのかもしれないが、借金10のチームにとって、引き分けで終わる試合は負けにも等しい。勝利が欲しいのである。それでも5対5で延長戦に入った時も、今日は勝ってくれると信じていたのだが……。

この日は、ケアレスミスが相次いでいた。3回に無死一、二塁から柳の送りバントで、二塁ランナー・高橋周平のスタートが遅れて三塁で刺された。延長11回一死一塁の場面では、キャッチャーの石橋が三振ゲッツーを狙って二塁への送球ミス、これがサヨナラ負けの1点へと結びついてしまった。

連敗中、それも長く続くと、思わぬことがいろいろ起きて、それが敗因に結びついてしまうことは〝常〟である。だからこそ、細心の注意を払ってプレーをしていかなければならない。5対6でサヨナラ負け。借金はさらに増えて11になった。

そんな敗戦を噛みしめながら、あらためて思った。本来ならば、今日の試合は5対3で勝っていたはず、そんなスキのないドラゴンズ野球を早く取り戻してほしい。

この甲子園での3連敗はあまりに痛すぎる。

2022.6.28

［荘内銀行・日新製薬スタジアムやまがた］

みちのくシリーズで巨人に完敗、シーズン折り返しの試合で6連敗、借金12

立浪監督のコメント

（巨人左翼ウォーカーの送球に刺されたが）ウォーカーのところは回すと決めている。行けるところはどんどん積極的にいくスタイルは変わらないです。（手術の石川昂は）完治して再起を目指すための判断です。

	1	2	3	4	5	6	7	8	9	計
中日	0	0	1	0	0	1	0	0	0	2
巨人	1	0	0	0	2	0	3	0	x	6

●小笠原（9試合3勝5敗）、清水、福、谷元－石橋

【戦評】石川昂の手術が決まり、来夏ごろまでの離脱が濃厚となり迎えた一戦。先発小笠原は地方球場のマウンドに苦しみ4与四球ながらも粘りを見せる。しかし本塁憤死を2度するなど、今日も打線にあと一本が出ず敗北。6連敗で借金12。屋外球場11連敗と、チームから勢いは完全に失われてしまった。

連敗中の重苦しさと共に、ゲームを迎える気持ちが何とも暗い。それは試合前に届いた残念なニュースによるものだった。石川昂弥が痛めた左ひざの手術をすることになった。左膝前十字靱帯不全損傷という重傷だった。思えば、石川の離脱が今季の立浪ドラゴンズの〝負の転換点〟だった。生まれ変わろうとするチームの象徴だった。とにかくしっかり治してほしい。

「みちのくシリーズ」と名づけられる読売ジャイアンツとの2連戦、まずは山形。ダヤン・ビシエドに続いて、正捕手の木下拓哉まで欠場しているチームの暗雲。それを先発の小笠原慎之介に吹き飛ばしてほしいところなのだが早々に先制点を奪われた。3回表に京田陽太に久しぶりのホームランが飛び出して同点。1対1のままゲームは進むが、5回裏丸佳浩に2ランを浴びた。丸はドラゴンズ相手によく打つという印象、何とも嫌な打者である。7回からは清水達也がマウンドに上がったのだが、3つの四球によって、結果的にワンアウトも取ることができずにマウンドを降りることに。7回に3点を追加されて2対6の完敗だった。

今季3度目の6連敗。このゲームはシーズンの折り返しに当たる72試合目だった。30勝42敗で負け越し12。この借金を取り戻すのに、どれだけの試合数が必要なのだろう。

2022.6.29

［ヨーク開成山スタジアム］

阿部が5安打！苦しんで苦しんで巨人に辛勝して連敗脱出

立浪監督のコメント

少しずつよくなっているし、四球の心配が少ないので10回は谷元と決めていた。厳しいところで頑張ってくれた。（10回攻撃前円陣では）ライデルを（9回裏に）突っ込んだから、この回に点取れんと勝てんぞ、と言いました。

	1	2	3	4	5	6	7	8	9	10	計
中日	1	0	0	0	1	0	0	0	0	1	3
巨人	0	1	1	0	0	0	0	0	0	0	2

髙橋宏、藤嶋、ロドリゲス、○R・マルティネス（25試合2勝1敗16S）、谷元（12試合0勝0敗1S）－石橋、桂

【戦評】この日も引き続き残塁の山を築くも、東北出身の阿部が5打数5安打（前夜から8打席連続安打）と打線を牽引。先発の髙橋宏は6回7奪三振と今日も気概を見せ、中継ぎ陣も巨人打線を零封。9回裏同点で抑えのライデルをつぎ込む執念の采配も功を奏し、6連敗と屋外球場11連敗をストップさせた。

梅雨が明けたと思われるという発表の名古屋は、この日の最高気温が37・5度に上がった。6月にして「暑中お見舞い申し上げます」という言葉を使うとは思わなかった、そんな暑さが続いているが、ドラゴンズは6連敗中。暑さも連敗数と同じ6倍に感じるほどである。

同じように暑い福島県郡山市で、読売ジャイアンツとの「みちのくシリーズ」2戦目が開催された。今日こそは今日こそはと祈りながらも6連敗。それでも願う「今夜こそは」と……。先発は髙橋宏斗、力強い投球で勝利をもぎ取ってほしい。

その髙橋は気合十分のピッチングだった。ジャイアンツ戦に初先発した、5月14日の東京ドームを彷彿とさせる。勝負どころでは自分を鼓舞する叫びも上げて、巨人打線に立ち向かった。ゲームは初回にドラゴンズに待望の先取点が入ったが、髙橋は2回、3回と1点ずつを返されて逆転された。それでも2失点に留めたことが大きかった。

5回表にはドラゴンズが同点に追いつき2対2。髙橋は6回で投球数100球を超えて、この回で交代したが、直前にグレゴリー・ポランコと大城卓三を連続三振に取った場面は、見ているこちらまで気合が入った。19歳の熱投に報いるのは打線だ。

その打線で活躍したのは、5番に入っている阿部寿樹だった。岩手県出身、みちのくシリーズだから大きく括れば〝地元出身〟、とにかく打ってくれればいい。そして、期待に応えて打ってくれた。1回の先制点も、5回の同点打も、いずれも阿部のタイムリーだった。阿部のバットは止まらない。延長戦までヒットを打ち続けて、5打席5安打。前夜のゲームからなんと8打席連続安打という球団新記録も達成した。

5番がこれだけ打っても得点が思うように入らない大きな原因は、同じくクリーンアップの3番に入った高橋周平だった。1、2打席は、なんと連続で併殺打。ここ何年か、高橋がダブルプレーになるケースが本当に目立つが、この日はそのマイナス面が前面に出てしまった。2日前に、国内フリーエージェント（FA）権の資格を取った高橋だが、こんなバッティングをしていてはいけないと思ってしまう、残念な5打席凡退。3番と5番、高橋と阿部、まさに明暗が分かれた。

打線の中心に明暗がくっきりと分かれた中、それでも脇役たちの活躍が光った。6番に入った石岡諒太の2度にわたる送りバントは見事だった。決勝点を奪ったのも脇役、代打に立った三ツ俣大樹だった。

延長10回表、前の回に同点でライデル・マルティネスを投入していただけに、何としても得点がほしい。阿部の5安打目もからんで作った無死満塁で、三ツ俣はジャイアンツの鍬原拓也からデッドボール。「当たった！」という必死のアピールが胸を打つ。原辰徳監督がリプレー検証を求めるほどの際どい死球だったが、決勝点をもぎ取った。だが、その後の無死満塁で1点も入らないところに、現状のドラゴンズの悩ましさがある。ヒット1本、犠牲フライ、いや内野ゴロでもダブルプレーの間に三塁ランナーがホームインできるのに、それが打てない。じっと見守るこちらの体温も上昇してしまう。

3対2とリードして、10回裏のマウンドにベテランの谷元圭介が上がり、巨人のクリーンアップと対峙した時間は、本当に長く、そして暑かった。坂本勇人を打ち取って勝利が決まった瞬間、思わず背伸びをしてこう叫んでいた。

「あ〜疲れた」。

苦しんで苦しんで、さらに苦しんで、〝勝つこと〟はこんなにむずかしいものなのかと思った。それは連敗がもたらす呪縛なのだろう。

連敗は6でストップ、そして屋外球場での11連敗も止まった。さあ、竜も梅雨明けだ！

2022.7.1

［バンテリンドーム ナゴヤ］

大野の先発回避に投手8人の総力戦、アリエルの決勝弾でよく勝った!

立浪監督のコメント

(大野雄先発回避) ここのところ安定しているし度胸もある。ゲームの始めは大事なので藤嶋にしました。3イニング投げてくれたので試合の形ができた。アリエルと山下は良いところでよく打ってくれました。

	1	2	3	4	5	6	7	8	9	計
阪神	0	0	0	0	0	0	0	1	0	1
中日	0	0	1	0	0	0	0	2	x	3

藤嶋、福、谷元、山本、根尾、清水、○ロドリゲス(30試合4勝2敗)、R・マルティネス(26試合2勝1敗17S)－木下拓

【戦評】エース大野が背中の張りで先発回避。投手陣は代役先発の藤嶋らが1点のリードを懸命に守るも、8回にロドリゲスが痛恨の同点打を献上してしまう。不穏な空気を払ったのは、同じくキューバ出身のA・マルティネス。阪神湯浅の高め速球を虎党が大挙するレフトスタンドへ打ち込み、チームを救ってみせた。

季節は巡り、気がつけばもう7月に入った。つい先日ペナントレースが開幕したと思ったのだが、本当に早い。立浪ドラゴンズは、6月に7勝15敗と大きく負け越した。月も替わって、気分一新、一気に上昇気流に乗ってほしいのだが、この日のゲームは何とも重苦しいものだった。

重苦しさの最初の原因は、エース・大野雄大の直前での先発回避だった。予告先発では、阪神タイガースの青柳晃洋との今シーズン3度目の〝エース対決〟のはずだったが、背中の張りによって登板できなくなった。しかし、この不穏な空気を吹き飛ばしたのは、エースの代わりに先発した藤嶋健人だった。

藤嶋には〝緊急先発〟のイメージがついてまわる。もう4年も前になるのか、あれは敵地で行われた交流戦での埼玉西武ライオンズ戦だった。もともとの先発予定は、当時ドラゴンズに在籍していた松坂大輔で、今回の大野と同じように背中の張りによる先発回避だった。松坂が古巣ライオンズ相手にどんなピッチングをするのかが注目だっただけに、先発できなかったこと、代わりの先発が藤嶋だったこと、そしてこの藤嶋が好投してプロ初勝利をあげたことが、ひとまとめに強烈な印象となっているのだ。藤嶋が3回を1安打無失点に抑えた直後、その藤嶋の打席の代打、山

下斐紹がバックスクリーン横に飛び込む特大の先制ホームランを放った。

これで重苦しさは吹き飛んだはずだったが、藤嶋に続くリリーフ陣が再び重苦しさを運んできてしまった。福敬登、谷元圭介、そして山本拓実の3投手が、次々と四球を与えた。結果的に得点にはならなかったが、フォアボールというものが、これほどに試合の流れを崩していくものかと、あらためて実感した。1点リードしているのに、まるでリードされているかのような〝受け身〟の投球。ファンとしても見ていてイライラするのだから、ベンチにいる立浪和義監督はおそらく怒り心頭なのではないかと察する。四球によってランナーを出すことは実に重苦しい。

そんな立浪監督が動いたのが5回表だった。この回から登板した山本が2つ目のフォアボールを与えて、2死一、二塁になると、なんと山本を根尾昂に交代させた。山本はこの日すでに4人目の投手、イニングはまだ4回以上残っていて、延長戦の可能性もある。投手の数が足りなくなる可能性すらある。山本にはこの5回どころか次の6回も投げてもらいたいほどだった。

それでも「投手・根尾」というカードを切った。四球に対してよほど腹に据えかねたのだろう。サード・高橋周平の好守備もあり、根尾はこのピンチを脱した。チャンスに打席に入るより、ピンチにマウンドに立つ方が根尾には、実は案外似合うのかもしれない。

なおも重苦しさは続く。6人目の清水達也は2イニングを無失点に抑えて、1点リードのバトンを8回のジャリエル・ロドリゲスに渡した。

しかしジャリエルが同点に追いつかれた。1対1の同点で8回裏、ベンチに残る投手は、2年目の森博人と、守護神ライデル・マルティネスの2人。ジャリエルは次の回も投げるべく、ベンチ前で投球練習を始めた。しかし、そこで飛び出したのは4番アリエル・マルティネスの一発だった。二塁打の岡林勇希を置いて、初球を打った瞬間に分かる2ランホームラン。胸のすく当たりだった。そして重苦しさは一気に吹き飛んだ。ベンチでジャリエルがアリエルに抱きつくシーンがテレビ中継で流れたが、ファンとしても抱きつきたいくらいだった。

9回はライデルがマウンドへ。四死球でランナー2人を出して、またまた重苦しい空気が出始めたが、最後はきちんと抑えた。3対1で勝利。こういう試合こそ、今後の糧（かて）にしてほしい。でも、そろそろスカッと勝つ、余裕を持ったゲームが見たい！

2022.7.2

［バンテリンドーム ナゴヤ］

気がつけば打線は昨季と同じ顔ぶれ……拙攻をくり返して連勝ストップ

立浪監督のコメント

三盗を許したり、チームとしての反省点がたくさんある。野手はバッティングカウントでボール球に手を出して相手を助けている。活発に打てるチームではないので。ひとつのボールに執念燃やしてやらないと。

	1	2	3	4	5	6	7	8	9	計
阪神	0	0	4	0	0	0	0	1	0	5
中日	0	0	0	0	0	0	2	0	x	2

●松葉（10試合3勝3敗）、根尾、森－木下拓、石橋

【戦評】前日のスクランブル体制を受け、松葉はビハインドながら7回までマウンドを守り奮闘するも、今日も打線に拙攻が続き、7回に2点を返すのがやっと。前日登板を緊急回避した大野雄が大事に至らず、離脱中のビシエドに復帰の目処がたったことが、この日唯一の明るいニュースとなった。

先週の甲子園3連敗があるだけに、阪神タイガースを本拠地に迎えての3連戦は、3連勝といきたいところである。しかし初回からの拙攻が水を差した。1死一、二塁で、2番の岡林勇希が流し打ちのレフト前ヒットで出塁。前夜のホームランが記憶に新しい4番のアリエル・マルティネス。しかし最悪のダブルプレー。こういう拙攻がドラゴンズにはあまりに多い。続く2回裏も1死一、三塁となったが、8番の京田陽太のピッチャーゴロなどで無得点。せっかくの〝勝利の女神〟も、無失点続きで怒ってしまったのだろう。3回表、タイガース打線に一挙4点を取られてしまった。

打線では、岡林がひとり気を吐いた。5回も、そして7回もヒットを打ち続けた。特に7回は、一軍に上がってきて代打で2ベースを打った伊藤康祐をホームに返す、貴重な打点を挙げた。しかし4月後半にも1度あったのだが、この日も打線には、岡林以外は前年までのメンバーが名を連ねている。石川昂弥に鵜飼航丞、ベンチに明るい新風を吹き込んだ若きスラッガーの姿は再び消えた。前年までの〝負け癖のついた〟打線。監督が代わり、シーズンが新しくなっても、すぐに「あと1本」が打てるほど、甘くはないということか。2対5で敗れて3連勝ならず。選手たちの奮起がなければ、連勝はかなわない。

2022.7.3

［バンテリンドーム ナゴヤ］

サンデー柳がこの日も打たれた……打線は反撃できず15度目の零封負け

立浪監督のコメント

（5回好機で高橋周と岡林が凡退）真っすぐ一本で相手が投げてくるところを捉えられなかった。柳は7回3失点は決して悪くないですけど、7イニング被安打3でホームラン2本。長打だけは防ぎたいところだった。

	1	2	3	4	5	6	7	8	9	計
阪神	0	2	1	0	0	0	0	0	0	3
中日	0	0	0	0	0	0	0	0	0	0

●柳（14試合5勝6敗）、谷元、福、森－木下拓

【戦評】1試合8本の安打を放ち、この日チームで5安打の阪神を上回るも、8本全てが単打、さらにタイムリーも出ずという試合展開となり、今日も柳を援護できずに敗戦。長期離脱していた才木の復活勝利と大山の通算100号に沸く阪神ファンとは対照的に、淀んだ空気に支配された竜党の姿が印象的な一戦となった。

柳裕也がピリッとしない。今シーズンは主に日曜日に登板して好投を続け「サンデー柳」と呼ばれてきた。柳が日曜日に長いイニングを投げることで、リリーフ陣はゲームのない月曜日と合わせて、うまくいけば2日間、休むことができる。ましてや勝ってくれれば、いい気分で次の週を迎えることができる。実際、シーズン最初の頃は、そんなことが続いていた。

しかし、交流戦最後の6月12日、札幌で行われた北海道日本ハムファイターズ戦で、完投しながらも負けてからどうもおかしい。柳の登板日は、ここ3試合連続でチームは勝てていない。そして早いイニングで先制点を取られることが多い。この試合もそうだった。2回表、阪神タイガースの5番・大山悠輔に先制の2ランホームランを打たれてしまった。

コントロールを武器に、頭脳的な投球をする柳が連打をされることはあまりない。警戒しなければいけないのは、ふとした隙に打たれるホームランである。ほとんどの打者を抑えているだけに、本当にもったいない。それは続く3回表にも起きてしまった。今季まだ3本だけしかホームランを打っていない中野拓夢にライトスタンドへ運ばれて0対3となった。

結果、柳は7回まで続投。打たれたのはホームラン2本を含む3安打のみ、もったいない6敗目となった。しかし3点を取られた時点で、早くも嫌な負けムードを感じてしまった。それは柳とて同じかもしれない。

というのも、打線に元気がない。ヒットは出る、しかし続かない。たたみかけるような攻撃をとんと見ていない。5回裏に、1死満塁のチャンスを迎えた。打席には9番の柳がそのまま立った。まだ3点差であり、柳にそのまま打たせる選択肢は「あり」だろう。しかし、結果的にこの回も点が入らなかった。

7月最初の日曜日の本拠地ゲーム、公式ファンクラブ応援デーとして、選手たちもファンクラブ会員が着るのと同じ特別ユニホームで出場した。今シーズンからの企画で、それぞれの背中にはニックネームが書かれている。開幕早々の応援デーは、延長12回の劇的なサヨナラ勝ちだった。しかし、こうして拙攻を見せられ続けると、そのニックネームすら弱々しく見えてきてしまう。こういう試合こそ、球場を訪れたファンのために、覇気のある試合をしなければならない。

今のドラゴンズ、守備では「二遊間」、打線では「3番」が課題だろう。もともとショート出身である立浪和義監督にとって、センターラインの中核を成す二遊間は、とても大切なはずであり、セカンドとショートに誰を起用するかは戦い方の趨勢を占めている。

セカンドのポジションは阿部寿樹が、勝負強いバッティングによって奪った。しかし問題はショートである。開幕当初の京田陽太から始まり、まだまだ固定できていない。外野手と決めた根尾昂を戻す場面もあった。二軍落ちから再び上がってきた京田に期待したものの、今の打撃ではレギュラーは難しいだろう。

もっと深刻なのは「3番」である。クリーンアップの大切な一角が固定できない。石川昂弥が3番に入った初夏の頃が、一番チームに勢いがあったように思う。その意味でも石川の離脱は本当に痛かった。「二遊間」と「3番」、この課題が解決するのはいつになるのだろうか?

スコアボードに0を並べ尽くしての完敗。1点も取れずに負けるのは今季15度目である。あわよくば虎に3連勝と思っていたが、終わってみれば1勝2敗の負け越し。借金は再び「12」に戻ってしまった。梅雨が明けた東海地方だが、この日の名古屋は台風の接近もあって朝から雨模様である。こんな試合を見せられたファンとしては、涙雨どころか号泣したい思いである。

2022.7.6
［横浜スタジアム］

拙攻の連続でチャンスに打てず……先発小笠原を見殺しで借金最多の13

立浪監督のコメント

盗塁の悪送球からピンチを広げて非常に痛かったが、初回の3失点だけなので打つ方が頑張らないと。（5度の得点機で）5度もあったか、それはあかんね。ビシエドのセカンドゴロの1点だけ。再度徹底しないと。

	1	2	3	4	5	6	7	8	9	計
中日	0	0	1	0	0	0	0	0	0	1
DeNA	3	0	0	0	0	0	0	0	x	3

●小笠原（10試合3勝6敗）、祖父江、谷元－木下拓

【戦評】ロドリゲスが故障により登録抹消されたため、戦前は中継ぎ陣の運用に注目が集まる一戦と目されていたが、先発小笠原が初回に3失点、打線は1点を返すのが精一杯という試合結果に終わり、その心配は杞憂に終わった。最下位を独走するチームは借金を重ね、ついに13にまで増えてしまった。

木下拓哉がオールスターゲームのファン投票で選出された。ファン投票での出場は初めてとなる。ドラゴンズの選手が〝全国区〟になることはうれしい。しかし、その木下、初回にいきなり失点に結びつくエラーをしてしまった。横浜DeNAベイスターズとの対戦成績は1勝7敗と、信じられない負け越しをしている。先発の小笠原慎之介がいきなり初回に3失点、そのきっかけとなったのが、試合前に喜びの記者会見をした木下の悪送球だった。

3点を追いかける打線にはダヤン・ビシエドが帰ってきた。と言っても4番ではなく3番。アベレージバッターであり、実はこの3番は正解だと思う。しかし、初回に2番の岡林勇希がレフト前ヒットで出塁した後、なんと併殺。

それにしても打線の元気のなさが気になる。チャンスで打席に入る各打者が、まるで〝ピンチで打席に入る〟ような空気感を醸し出している。これでは打てない。5回表の2死満塁、もっとも勝負強いはずの阿部寿樹も打ち上げてセンターフライに倒れた。クリーンアップがこれでは点は入らない。小笠原は6回3失点で降板、まったく見どころのないゲームだった。最後の打者となった大島が喫した見逃し三振がその象徴。3連敗で借金は今季最多の13になった。こんなゲームをいつまで見せられるのだろうか。

2022.7.7
［横浜スタジアム］

髙橋宏斗が
球団最速158キロを披露、
しかし延長12回0対0の引き分け

立浪監督のコメント

髙橋宏は本当によかった。この球場であの打線を無失点に抑えたわけですから。本当は勝ちを付けてあげないといけない。それが非常に残念です。（新人3番起用の福元は）チャンスのある選手は使っていきたい。

	1	2	3	4	5	6	7	8	9	10	11	12	計
中日	0	0	0	0	0	0	0	0	0	0	0	0	0
DeNA	0	0	0	0	0	0	0	0	0	0	0	0	0

髙橋宏、清水、R・マルティネス、藤嶋、祖父江、谷元－木下拓、石橋

【戦評】髙橋宏が自己最速、かつ球団の持つ日本人投手最速を更新する158キロを計測するなど好調で、鬼門横浜スタジアムでDeNA打線を7回無失点に抑える怪投を見せる。しかし今日も打線が沈黙。1点も奪えず今季初となる引き分けに終わり、これで32イニング連続タイムリーなしとなった。

まぶしく強い西日がレフトスタンドの向こうに姿を消すと、心地よい浜風が頬に挨拶にやって来る。屋外球場の醍醐味だ。コロナ禍もあったため、実に3年ぶりの横浜スタジアム観戦でのとなった。前日まで横浜ＤｅＮＡベイスターズ相手に1勝8敗と、まったくいいところのないドラゴンズ。せっかく横浜まで応援にやって来たのだから、今日こそは勝利をと願う。

祈りのマウンドに上がったのは期待の19歳、髙橋宏斗。〝期待の〟という言葉を簡単に使いたくはないが、心から期待したい。

その髙橋は、初回から素晴らしいピッチングだった。先頭打者の桑原将志を三振に打ち取ったところから、１５０キロを超す球がガンガン来ていた。キレもいい。そして2番の大田泰示への5球目だった。2-2のカウントから空振り三振を奪ったのだが、バックスクリーンの掲示板に表示された球速は「１５８キロ」だった。どよめくハマスタ。それ以前にも１５０キロ台の速球を見せられているから、一瞬その速さの意味するところがピンとこなかったが、ドラゴンズの日本人投手では、与田剛、浅尾拓也、そして福谷浩司の１５７キロを抜いての最速の数字だった。

球の速さだけではない。この日の髙橋は投球のリズムも

よく、3回まで9人の打者に対し、三振を5つも取っていた。今シーズンはノーヒットノーランが次々と出ているだけに、このままパーフェクトゲームでも、ノーヒットノーランでもやってくれと願う。4回、自らのベースカバーが遅れて、大田を一塁に出してしまったが、後続を抑えて、髙橋の好投は続く。

そうなると問題は打線だ。5月6日の阪神タイガース戦を思い出す。1点、そう最少得点の1点さえ取っていれば、大野雄大はプロ野球史上に残る完全試合を達成できたかもしれない。ドラゴンズ打線は、今季度々、好投の投手を見殺しにしている。スタンドで髙橋のピッチングに酔いしれながらも、点が入らないことにいら立つ。髙橋は自己最長の7回を投げて、マウンドをリリーフ陣に託した。

0対0の状況ながら、〝勝利の方程式〟である清水達也を8回に、ライデル・マルティネスを9回に、それぞれ投入したところに、髙橋の熱投に応えたいという立浪和義監督の思いを見たようだった。

しかしこの日、4番に復帰したダヤン・ビシエドが、9回表の1死一塁で打ったショートゴロが象徴的だった。ビシエドにとって、実に今季12個目の併殺打。「4番打者」という言葉を十分噛みしめているとは思うのだが、結果があまりにも出ていない。

さらに深刻だったのは、岡林勇希と石橋康太の打席だった。岡林は延長11回、石橋は続く延長12回、共にそれぞれスリーボール、ノーストライクから追い込まれて、最後は見逃し三振。バットを振らなければヒットは生まれない。当たり前のことである。将来を背負う若竜2人が、こんな消極的な打席を見せてはいけない。

ゲームは延長12回を戦って0対0の引き分けに終わった。引き分けは今季初。ドラゴンズの投手陣は、ベイスターズの強力打線をよく抑えたと思う。

この日、プロ初出場を「3番」として飾ったルーキー福元悠真が、4打席目でうれしいプロ初ヒットを打つなど、髙橋のピッチング以外にも見どころも多かったゲーム。しかし、得点が入らない試合というのは、こんなに疲れるものなのだろうか。そろそろ序盤からの大量得点で、のんびりと観戦できるゲームを見せてほしいと願いながら、「BLUE☆LIGHT SERIES 2022」の特別なショーが続くハマスタを後にした。

ふと気づくと、この日は七夕だった。彦星と織姫の年に一度の逢瀬。勝ち星とは出合えなかったけれど、髙橋宏斗の158キロとの出合いはうれしかった。

2022.7.8

［バンテリンドーム ナゴヤ］

久しぶりに打線爆発! 17安打で9得点、4番ビシエドが4安打の活躍

立浪監督のコメント

（適時打3本の4安打ビシエドは）走者がいるときに打てれば気持ち的にも上がってくる。（高橋周は3安打2打点で）「ホームラン打つぐらいの気持ちで振ってこい」と送り出した。試合の中でつかむこともある。

	1	2	3	4	5	6	7	8	9	計
広島	0	0	2	0	0	0	0	0	0	2
中日	1	2	4	0	0	1	0	1	x	9

○松葉（11試合4勝3敗）、森、根尾、タバーレス－木下拓

【戦評】広島はエース大瀬良を立ててくるも、中日打線はビシエドのタイムリーなどで初回から攻め、3回7得点でKOに成功する。先発松葉は6回2失点と仕事をし、残り3回を森、根尾、タバーレスが、勝ちパターンを温存する継投で完勝。ビシエドは5打数4安打3打点を記録し、得意とする夏場に強さを見せた。

ドラゴンズファンが集うことで有名な、名古屋市の今池にある中華料理店「ピカイチ」では、入り口を通って正面レジの上に、試合経過を速報するスコアボードと、大きなドラ（銅鑼）が下がっている。ドラゴンズが得点する度にこのドラが鳴らされて、うれしい鐘の音が店中に響き渡る。この夜は、ドラの心地よい音を何度聞いたことだろう。打ちも打ったり17安打、取りも取ったり9得点。横浜スタジアムでの観戦から一夜明けて、この日は「ピカイチ」に駆けつけた。

昨夜ハマスタを去る時に願ったことが、広島東洋カープを迎えての本拠地バンテリンドームナゴヤの一戦でかなった。序盤からの大量得点で涼しい気持ちで観戦したい、その通りの大勝。しかし、この内の1点でも2点でも、前夜に大好投を見せてくれた髙橋宏斗に回してやってほしかったとも思った。

「夏の竜陣祭２０２２」と名づけられた3連戦、選手たちは5月7日の阪神タイガース戦以来となる、特別の「昇竜ユニホーム」を着て戦う。あの時はドームの5階席で観戦したが、3回にダヤン・ビシエドが久しぶりのタイムリーを打った。先発も同じ松葉貴大だった。そして今夜、18時のプレーボールから少し遅れて「ピカイチ」に着いた時は、

ちょうどビシエドが1死一、三塁から初回に先制のタイムリーを打った直後だった。

昇竜ユニホームがビシエドには合うのだろうか。この日とにかく背番号「66」は打ちまくった。初回だけではなく5打席で4安打、3打点を挙げた。よくぞドラの音に何度も貢献してくれたものだ。「4番打者」らしい仕事ぶりだったがまだ1試合だけ。厳しい言い方をすれば、もっともっと打ち続けてくれなければ、これまでの4番らしくない仕事ぶりは取り戻すことはできない。同時にチームの借金も返済できない。

先発の松葉は中5日での登板だったが、安定した投球を見せた。6イニングを7安打されながらも2失点に抑えての4勝目。カープの先発がエースの大瀬良大地ということを考えれば、この勝利はとても大きい。ビシエド同様に、松葉にも昇竜ユニホームが似合いそうだ。ゲームは9対2でドラゴンズの圧勝。

ヒーローインタビューには、5月7日と同じ、ビシエドと松葉が立った。まったく同じ昇竜ユニホーム、まったく同じ投打のヒーロー2人、こんな繰り返しならば何度でも大歓迎である。ただ、5月の試合を終えた時は、2つの勝ち越しだった。2カ月の間に、一気に借金生活になってしまったことだけが残念である。

この日は試合前にトレードが発表された。ドラゴンズの石岡諒太内野手とオリックス・バファローズの後藤駿太外野手の1対1のトレード。これが今季、12球団初のトレードとなった。石岡は度々の手術やケガから立ち直って、今シーズン途中から一軍にも上がって活躍していた。神戸の出身なので、バファローズは地元となる。新天地での活躍を祈りたい。と同時に後藤には、低迷するチームに刺激をもたらしてほしい。

しかし、左打者同士の交換、本当は内野手が欲しいはずのドラゴンズなのに後藤は外野手。しかも、俊足や強肩が自慢の同タイプの外野手が何人か在籍中にもかかわらずである。このトレードの評価には少し時間がかかるかもしれない。

はっきりしていることは、立浪和義監督が現状を打開するために、動き始めたということだろう。

この試合から、カープ打線にはメジャーから日本球界に復帰した秋山翔吾が3番として加わった。秋山も左打者である。ファンの立場からすれば、「秋山を取りにいけばよかったのに」とつい思ってしまうのだが、とにかく新たに竜の一員になる後藤、その活躍に期待したい。

2022.7.9

［バンテリンドーム ナゴヤ］

大野雄大、2本のホームランに沈む、拙攻続きで今季16度目の零封負け

立浪監督のコメント

（登板を1度とばした先発の大野雄は）立ち上がりはボールもよく走っていたし「今日はいいなあ」とは感じていた。今日の森下投手は確かによかったですけれど、1本出ていればというところですよね、今日も。

	1	2	3	4	5	6	7	8	9	計
広島	0	1	0	0	0	5	0	0	1	7
中日	0	0	0	0	0	0	0	0	0	0

●大野雄（14試合4勝6敗）、森、福、タバーレス－木下拓

【戦評】中日はエースの大野雄で連勝を目指すも、肝心の大野雄が6回にマクブルームの左中間への特大3ランを浴び、さらに小園にも2ランを許し、1イニング5失点を喫してしまう。打線は広島先発の森下相手に毎回のように得点圏へランナーを進めるもタイムリーが出ず、結果広島にいいようにやられてしまった。

弱いチームというのは、大勝するけれど大敗する。昨夜は17安打で9得点と久しぶりに打線が爆発して、気持ちよく勝ったドラゴンズ。だからこそ、一夜明けてのデーゲーム、とても大切な試合だった。先発のマウンドにはエース・大野雄大。打線は前半攻め続けた、しかし点が入らない。広島東洋カープに守備の乱れもあり、2回裏、続く3回裏とチャンスを迎えたが無得点。拙攻の見本みたいな展開の中、4回の攻撃が極めつきだった。アリエル・マルティネスが二塁打、続く木下がフォアボール、高橋周平のファーストゴロで2死二、三塁になった。次は8番の京田、9番の大野と続く。定石ならば「京田は敬遠、大野で勝負」。しかし、カープは「京田で勝負」を選択した。意地を見せてほしい場面だが、京田は3球三振。森下の3球目を空振りした瞬間、見ているこちらまで思わず天を仰いだ。

ここまで拙攻をくり返すと、〝勝利の女神〟が相手に微笑むことは当然だろう。迎えた6回表、4番のライアン・マクブルームが大きな3ランホームラン、続いて小園海斗がこれも打った瞬間に分かる2ランホームラン。こんな大きな連発を見せつけられると〝広いバンテリンドームナゴヤ〟という言葉が嘘のように思えてくる。ドラゴンズの打者はどうして本拠地でホームランを打てないのだろうか。

2022.7.10

［バンテリンドーム ナゴヤ］

サンデー柳が復活6勝目、夏の竜陣祭、満員御礼のドームで接戦を制す

立浪監督のコメント

柳に勝ちが付いてよかった。（8回は清水で）非常にいい働きをしてくれた。阿部は犠打が打てるので3番に起用した。頭を取って2つ負けることが多かったので、今後もカード勝ち越しを目指してやっていきたい。

	1	2	3	4	5	6	7	8	9	計
広島	0	0	0	0	0	0	1	0	0	1
中日	1	1	0	0	0	0	0	0	x	2

○柳（15試合6勝6敗）、清水、R・マルティネス（28試合2勝1敗18S）－木下拓

【戦評】中日・柳、広島・野村の明治大学出身者対決となった第3戦は、初回に同大学出身の中日3番の阿部がタイムリーを放ち先制点を挙げる。柳は好投を見せ、7回3安打1失点で1点差を保ち降板。8回清水、9回R・マルティネスと逃げ切り、満員となった36,218人の観客の前で6カードぶりの勝ち越しを決めた。

参議院選挙の投開票日、名古屋は午前中、雨模様のむし暑い日となった。2日前に起きた安倍晋三元総理大臣の銃撃事件の衝撃が、選挙の最終日を迎えて日本列島を重苦しく包み込む。

そんな中、バンテリンドームナゴヤでは「夏の竜陣祭2022」と名づけられた広島東洋カープとの3連戦が最終日を迎えた。ここまで1勝1敗、ここ5カード勝ち越しのないドラゴンズにとっては、何とか勝って重苦しさを少しでも振り払いたいところだ。

先発マウンドは柳裕也。今シーズンは主に日曜日の登板を任されて「サンデー柳」という呼び名も定着してきたが、しかしかれこれ1カ月も白星がない。「今日こそは！」それはファンの願いでもあり、柳自身の意気込みでもある。ましてや第2子となる次男が誕生したばかり。ベタな言い方をすれば「パパ、誕生祝いの1勝を！」となるが、何でもいい。柳にはとにかく勝ってもらいたい。

今シーズンの柳は立ち上がりがポイントである。ここまでの登板では初回に合わせて10失点。逆に立ち上がりをうまく滑り出せば、波に乗ることができる。広島東洋カープの先頭は巧打者である上本崇司。いきなりライト前ヒットで出塁された時は、嫌な予感がし始めた。しかし、2番の

菊池涼介がまさかの送りバント失敗でファーストフライ。これで流れが変わった。前日に大野雄大から特大のホームランを打った4番のライアン・マクブルームにフォアボールを与えたものの、5番・坂倉将吾をレフトフライに打ち取り初回を0点で抑えた。

その裏、待望の先制点が入る。打ったのは3番に入っている阿部寿樹だった。前日に3つの三振とブレーキになった阿部が、内野安打で出塁した岡林勇希を一塁に置いて、右中間を破るタイムリー二塁打。ここで一気にカープ先発の野村祐輔をたたみかけることができるか。思えば野村と阿部は明治大学野球部のチームメート、さらに柳は明治の5期後輩と「明治大学」をキーワードに何やら因縁めいた初回になっている。

そして4番のダヤン・ビシエドが、ラッキーな内野安打で出塁して1死一、三塁。アリエル・マルティネスのライトへの飛球はファウルフライになったが、犠牲フライには十分だと思った。しかし、三塁ランナー阿部は、滑り込むこともなくホームベース前でタッチアウト、ダブルプレーとなった。ライトの守備はメジャー帰りの秋山翔吾、さすがの肩を見せられた。

しかし、もったいない攻撃だった。2回裏にもカープ守備陣の乱れから2点目を取ったが、その後、打線は沈黙してしまう。

しかし、この日の柳には2点で十分と思わせる力強さがあった。勝てない1カ月間、柳の投球はどこか弱々しかった。スピードボールを投げない投手が弱々しい姿を見せると、どうしても「打たれる」空気になってしまう。だがこの日の柳は攻めた。最大のピンチは7回表、4番のマクブルームのセンター前ヒットから始まり無死満塁となった。堂林翔太に犠牲フライを打たれて1点を返されたものの、後続を見事に抑えた。それによって、勝利はぐっと引き寄せられた。

ところが、肝心の追加点が入らない。特に次の7回裏の溝脇隼人、渡辺勝、8回裏の大島洋平、岡林勇希、この4人の連続三振にはあ然とした。ゲームの流れを渡してしまわなければいいがとハラハラさせられた。8回は清水達也、そして9回はライデル・マルティネス。ランナーを出しながらも0点で抑えて、2対1でドラゴンズの勝利。柳は待ちに待った6勝目を手にした。

僅差の勝利は、ドラゴンズらしい勝ち方ともいえる。今後もこういう勝利をひとつずつ積み重ねていってほしい。「サンデー柳」来週も頼むぞ!

2022.7.13

［バンテリンドーム ナゴヤ］

満身創痍のヤクルトに逆転勝ち! 岡林が走者一掃の二塁打

立浪監督のコメント

投手が代わったところでいい攻撃できたのが非常によかったが、勝った中にも課題はある。振り幅を短くして仕留めていけるようにチームの課題としてやっていきたい。岡林の状態は一時よりよくなっている。

	1	2	3	4	5	6	7	8	9	計
ヤクルト	2	0	0	1	0	0	0	0	0	3
中日	0	0	0	0	0	1	4	1	x	6

小笠原、○福（18試合1勝2敗）、清水、R・マルティネス（29試合2勝1敗19S）－木下拓

【戦評】豊橋で予定されていた前日の試合が中止となって迎えた一戦。終盤まで村上の30号などで3点ビハインドと苦しい展開だったが、7回裏に代打平田の四球などで繋いだ2死満塁の場面で2番岡林に逆転タイムリーが飛び出し、さらに3番木下拓もタイムリーで続くなど一挙に逆転。そのまま初戦を取った。

首位を独走する東京ヤクルトスワローズだが、思いもかけぬハプニングに見舞われた。高津臣吾監督以下、山田哲人や青木宣親らの主力選手を含む28人が新型コロナウイルスに感染する非常事態。直前の阪神タイガース戦は休止となったが、ドラゴンズとの3連戦はメンバーをやりくりしながら開催されることになった。相手は満身創痍、この日のメンバーは冷静に見て「一軍半」、ここは情け容赦なく3連勝をいただきたい。と思っていたら、前日の豊橋での初戦は、プレーボール直前の大雨によって雨天中止になった。残念。こうなるとバンテリンドームナゴヤに舞台を移しての2連戦は、絶対に2勝してほしい。逆に、ここで負けるようなことがあれば、チームの力のなさを満天下に示すことになってしまう。

先発は小笠原慎之介。このところ、先制点を取られる印象が強い。とはいえ、スワローズ打線は「1番・塩見泰隆」から始まるいつものメンバーではない。4番の村上宗隆に注意すれば何とかなると思っていたら、なんとその村上にいきなりやられた。2番に入った山崎晃大朗がセンター前ヒットで出塁。続く新外国人、シーズンに入ってから加わったパトリック・キブレハンをショートゴロに打ち取ったが、村上はやはり村上だった。広いと言われるバンテリン

ドームナゴヤが、この日も普通の球場に見えてしまうほどの大きなホームラン。バックスクリーン横に先制の2ランをたたき込まれた。今シーズン、この球場で5本目のホームラン。

野球はチームで戦うもの、しかし「エースと4番」という言葉もある。一流の4番打者は、自分でホームランさえ打てば、少なくとも1点は取ることができる。主力選手の多くを欠く中で、そんな個人の強さを見せつけられた初回だった。小笠原は6回3失点でマウンドを降りた。先発投手としては「クオリティースタート」と言われる合格点なのだが、ホームランでの先制点がチームに与えるショックを考えれば、決して〝良し〟とすることはできない。次なるエース候補として期待が高いだけに、頑張ってほしい。

3対0のまま、ゲームは後半へ。ものすごく嫌な予感がした。負けてしまうのか、戦力ダウンのスワローズに負けてしまうのか。その予感は、6回裏に3本の連続ヒットで無死満塁とした後の、2番・岡林勇希、3番・木下拓哉の連続三振でますます強くなった。4番のダヤン・ビシエドの打席を〝期待したいが期待しない〟微妙な感情で見守る。これまで度々裏切られてきた過去があるからだ。スワローズ先発の左腕・高橋奎二は粘りの投球でドラゴンズ打線を抑えてきたが、ここでビシエドの足にデッドボール。押し出しで1点は返したものの、5番アリエル・マルティネスが三振に倒れて攻撃終了。負けてしまうのか。続く7回裏にもチャンスはやって来た。この日スタメンの、溝脇隼人のヒットを挟み2つのフォアボールで1死満塁。ここで1番の大島洋平だったが、キャッチャーフライでツーアウト。そして岡林が打席へ。この日の岡林は4回表にライトの守備でフライを落球し、3点目を与え、また前の打席は三振とまったくいいところなし。

しかし、ただ1人、昨シーズンまでとは違うスタメンの顔ぶれとして試合に出続けている20歳は、やってくれた。見事な流し打ちでレフト線へのツーベース。一塁ランナーが代走の俊足・高松渡だったこともあって、走者一掃となる一打で4対3、一気に逆転となった。よく打った、よく打ってくれた。続く木下もタイムリーで続き、この日の3番での起用に応えた。

8回には守備固めに入っていた加藤翔平にもホームランが飛び出し、8回に点が入る「ミラクルエイト」も見せて、終わってみれば6対3の勝利。うれしい反面、勝ってホッとしたというのが本音かもしれない。さあ、この勢いで明日も必勝だ！

2022.7.14

［バンテリンドーム ナゴヤ］

先発の笠原が3年ぶりの勝利、捕手の木下が2ラン含む全4打点で後押し

立浪監督のコメント

笠原は5回までよく踏ん張ってくれた。（8回登板の清水には）打たれてもいいから攻めろと常々言っています。（全得点を挙げた3番木下は）7回の2ランが非常に大きかった。素晴らしい働きをしてくれた。

	1	2	3	4	5	6	7	8	9	計
ヤクルト	1	0	0	0	0	0	0	0	0	1
中日	1	0	1	0	0	0	2	0	x	4

○笠原（2試合1勝0敗）、祖父江、藤嶋、清水、R・マルティネス（30試合2勝1敗20S）－木下拓

【戦評】3連勝を目指す中日は笠原をマウンドに送る。この日は女房役の木下拓が2ランを含む3打数2安打4打点と大暴れ。チームの全打点を挙げる活躍を見せる。生命線のチェンジアップを駆使し、5回1失点で先発の役割を果たした笠原は、2019年7月28日以来3年ぶりの復活勝利となった。

笠原祥太郎という投手には強烈な思い出がある。2017年2月の沖縄キャンプ。当時の選手宿舎だった恩納村のホテルロビーに、柳裕也と京田陽太という前年ドラフト1、2位の2人がラフな服装で部屋から降りてきた。少しだけ遅れてやって来たのが同期入団の笠原だった。Tシャツ姿だったのだが、その分厚い胸板には驚いた。京田の身体も鍛えられていたが、笠原の上半身は別格だった。ドラフトの順位は4位、新潟県の大学からのプロ入りは初、そんな笠原にはプロで活躍する予感がした。3年目の19年には開幕投手、しかしその後は不整脈が見つかるなど苦難の日々が続いてきた。その笠原が、この試合の先発。2日前の愛知県豊橋市の予告先発だったが、雨天中止となってのスライド登板だった。

このゲームのポイントは初回の攻防だった。特に、笠原が東京ヤクルトスワローズの攻撃を1点に抑えたことが大きかった。4月2日以来、今シーズン2度目の先発。先頭打者こそ打ち取ったものの、2番・山崎晃大朗にフォアボール、3番のベテラン・内川聖一に二塁打、そして4番の村上宗隆にもフォアボールで1死満塁。正直、目を覆いたくなるような立ち上がりだった。5番のホセ・オスナにライト前に運ばれて1点を先制された時は、このまま一体何

点取られてしまうのだろうかと心配した。しかし、続く西浦直亨をショートゴロ併殺、この回を1点でしのいだ。

その裏、ドラゴンズは先頭の大島洋平が見事な流し打ちで出塁し、二塁への盗塁も決めた。2番の岡林勇希がバントで送り、1死三塁。前日に続き3番に入っている木下拓哉がセンターへ犠牲フライを打ち、すかさず1対1の同点に追いついた。

相手の攻撃を最少失点で抑えたこと、すぐに同点に追いついたこと、この当たり前に思えることによって、ゲームは追いついた側のドラゴンズに流れ始めた。笠原は5回を投げて90球、5安打を打たれ4つの四球を出しながらも、1失点でマウンドを降りた。

この試合は、笠原とバッテリーを組んだ木下拓哉のひとり舞台となった。3回裏には、大島、岡林の1、2番コンビが連続ヒットで出塁した後、レフト前にタイムリーヒット。1番から3番が3連打で得点なんて、昨今のドラゴンズでは珍しい攻撃だった。とても気持ちがいい。これで2対1となり、笠原は勝ち投手の権利を持ったまま交代したのだが、木下はさらに大きなプレゼントを笠原に用意していた。相手を突き放す2ランホームランだった。

7回裏、岡林がフォアボールで出塁した時、実は頭によぎったことがある。そろそろ木下の豪快なホームランが見たい。ホームランというものは、その〝形〟を持つ打者がいる。現在のプロ野球界ならば、パ・リーグの柳田悠岐、中村剛也、そして山川穂高。ドラゴンズではかつて4番をつとめた落合博満だろうか。

実は木下は、自分のホームランスタイルを持つ打者である。実に〝涼し気に〟バットを振り抜き、打球は〝気持ち良さそうに〟スタンドに飛び込んでいく。それは木下という選手の人柄がバットとボールに乗り移るから、というのは言い過ぎか。その木下が打った瞬間にそれと分かる2ランホームラン。3点差となれば、残り2回を、清水達也とライデル・マルティネス、竜が誇る2人のクローザーで抑えることができる。その意味でも大きな一発だった。木下はこの日チームの全得点となる4打点を挙げて、3年ぶりの勝ち星をつかんだ笠原と共に、ヒーローインタビューのお立ち台に上がった。

コロナ禍で大量の主力選手を欠くスワローズ相手の連勝。勝って当然とは思うものの、よく勝った。これで2カード連続の勝ち越しで借金は10。一歩一歩、返済していこう。それは1082日の間、勝ち星がなかった笠原の歩みのように……着実に。

2022.7.15
［阪神甲子園球場］

若竜が躍動! 2年目の上田が好投、同じく2年目の土田がショート先発

立浪監督のコメント

上田はよく6回まで投げました。チャンスはあったので打つ方が追いついてあげないと。甲子園で1個も勝ってないので、明日どんな形でもひとつ勝たないと落ち着けない。またチーム全体で頑張っていきます。

	1	2	3	4	5	6	7	8	9	計
中日	1	0	0	0	0	0	0	0	0	1
阪神	0	2	0	0	0	0	0	0	x	2

●上田（3試合0勝3敗）、根尾、森、福－木下拓

【戦評】この日も打線は拙攻続きで、阪神打線は3安打で2得点、対する中日打線は9安打ながら1得点と効率の悪い攻めを続け、青柳に10勝目を献上してしまう。先発の上田は6イニングを2失点、7奪三振と好投を見せたが、2回北條に許した2ランホームラン1発に泣き、初勝利はまたもお預けとなった。

こういう先発オーダーが見たかった！　3連勝の勢いと共に乗り込んだ甲子園球場。阪神タイガースの先発はエース・青柳晃洋。立浪和義監督は先の対戦でずらりと左打者を並べたが、この日もそれを踏襲した。大きな違いは8番ショートに期待の2年目、土田龍空を入れたことだった。プロ初スタメンである。2番に髙松渡、3番にはこのところ好調の岡林勇希が入った。先発は、土田と同じ2年目の左腕・上田洸太朗。若い〝左〟オーダーで青柳に挑んだ。

3度目の先発となった上田は、立ち上がりから素晴らしい投球だった。持ち前のコントロールもよく6回を投げてちょうど100球、被安打はわずか2本だった。悔やまれるのは、2回裏に北條史也にレフトスタンドに2ランホームランを打たれたこと。2安打の内の1本がこれだった。

若竜はがんばった。甲子園という舞台には若い選手が躍動する姿が似合う。先発の19歳上田、そしてこの日3安打の20歳岡林、それに加えて、もうひとりの19歳土田もがんばった。ショートの守備は見ていて安心させられた。そして高校時代にこの甲子園球場でひときわ輝いた22歳の根尾昂は、上田の後を受けて7回に登板した。初球は自己最速の153キロ、3人をきっちりと抑えた。若竜が躍動したゲーム、だからこそ勝ちたかった。

勝

2022.7.16

［阪神甲子園球場］

大野雄大が熱投！ ライデルの失点で まさかの延長戦を三ツ俣が制す

立浪監督のコメント

（3回の円陣で）打てなかった打席を守備まで持っていくなと。11回はビシエドがいい形で出塁してくれた。平田の一発も非常に助かりました。（途中交代の高橋周は登録）抹消かなと。アリエルも明日の様子を見て。

	1	2	3	4	5	6	7	8	9	10	11	計
中日	0	1	0	0	0	0	0	0	0	0	2	3
阪神	0	0	0	0	0	0	0	0	1	0	0	1

大野雄、清水、R・マルティネス、○藤嶋（31試合1勝0敗）、祖父江（27試合2勝3敗1S）－木下拓

【戦評】1点リードの9回裏、土田のフィルダースチョイスでR・マルティネスが同点に追いつかれてしまう。しかし11回表、2ベースで出塁した先頭ビシエドの代走髙松をバントで送り、三ツ俣の犠飛で勝ち越しに成功。続く代打平田に2020年11月6日以来となる復活弾が飛び出し、接戦をものにした。

先発スタメンを見て、とてもうれしかった。「8番ショート土田龍空」。前日に続いてのスタメン起用だ。これが立浪采配である。チームが苦しい時こそ、こうした若い力が必要である。しかし、実際にそれを継続することができるかどうか。それがリーダーの〝懐の深さ〟であり、〝腹の括り方〟なのだと思う。何より、土田の場合は、その守備力が立浪和義監督のお眼鏡にかなったのだろう。ファンとしてはうれしい限りである。

その土田、入団2年目の19歳だが、たしかにその守備はうまい。ボールに追いつくスピードが速く、キャッチングも確かだ。あとは送球が安定してくれれば、いいショートになるだろう。

入団1年目の昨シーズン、ウエスタン・リーグの試合で珍しいトリプルプレーを演出した。そのキーマンがショートの土田だった。「左打者のショート」というのは、実はドラゴンズには多かったはずだが、京田陽太が不振で二軍落ち、根尾昂が投手への転向、こうした中で、守備のセンスが光る土田の存在がクローズアップされてきた。

守備の要のショートだけにもちろん課題も多い。この日も1点リードの9回裏、三塁ランナーの近本光司がショートゴロで本塁へ突入した時、ほんの一瞬だけ土田が送球の

前にボールを握り直した。立浪監督がリクエストを要求するほど、際どいプレーとなったが、あの〝一瞬〟がなければ、ゲームはそのまま1対0で勝っていたはずだ。でも、こうした苦い経験から名ショートへの道は開けていくのだろう。

この試合は、エース大野雄大が久しぶりに「これぞエース」という投球を見せた。正直、1対0で大野がこのまま完封するのではと思っていた。9回裏にマウンドに立つのはライデル・マルティネス。ここまで28試合連続で無失点を続けてきた。しかし、記録はいつか途絶える。それが今夜だった。いきなりセンター前ヒットで出塁し、盗塁を決めてライデルを揺さぶる近本はさすがだった。29試合目にして入れられた得点は、ゲームを振り出しに戻す重い1点となった。

しかし、ドラゴンズ自慢のリリーフ陣は、その登場順が変わっても強力だった。ライデルの後、10回に登板した藤嶋健人は3人をピシャリと抑える気迫の好投で、攻撃のリズムを再びドラゴンズに持ってきた。

そして三ツ俣大樹である。今シーズンは、その勝負強さが光る。5月28日の交流戦、古巣オリックス・バファローズのエース・山本由伸から、決勝タイムリーを放って以来、実に3度も決勝打を打っている。延長11回表、1死三塁、三ツ俣は今季4度目の決勝打となる犠牲フライをセンターに打ち上げた。三ツ俣は代打ではなかった。サードの高橋周平が試合中に脇腹を痛めて、2回からサードの守備に入っていたのだ。

ケガは仕方ないとはいえ、高橋の弱さと三ツ俣の強さ、明暗がくっきりした延長戦だった。

延長戦で輝いたもうひとりの選手が平田良介である。三ツ俣の決勝点の後、代打で登場してレフトスタンドへホームランを放った。昨シーズンは異型狭心症にかかり、さらに今シーズンは新型コロナウイルスにも感染し、ほとんど一軍で活躍していない平田の顔は、日焼けで真っ黒だ。二軍のデーゲームでチャンスをうかがってきた。大阪桐蔭高時代には、1試合3ホームランを放った舞台である甲子園球場。平田の復活弾がこれからの反撃の狼煙(のろし)だとするならばうれしい。

弱いチームは大勝するが大敗もすると1週間前に書いた。でも、こうも言いたい。強いチームには日替わりヒーローが出る。今夜は三ツ俣と平田だった。さて明日は誰がヒーローになるのだろうか？　そんな楽しみを是非、次の試合でも現実にしてほしい。

2022.7.17

［阪神甲子園球場］

ケガ人続出の中、育成選手のワカマツがいきなり5番・サード、しかし惜敗

立浪監督のコメント

柳は最近立ち上がりにやられるので、意識過剰になったかなと。最後の最後にひとつチャンスがあったけど、今切り札の平田と大島が打てなかったら仕方ない。それだけです。（昇格組には）どんどんチャンスをあげたい。

	1	2	3	4	5	6	7	8	9	計
中日	1	0	0	0	0	0	0	0	0	1
阪神	3	0	0	0	0	0	0	0	x	3

●柳（16試合6勝7敗）、福、根尾－木下拓

【戦評】初回1点先取して迎えた裏の守り、先発の柳は自身のエラーが絡んだタイムリーで1死も取れずに逆転を許し、さらに本盗も決められ3点を入れられる。阿部、高橋周ら主力を欠く打線はやはり迫力不足で、以降は両軍0行進が続きそのまま試合終了。柳は立ち上がりに課題を残し7敗目。

〝野球の神様〟は一体どれだけ、立浪ドラゴンズに試練を与えるのだろうか。高橋周平とアリエル・マルティネスが登録抹消。高橋は前日の試合で二塁打を打った時に右の脇腹に痛みが走ったようだ。アリエルはずっと完全ではなかった左手首の傷みが、いよいよ限界を迎えた。この大ピンチに、立浪監督は大胆な策を取った。育成選手のルーク・ワカマツを支配下登録、いきなり「5番・サード」でスタメンに起用した。米国出身で両打ちの内野手、ワカマツという名前が示すように日系人で、2020年の暮れに育成契約を結んだ。かつてのドラゴンズの監督で、ここまでドラスティックに新戦力を起用した監督はいないだろう。その意味で、立浪采配は見事だ。しかし、それは選手層の薄さの裏返しでもある。初回に3番に入った木下拓哉の犠牲フライで先制したものの、4番のダヤン・ビシエドが凡退で1点止まり。クリーンアップが機能せず。先発の柳裕也は、初回にあっという間に3点を返され、せっかくの先取点も一気に吹き飛んだ。そのまま1対3で敗れた。

この日のワカマツのように新たな希望の光はある。しかし、まだ儚（はかな）いままであり、それを中堅とベテランが支えながら確固たる形にできるかどうか、そこにドラゴンズにとっての課題がある。

2022.7.18
［バンテリンドーム ナゴヤ］

髙橋宏斗が自己最高 12奪三振の圧巻投球! しかしまたも援護なく勝てず

立浪監督のコメント

髙橋宏は佐野の一発だけですね。打たれることはありますけど、初球を打たれたというのは反省しないといけない。そこ以外はいいピッチングだった。現状のメンバーで何とかね。1点で終わったというのがね。

	1	2	3	4	5	6	7	8	9	計
DeNA	0	0	2	0	0	0	0	0	0	2
中日	1	0	0	0	0	0	0	0	0	1

●髙橋宏（11試合2勝4敗）、藤嶋、谷元－石橋、木下拓

【戦評】初回無死満塁から4番ビシエドに犠飛が出るも、後が続かず1点で攻撃を終える。嫌な雰囲気で迎えた3回表2死一塁、先発髙橋宏がDeNA佐野に2ランを浴びて逆転されてしまい、そのまま試合終了。苦手とする先発ロメロをまたも攻略できず、髙橋宏を援護できずじまいの一戦となってしまった。

ドラゴンズの先発は髙橋宏斗。七夕の夜、横浜スタジアムで圧巻の熱投を見せた。この日の相手は、同じ横浜DeNAベイスターズ。その投球は、ハマスタの時よりもさらに成長していた。それはまずマウンドでの立ち姿に表れている。本拠地ということもあるのだろうが、実に堂々としていた。余裕めいたものすら感じられた。髙橋は7イニングを投げ、112球で12の三振を奪った。打たれた安打はわずか3本、しかし3本の内の1本、これさえなければ……。それが3回に佐野恵太に打たれた2ランホームランだった。

それでも点を取れば勝てる。しかし、その点が入らないのが今のドラゴンズである。初回、先頭の大島洋平がフォアボール、2番の岡林勇希が右中間へツーベース、この日は3番に抜擢された後藤駿太がデッドボールで、無死満塁となった。ここで4番のダヤン・ビシエド。ライトへ犠牲フライを打ちあげて、大島が先制のホームを踏んだ。4番としては最低限の仕事だろう。前日に続いてこの日も5番に入ったルーク・ワカマツがキャッチャーフライ、続く溝脇隼人がショートゴロで、結局1点止まりだった。初回の無死満塁で、さらに点が入っていたら、その後の展開はまったく変わっていた。12奪三振の高橋は4敗目となった。若い投手を育てる、それは打線の大きな役割でもある。

2022.7.19

［バンテリンドーム ナゴヤ］

ビシエドの先制3ランでも苦戦、祖父江が見事な火消し、土田の好守で辛勝

立浪監督のコメント

初回いい形でビシエドの3ランが出た。ベンチも活気づいた。（2番手で踏ん張った祖父江は）本来のボール、キレが戻りつつある。貴重な存在。9回土田は難しい当たりだったが、本当にうまく処理した。

	1	2	3	4	5	6	7	8	9	計
DeNA	0	1	1	0	0	0	0	0	0	2
中日	3	0	0	0	0	0	0	0	x	3

○小笠原（12試合4勝6敗）、祖父江、藤嶋、清水、R・マルティネス（32試合2勝1敗21S）－木下拓

【戦評】初回からチャンスメークに成功し、1死一、二塁からビシエドの3ランで先制に成功。先発の小笠原は4回まで毎回ランナーを許す苦しい内容も要所で粘り、5回は3者連続三振で気概を見せる。祖父江らリリーフ陣はDeNA打線を9者連続アウトに取るなど流れを渡さず、DeNA戦の連敗を6で止めた。

ダヤン・ビシエドが、初回に先制3ランを打った。先頭の大島洋平がセンター前ヒットで出塁し、2番の岡林勇希がバントで送る。この試合で3番に入ったのは平田良介。ここへ来てのベテランの3番スタメン起用は抜擢といえるのかどうかだが、フォアボールで出塁した。こういうさりげない出塁は極めて重要であろう。そして4番・ビシエドのバット一閃。打球はレフトスタンド中段に飛び込んだ。相手の横浜DeNAベイスターズ4番の牧秀悟が、左足首の不調で欠場したが、竜の4番がやってくれた。このホームランが出た瞬間、今夜こそはハラハラドキドキせずに、ドラゴンズの試合を楽しめるかと期待したのだが……。

先発の小笠原慎之介がピリッとしない。初回から毎回のようにヒットを打たれて、ランナーを出す。せっかく3点を先制したのに、すぐに2回に1点を返された。3回には2番・桑原将志から、3番・佐野恵太、牧に代わって4番に入ったネフタリ・ソトと、何と3連打を浴びて、さらに1点を追加された。3対2の1点差。むしろよくこの回も1点でしのいだものだと思えるほど、その投球は不安定だった。小笠原は5回表のベイスターズの攻撃を3者連続三振に切って取った。これで波の乗ったかと思ったものの、続く6回である。再び、3番の佐野、4番のソトで連打され

て無死一、二塁。さすがにベンチも我慢できなかった。ここで小笠原は降板し、背番号「33」の祖父江大輔がマウンドに上がった。まさに絶体絶命のピンチ。しかし、この日の祖父江は力強かった。5番の宮﨑敏郎を空振り三振、続く2人も打ち取って、無失点に抑えるリリーフでベンチに小走りで戻った。お見事！

ふと気づくと、祖父江の顔には少しだけ髭が戻ってきていた。立浪和義新監督の方針で、髭や茶髪が禁止され、祖父江も長年のトレードマークだった髭をきれいに剃っていたが、この日は剃り忘れたか、剃り残したか。その髭が力を与えてくれたのか。

祖父江が〝投のヒーロー〟であり、先制3ランのビシエドが〝打のヒーロー〟であるならば、〝守のヒーロー〟は土田龍空だろう。堅実な守備を見せながら、このところ毎試合、先発ショートでスタメン起用され続けている。特に遊撃手というポジションには厳しい立浪監督も、その守備を認めているのだろう。

7回表のマウンドには藤嶋健人が上がった。ツーアウトの後、1番に入っている蝦名達夫の当たりは、センター前に抜けたかと思った。しかし、それにショートの土田が飛びついた。ゴロを捕球すると、すぐに立ち上がって一塁へ送球し、ショートゴロでアウトとした。マウンドの藤嶋が何度もグラブを叩いて喜びを爆発させるほどのナイスプレーだった。

土田は9回表にも、二塁ランナーと交錯して難しかった打球も無難に処理した。ひょっとしたら、これまでずっと決め手に欠いていたドラゴンズのショートストップが、「土田龍空」というピースで埋まるのかもしれない。

ビシエド、祖父江、そして土田。3人の活躍で、ゲームは3対2でドラゴンズが逃げ切ったが、もうひとり、殊勲選手としてキャッチャーの木下拓哉を挙げたい。9回裏に抑えのライデル・マルティネスがランナーを出し、同点のピンチを迎えた時に、いきなりベンチに合図して、落合英二ヘッド兼投手コーチと通訳をマウンドに呼んでライデルと話をした。珍しい場面だった。直後にライデルは、それまで投げていなかった変化球を2球続けて打者を追い込み、最後はストレートで三振に抑えてゲームセット。直球勝負をしたかったライデルに変化球を投げさせるための〝策〟だったのだが、なかなか見ることができない光景だった。

見事に抑えた結果から見ても、正捕手のファインプレーだった。苦手とするベイスターズから今季ようやくの2勝目。これまでの借りを返すためにも、明日も必勝だ！

2022.7.20

［バンテリンドーム ナゴヤ］

根尾投手が初のイニングまたぎで好投、しかし敗戦で前半戦を終了

立浪監督のコメント

笠原はチェンジアップが効かなかった。低めにコントロールしないとだが、高くいくとやっぱりね。根尾は中継ぎの戦力ではあるんですけど、先を見据えて（二軍で先発というのも）考えないといけない。

	1	2	3	4	5	6	7	8	9	計
DeNA	0	0	0	2	2	0	1	0	1	6
中日	0	0	0	0	0	0	2	0	2	4

●笠原（3試合1勝1敗）、森、福、根尾、タバーレス－木下拓

【戦評】今季2勝目を目指す先発の笠原は、DeNA打線の拙攻に助けられ3回まで0に抑えるも、中盤に捕まり4回5回と連続で失点してしまう。打線は終盤に福田の今季1号ホームランなどで意地を見せるも反撃及ばず。DeNA戦今季初のカード勝ち越しとはならず、2015年以来となる前半戦の最下位ターンが確定した。

1人の投手がマウンドへ上がることによって、球場全体の空気が一変する。ドラゴンズの背番号「7」、根尾昂投手である。先発の笠原祥太郎が打たれて、0対4とリードされて迎えた7回表、リリーフの福敬登が先頭の蝦名達夫にソロホームランを許すと、立浪和義監督は投手交代を告げた。「福に代わりまして、ピッチャー根尾」。この場内アナウンスに、新型コロナウイルス感染拡大もあって空席が目立つバンテリンドームナゴヤは、まるで満員かと思うほどに沸いた。根尾はソトを空振り三振に切って取った。

根尾は次の8回もマウンドへ。三者凡退でこの回も抑えた根尾はベンチ前で、守備から戻ってくる野手陣ひとりひとりに声をかけながら迎える。大好きな光景である。どこか高校野球の匂いがするし、チームはこうして鼓舞されていくものだと思う。かつて大阪桐蔭高時代に、春夏連覇など甲子園で大活躍したリーダーならではの姿でもある。打線は7回に5番・木下拓哉が、美しい弾道で、ここまで抑えられてきた大貫晋一からレフトスタンドに2ランホームラン。明らかに根尾が球場の空気を変えた効果だった。

しかし4対6で敗れ、ベイスターズには5カード連続の負け越しで50敗目、7シーズンぶりとなる球宴前の最下位ターンが決まった。

2022.7.29

［MAZDA Zoom-Zoom スタジアム 広島］

髙橋宏斗8回1死までノーヒットノーランの好投、ビシエド3発で後半戦初戦快勝

立浪監督のコメント

髙橋宏はノーヒットノーランできればよかったが、甘くない。打たれなかったら9回まで行く予定だった。ビシエドは夏強いんで期待しています。前半で借金12つくって、このまま終わるわけにはいかない。

	1	2	3	4	5	6	7	8	9	計
中日	2	0	2	0	2	0	0	2	1	9
広島	0	0	0	0	0	0	0	0	0	0

○髙橋宏（12試合3勝4敗）、藤嶋、根尾－木下拓

【戦評】後半戦初戦、先発には髙橋宏を抜擢。援護したい打線はビシエドのホームラン3発などで小刻みに加点。広島打線を8回1死までノーヒットノーランに抑え、結果被安打1本に抑えた髙橋宏は3勝目。9回登板の根尾も自己最速となる154キロを記録し、ビジターパフォーマンス席の竜党は歓喜に酔いしれた。

２０２２年ペナントレース後半戦がスタート。先日のオールスターゲーム第1戦で、ドラゴンズから出場したダヤン・ビシエドが、ライトスタンドに力強いホームランを打つのを見て、「ペナントレースでも打ってほしい」と思った。本音を言えば、それまで11本しかホームランを打っていない〝竜の4番〟に対して、「ペナントレースに取っておいてよ」とも思った。そんな不満を吹き飛ばすようなビシエドの活躍もあったのだが、後半戦最初のゲームは、シーズンに何度かはある〝模範的な勝ちゲーム〟。これだからファンはやめられない。見事な勝利だった。

主役はビシエドよりも、19歳の若き投手だった。立浪和義監督から後半戦の最初の試合を任された髙橋宏斗が圧巻の投球を見せた。相手は広島東洋カープ、そして戦いの場はマツダスタジアム。今シーズン、何度も辛酸をなめてきた屋外の球場だ。しかし、髙橋はそんな環境に影響されない。７月７日に横浜スタジアムで、その熱投を実際に見てきた。球団日本人投手最速を更新する１５８キロ。まだ高校野球の幻影が残っているのか、なぜか髙橋には、屋外の球場が似合うような気がする。

初回のカープの攻撃を、わずか8球であっさり三者凡退に打ち取ると、一気に波に乗った。適度な荒れ球も効果的

だった。６回の先頭には代打で堂林翔太が登場してきた。中京大中京高の大先輩でもある堂林。４月29日、同じような場面で痛恨のホームランを浴びたが、この日は違った。見事、空振りの三振に仕留めた。

８回に入ると、見ている側もさすがに意識し始めてしまう。ノーヒットノーランである。10代での達成だと、どうしても１９８７年（昭和62年）８月の近藤真一（真市）投手を思い出してしまうが、残念ながら、１１０球目をカープの７番・小園海斗に、うまくセンターに運ばれて二塁打。ここで立浪監督はすかさず投手交代。大記録達成まで、あとわずか５人だったが、見事な投球だった。

そんな高橋に負けないほどのインパクトを残したのは４番・ビシエドだった。初回に阿部寿樹の犠牲フライで先制した直後、レフトスタンドにホームラン。オールスターゲームからの好調をちゃんと公式戦でも維持してくれたことが、ファンとしてはうれしい。しかし、この日のビシエドは、それだけに留まらなかった。続く３回表には、ランナーを二塁に置いて、左中間に大きな２打席連続のホームラン。これだけでは終わらなかった。８回にはまたまたランナーをひとり置いてレフトへの２ラン。９号、10号、11号の１試合３本塁打はビシエドにとっては、初めてのこと。球団では、２０１０年の森野将彦以来12年ぶりの快挙なのだが、“助っ人”ということからすれば、１９７４年（昭和49年）のトーマス・ジーン・マーチンを思い出してしまった。開幕まもない新外国人選手の３連発にドラゴンズファンは大いに沸いたものだ。

そのシーズン、ドラゴンズは20年ぶりのリーグ優勝に駆け上がるのだが、やはり４番には、時にこうしたド派手な活躍が望まれる。よく打った、ビシエド！　そして、どうかこれが復活へのきっかけになってくれればと願う。90試合でホームラン11本では寂しい。過去にビシエドが得意としてきた暑い８月は目の前に来ている。暑さを吹き飛ばす熱い一発に期待したい。

語りたいことが多すぎるナイスゲーム、さらに２人を讃えたい。後半戦もショートのスタメンで起用されている土田龍空、初回にセンター前に落ちそうな当たりをダイビングキャッチした守備。もちろん５回表の満塁からの２点二塁打も見事だった。そして勝ち試合を初めて締めくくった根尾昂の自己最速１５４キロの速球。どこまで進化するのだろうか。

後半戦の逆襲へ、最初のゲームは、申し分のない初戦になった。

2022.7.30

［MAZDA Zoom-Zoom スタジアム 広島］

キューバの本塁打王レビーラ、デビュー戦で特大のホームランを披露

立浪監督のコメント

レビーラはスイングに粗さはあるけど、振れるので魅力はある。これからも積極性は失わずやってほしい。7回の小笠原は100球を超えていたけど踏ん張った。この2試合非常にいいスタートを切れた。乗っていきたい。

	1	2	3	4	5	6	7	8	9	計
中日	0	0	0	0	1	0	1	1	0	3
広島	0	0	0	0	0	0	0	0	0	0

○小笠原（13試合5勝6敗）、ロドリゲス、R・マルティネス（33試合2勝1敗22S）－木下拓

【戦評】5回表、この日デビュー戦となったレビーラの特大1号ソロホームランで中日が先制する。先発小笠原も自己最速となる152キロを記録するなどボールが走り7回を零封。鬼門マツダスタジアムで3年振りの勝利投手となった。ロドリゲスも故障から復活を果たし、後半反撃へ明るい材料が見えた日となった。

DREAMS COME TRUEのヒット曲のタイトル『LOVE LOVE LOVE』を思い出してしまった。思わず「レビーラ、レビーラ、レビーラ」と叫びたくなってしまったこのゲーム。キューバ国内リーグの本塁打王、日本プロ野球での鮮烈なデビューだった。

前半戦が終了、オールスターゲームの開催に合わせて、ドラゴンズは2人のキューバ出身選手を育成から支配下登録した。ペドロ・レビーラとギジェルモ・ガルシア。どちらも強打を期待して、育成選手の期間は短く、すぐに支配下登録された。前日には背番号「95」をつけたガルシアが、「6番・レフト」で先発出場した。キューバ出身の先輩ダヤン・ビシエドの3本のホームランが目立ちすぎてしまったが、2打席目でライト前へ来日初ヒットを打った。しかし続く2打席は三振だった。

一夜明けて、今度は背番号「94」のレビーラが、同じ「6番・レフト」でデビュー戦に臨んだ。実はレビーラは、一塁手か捕手の経験しかなく、登録も内野手。外野手としては経験不足なのだが、昨年のキューバ国内リーグで26本のホームランを打ち、本塁打王のタイトルに輝いた。立浪監督が打撃の映像を見て獲得を希望したというだけに、その長打力への期待が大きい。2回、最初の打席に立った雰囲

気は、福岡ソフトバンクホークスのアルフレド・デスパイネだろうか、筋肉の塊という雰囲気だ。その打席はセカンドゴロでダブルプレー。しかし、次にやってきた5回表の第2打席目で「出た！」。

今シーズンここまで、いいように抑えられてきた広島東洋カープの先発、ドリュー・アンダーソンの3球目をフルスイングした打球は、レフトが一歩も動かずに見上げるという特大ホームラン。打球の行方は最上段防球ネット？または場外ホームラン？　それほどの当たりだった。

かつて、同じキューバ出身のビシエドが、来日したばかりの2016年の開幕戦でホームランを打った。それよりも、09年のトニ・ブランコ選手を思い出していた。ドラゴンズ最強助っ人のひとりに数えられるタイロン・ウッズに代わって4番に座ったブランコが、現在は横浜DeNAベイスターズの監督である三浦大輔投手（当時）からバックスクリーンに打ち込んだ特大のデビュー弾。ライナーでスタンドに運ぶビシエドとは異なる弾道は、そのブランコに似ているように思えた。

一瞬息を飲んだ当たりだったが、さらにうれしかったのは8回表に回ってきた4打席目。二塁にはヒットと送りバントで進んだビシエドがいた。ここでもレビーラは内角球をフルスイング。打球は三塁線を破る値千金のタイムリーヒットとなった。上々のデビュー戦、そして何よりもあのホームランの弾道は、各チームのスコアラーによって〝警戒警報〟と共に報告されるはずだ。この時点で、ホームランの数がリーグどころか12球団で最も少ないドラゴンズ。他球団による対策が進む前に、どんどんホームランを見せてほしい。キューバの本塁打王、その雄姿が楽しみである。まだ弱冠23歳のレビーラ。楽しみな新戦力が、いきなり登場した。

打線が活発になれば、間違いなく投手陣にも余裕ができる。先発の小笠原慎之介は、球数を使いながらも、カープ打線を0点に抑え続けた。4回ですでに80球を超えていたが、7回までを無失点に抑え、2対0でマウンドを降りた。バトンを受けたのは、手首の不調から二軍で調整していたジャリエル・ロドリゲス。復帰のマウンドをきちんと締めて、ライデル・マルティネスへ。2人ともレビーラと同じキューバ出身の選手。異国にやって来た後輩のホームランを、ホールドとセーブによって演出した。

後半戦に入って2連勝、それも何より勝ち方が素晴らしい。逆襲への手応えに思わずうれしくなって、猛烈な暑さでさえ心地よくなってきた。

2022.7.31

［MAZDA Zoom-Zoom スタジアム 広島］

ビシエド3安打3打点で3連勝、逆転タイムリーに4番の仕事を見た!

立浪監督のコメント

9回土田の守備は大きかった。ナイスプレーでした。（好調ビシエドは）インサイドの我慢もしているし、打てるボールを打ちにいっている。（苦手の屋外ビジターで3連勝できたのは）点が取れているからじゃないですか。

	1	2	3	4	5	6	7	8	9	計
中日	0	0	1	0	1	0	1	3	0	6
広島	1	0	0	0	0	1	2	0	1	5

松葉、藤嶋、清水、○福（22試合2勝2敗）、ロドリゲス、R・マルティネス（34試合2勝1敗23S）－木下拓

【戦評】この日は序盤から取って取られてのシーソーゲームとなったが、4番ビシエドが5回に勝ち越しタイムリー、8回に逆転2点タイムリーが飛び出すなど大当たり。マツダスタジアムでは2012年4月以来10年振りとなる3連勝を決め、3位に3ゲーム差へ迫り8月戦線へ突入することになった。

大量の借金を返す最善の方法、それは連勝である。後半戦がスタートしてドラゴンズは敵地マツダスタジアムで広島東洋カープ相手に連勝、それも勝ち方がいい。ここまで来たら、もう1つついただいて3連勝としたい。3勝と2勝1敗、この違いはものすごく大きい。ましてや2桁の借金を抱えて最下位にいるチームにとっては……。シーズンも7合目ぐらいまで来た今、とにかく勝ち続けたい。そんなファンの思いに応えてくれたのは、4番のダヤン・ビシエドだった。

先日のオールスターゲームでのホームラン、そして後半戦最初の試合での3発、ビシエドの調子が上がってきていることは事実だった。これまでガッカリさせられ続けた日々があっただけに、期待して応援しながらも「大丈夫か」とまだまだ少し身構えてしまっている。しかし、この日のビシエドは〝頼れる4番〟だった。5回の1死満塁でまずタイムリー。リーグ1位の併殺打数13を記録してきたとは思えない勝負強さで、じりじりとカープとの接戦に追加点を加えていく。

1点をリードして迎えた7回裏、マウンドには〝勝利の方程式〟のひとり清水達也が上がった。ジャリエル・ロドリゲスの離脱によって、8回を任されていたが、ジャリエ

ルの復帰によって再び7回の担当に戻った。前半戦の〝投のヒーロー〟と言ってもいいだろう。背番号「50」の投球には風格さえ漂い始めていた。しかし、この日は違った。先頭の小園海斗こそ抑えたものの、その後に3連打で満塁のピンチに、菊池涼介の犠牲フライ、そして秋山翔吾のしぶとい内野安打で逆転を許してしまった。

これまでのドラゴンズなら、間違いなく負けるパターンだったであろう。しかし、この日のドラゴンズは違っていた。続く8回表、新しくトレードで加入した後藤駿太が内野安打で出塁した後、2死二、三塁までチャンスを広げて、ここで4番・ビシエド。これまでのビシエドなら、間違いなく凡退するパターンだったであろう、しかし、この日のビシエドは違っていた。三遊間を破るタイムリー2点打で再逆転。「あと1本が出ない」と言い続けてきたが、「あと1本」が出た。さらに5番・木下拓哉が二塁打で続き、「2本目」にもなった。ここしばらく、ドラゴンズ打線から姿を消していたしぶとい逆転劇。ふと気づいた、今は8回表か……。

シーズン当初、8回の攻撃で粘りを見せた「ミラクルエイト」という言葉が、立浪ドラゴンズの象徴にもなっていた。そんな「ミラクルエイト」が復活した。

ゲームはそれでも最後の最後までもつれた。絶対的な守護神であるはずのライデル・マルティネスが安定しない。2点リードとはいえ、9回2死二、三塁で、秋山の打球はセンター前に抜けようとした。それをショートの土田龍空がダイビングキャッチで止めた。ファーストへの送球は間に合わず、内野安打になって1点は入ったが、抜けていれば同点だったはず。このところ、ショート・土田の守備が光っている。この試合も最後にチームの3連勝を確実にした好プレーだった。

一歩一歩、土田がショートのレギュラーへの道を登り始めている。ライトのポジションをとった20歳の岡林勇希よりもさらに後輩、現在19歳の土田。

「若手を起用する」という立浪采配によって、また新しい光が輝きを増してきた7月最後のゲームは、6対5で競り勝った。3連勝となった3試合、いずれも手応え十分の戦いだった。借金は半月ぶりにひとケタの9、そして月間の勝ち越しも決まった。

5位の読売ジャイアンツはコロナウイルス感染者が多く、異例のゲーム中止が続く。それさえなければ、ひょっとしたら今ごろドラゴンズが最下位を脱出しているような気がして、無性に悔しくなった。

#093

2022.8.2

［明治神宮野球場］

ヤクルト村上の5打席連続ホームランに脱帽、柳が撃沈で打線も沈黙

立浪監督のコメント

（村上の1打席目は全球変化球攻め、3打席目は全球直球の配球だが）作戦なので詳しいことは言えないが、いろいろ徹底するために。四球が絡んでの長打は大量失点になるので、明日は攻める投球をしてもらいたい。

	1	2	3	4	5	6	7	8	9	計
中日	0	0	0	0	0	0	0	0	0	0
ヤクルト	2	0	2	0	0	1	0	0	x	5

●柳（17試合6勝8敗）、谷元、森－木下拓

【戦評】ヤクルトの4番村上が3打席連続ホームランの状態で突入した一戦。記録を止めたい先発の柳であったが、初回に38号ソロホームラン、続く3回に39号2ランホームランを被弾し、プロ野球新記録となる5打席連続ホームランを打たれてしまう。対するドラゴンズ打線はわずか4安打に終わり零敗した。

脱帽である。脱帽としか言いようがない。

東京ヤクルトスワローズの22歳、若き4番・村上宗隆が、本拠地である神宮球場でプロ野球のホームラン記録を塗り替えた。5打席連続のホームラン。我らがドラゴンズ、そして先発の柳裕也は、完全にその〝引き立て役〟に回った。日本列島を真夏の高気圧が覆い、各地で酷暑日となったこの日、プロ野球の熱は頂点に達した。たとえドラゴンズが敗れたとしても、今日だけは村上に拍手を送るしかないだろう。

村上の連続ホームラン記録は、7月31日の阪神タイガース戦の7回表から始まった。追撃の一撃となる35号を打つと、9回表には同点ホームランとなる36号、そして延長11回には決勝2ランとなる37号。負けていたゲームを、自身のバットで豪快に勝たせるのだから、本当に大したものだと思っていた。この日は4番のダヤン・ビシエドが、3安打3打点と大活躍したのと同じ夜だったから、どこか気持ちにも余裕があった。そんなこともあってか、先発の柳が初回に村上と相対した時、連続打席ホームラン記録が継続中であることなど、ほとんど意識していなかった。

村上が柳から放った38号ホームランはインパクトがあった。ボールを目で追えないほどの弾丸ライナーでライトス

タンドに飛び込んだ。この時点で村上が、日本プロ野球史上で過去に20人が記録した4打席連続ホームランに並んだことを知った。

そして3回1死一塁で、いよいよ新記録がかかった第2打席がやって来た。正直、まさか打たれるとは思わなかった。柳裕也である。昨シーズンは最優秀防御率と最多奪三振、2つのタイトルも取った。コントロールもいい。やみくもに勝負に行く投手とは違って、クレバーな投球術を会得している。しかし、フルカウントからの6球目、今度はレフトスタンドに打球を運ばれた。この瞬間、日本プロ野球に新たな歴史が刻まれ、マウンドの柳は両手を膝についてうなだれた。ドラゴンズファンの友人ですら、テレビ観戦中に「いいものを見た思い。あっぱれ!」と短いメールを送ってくれたほど。それはプロ野球ファンを熱くさせる一打だった。

村上の新記録であらためて気づかされたことがある。「王貞治さんらが持つ4打席連続ホームランの記録を塗り替えて」と報じられたが、「王貞治さんら」の「ら」には、ドラゴンズの選手が2人いたのだ。その2人とは、1977年(昭和52年)6月の高木守道さん、そして81年(昭和56年)9月の谷沢健一さんである。2人とも、ドラゴンズの球団史にその名を刻む名選手だが、あらためてその名前を知って感慨深い。4番打者を務めた谷沢さんならあり得るかもしれないが、1番を打つことが多く〝切り込み隊長〟のイメージが強いモリミチも、実は生涯で236本もホームランを打っている。4打席連続ホームランまで記録した77年は、その3年前に20年ぶりのリーグ優勝にチームを導いた与那嶺要監督の最終年だった。

助っ人ウィリー・デービスのランニング満塁ホームランの印象が強いシーズンだったのだが、この年に2代目「ミスター・ドラゴンズ」も大記録を作っていたのだ。こうして過ぎ去った歴史をも蘇らせるからこそ、新記録の達成はいつの時代も尊いのである。

一方、初回1死一、二塁という先制のチャンスに、リーグトップ14度目の併殺打を打った4番のダヤン・ビシエドを筆頭に、この日のドラゴンズにはまったくいいところなし。4安打に抑えられて、今季17度目の零封に終わった。

過去の竜戦士の活躍に思いをはせるしか、ファンとしてはなすすべもない。しかし、村上との対戦は、明日も明後日も続く。「脱帽」という言葉はファンには許されるが、グラウンドで戦う選手には2度は許されないことを、ドラゴンズナインは、是非、肝に銘じてほしい。

2022.8.3

［明治神宮野球場］

守備のミス連発でスワローズに連敗、根尾も被弾、大島は6安打を記録

立浪監督のコメント

(ミスが続いたが)戦力的に向こうはしっかりしたメンバーがそろっているわけですから。そこにはミスしとったら勝てんわね。執念が足りんですね。(明日)1つは勝って帰れるように引き締めて頑張っていきます。

	1	2	3	4	5	6	7	8	9	計
中日	2	0	0	1	1	0	2	0	1	7
ヤクルト	3	0	3	2	0	1	0	0	x	9

●笠原(4試合1勝2敗)、根尾、藤嶋、祖父江、谷元、森、福－木下拓

【戦評】初回阿部の2ランで先制するも、先発の笠原が直後に3点を失ってしまう。その後も打ち合いが続いたが、外野手の2度のお見合い、ショート土田の悪送球など守備が乱れに乱れた。大島が6打数6安打するなどヤクルトを上回る16安打を放つも競り負け。3連勝後に2連敗となってしまった。

惨憺たる試合だった。スコアだけを見たならば「打撃戦であと一歩。惜しかった」という感想だろうが、ゲームの内容は守備のミスによってお粗末極まりなかった。特に外野手同士がボールを譲り合ってヒットにしてしまう〝お見合い〟が目立った。

先発は笠原祥太郎。先月に同じ東京ヤクルトスワローズ相手に好投し、3年ぶりの勝利投手となった。夢よもう1度。しかし、夢は破れた。初回に2点を先制、しかしその裏に3点を取られた。立浪和義監督は笠原を1回で交代させて、マウンドには根尾昂を送った。根尾は2回を無失点に抑えたが、3回には、フライを譲り合ったり、ゴロの送球ミスが出たり、そしてドミンゴ・サンタナに2打席連続のホームランを打たれて2対6に。外野手のミスはその後も続き、ため息をつくしかなかった。ドラゴンズでは、大島洋平がひとり気を吐いた。6打数で6安打。2リーグ制になってからの1試合最多安打記録に並んだ。打率も3割2分9厘に跳ね上がり、セ・リーグの首位打者に躍り出た。

立浪和義監督は、負けた時も取材対応を丁寧にする。そんな立浪監督は本心を吐露する時、慣れ親しんだ関西弁が飛び出す。特に怒った時はそれが出る。この試合後のコメント「ミスしたら勝てんわね」。この一言に尽きるだろう。

2022.8.5

［バンテリンドーム ナゴヤ］

エースと4番、それぞれが初回に関わった併殺が明暗を分けた!

立浪監督のコメント

(相手投手の大貫に4戦全敗で)長打がないからか、思い切ってインコースを攻められている。そこを時には狙わないとずっと投げられる。(土田を二塁で起用)2つのポジションを守れた方が彼のためにもいいので。

	1	2	3	4	5	6	7	8	9	計
DeNA	0	0	1	0	1	2	0	0	0	4
中日	0	0	0	0	0	2	0	0	0	2

●大野雄(16試合4勝7敗)、福、清水、祖父江－木下拓

【戦評】1点先制され迎えた5回表、先頭神里の平凡な飛球をレフトのレビーラが捕球できず3ベースとなってしまう。悪い流れを払拭できず5回、6回と失点を重ねて敗戦。これで3連勝からの3連敗。DeNAには11敗目、名古屋では1勝8敗と、チーム別の対戦成績は悪化する一方となった。

後半戦に入って、広島で3連勝、しかし神宮で2連敗。そして本拠地バンテリンドームナゴヤに戻っての6連戦が始まった。その最初の試合、選手の入れ替えも行われた。ここまで勝負強いバッティングを見せてきた溝脇隼人がコロナ陽性、また、二軍で調整することになったギジェルモ・ガルシアに代わって、ベテランの福田永将と、このところウエスタンで打撃好調の滝野要が一軍に合流した。貧打の打線に刺激を与えることに期待したい。

このゲームは終わってみれば、初回の攻防がすべてを象徴していた。それは〝2つの併殺打〟だった。

関わったのは、エースと4番だった。ドラゴンズの先発はエース・大野雄大、巡り合わせなのだが、横浜ＤｅＮＡベイスターズ戦は今季初登板。チームはここまで、ベイスターズに2勝10敗1分と大きく負け越している。ここは大野に期待したい。その1回表、先頭の桑原将志にいきなりフォアボール。しかし、この後の大野の気迫はすごかった。続く2番の楠本泰史の送りバントが転がらずに小さなフライになると、マウンドから猛ダッシュ。ダイビングキャッチしてすかさず一塁に送球し、飛び出していたランナーを刺してダブルプレーを完成させた。

投手が打球にダイビングキャッチしてアウトにする姿は、

なかなか見る機会はない。左肩をケガしていないかと心配になるほどの、熱いファインプレーだった。エースが自ら取った併殺。ゲームはいきなり締まった……引き締まるはずだった。

しかし、それを無にしてしまったのが、続く1回裏に出た、もうひとつの併殺打だった。

先頭の大島洋平がデッドボールで出塁、3番の阿部寿樹がライト前ヒットで、1死一、二塁の先制のチャンス。ここで打席には4番のダヤン・ビシエド。正直言って「期待20%、嫌な予感80%」だった。ここまでビシエドの併殺打の数は14、リーグのトップである。結果はショートゴロでダブルプレー、実に今季15個目になった。広島では1試合3ホームランとか、3打席3打点とかがあったが、4番打者ならばそれくらい当然、むしろ、こういう局面でのタイムリーが欲しい。両チーム無得点の初回だったが、このそれぞれの併殺打が尾を引いた。

ベイスターズ打線はじわりじわりと大野を追い詰める。3回に先制点を奪われた。そして5回、ここでの追加点は痛かった。

先頭は7番の神里和毅、レフトへ打ちあがった打球は、一見イージーフライに思われた。しかし左翼の守備に入っていたペドロ・レビーラが目測を誤り、くるくる回転しながらボールを落とした。記録は三塁打。この試合から立浪和義監督は「少々は守備に目をつぶってでもレビーラを使い続ける」と決断していた。その矢先だった。

この後は8番、そして9番の投手という打順だけにエース大野には踏ん張ってほしい場面だったが、そうはいかなかった。8番の嶺井博希にタイムリーを許し2点目を献上した。自らが必死で取った併殺、味方の4番が取られた併殺、初回の攻防が心に影を落としていたのでは？　と考えるのは、少々飛躍しすぎだろうか。

大野は続く6回に致命的な2点を失ってマウンドを降りた。2点差で迎えた9回裏、先頭の阿部が二塁打、この日3本目のヒットである。ところが、こういう場面であてにならないのが続く4番のビシエドである。簡単にセンターにフライを打ち上げた。2対4のままゲームセット、ベイスターズ相手に11敗目となった。

いよいよお盆に入る直前の週末の金曜日。バンテリンドームナゴヤは空席が目立つ。新型コロナウイルス感染が拡大中ということを差し引いても、今のドラゴンズ野球がファンを球場に呼ぶ魅力に欠けていることの表れだろう。いい加減に気持ちよく勝ってほしい！

2022.8.6

［バンテリンドーム ナゴヤ］

好投の小笠原を見殺し……抑えのライデルが打たれてベイスターズに連敗

立浪監督のコメント

小笠原も頑張ってきただけに打線が見殺しにしてしまった。DeNAには打線が本当にいいようにリードされてやられてる。（ライデルは2試合連続の失点になったが）彼しか抑えはいないので、次頑張ってもらいます。

	1	2	3	4	5	6	7	8	9	計
DeNA	0	0	0	0	0	0	0	0	1	1
中日	0	0	0	0	0	0	0	0	0	0

小笠原、●R・マルティネス（35試合2勝2敗23S）－木下拓

【戦評】先発小笠原が8イニングを被安打4の無失点に抑える好投を見せるも、打線が坂本、京山らDeNA投手陣の前に拙攻に次ぐ拙攻を重ねてしまう。9回同点で登板したR・マルティネスが2死一、三塁から4番牧にタイムリーを許し、そのままゲームセット。チームはDeNA戦のみで2桁借金を積み重ねてしまった。

大きく負け越している横浜DeNAベイスターズ相手の2戦目は、選手が公式ファンクラブ会員と同じユニホームを着て戦うスペシャルデー。8月に入って最初の週末デーゲームでもあり、スタンドには、揃いのユニホームに身を包んだ大勢のファンが詰めかけていた。その声援に応えるべく、気迫あふれるピッチングを見せたのは先発の小笠原慎之介だった。今季ベイスターズからのチーム2勝、それはいずれも小笠原が挙げたものである。ストレートで押しまくり、投球のテンポもいい。そうなると味方の援護がほしい。4回裏の攻撃、前日に拙守でチームの足を引っ張ったペドロ・レビーラが、ヒットの木下拓哉を一塁においてレフトへ強烈な二塁打を放った。この打球があるから、立浪和義監督もレビーラの起用を決めたのだろう。2死二、三塁。しかし「あと1本」が出なかった。

小笠原は8回を投げて無失点、球数は88球だったが、この回でマウンドを降りた。0対0で迎えた8回裏に先頭の阿部寿樹がヒットで出塁。ベンチで両手をたたいて応援する小笠原。点が入れば勝利投手の権利を得る。しかし4番のダヤン・ビシエドがショートゴロで最悪のダブルプレー。9回表にライデル・マルティネスが1点を献上して0対1で敗れた。好投の小笠原、またも打線が見殺しである。

2022.8.7

［バンテリンドーム ナゴヤ］

髙橋宏、岡林、レビーラ、石垣……若竜の躍動で苦手ベイスターズを撃破

立浪監督のコメント

髙橋宏は球に力があるしフォークで空振りもとれていた。（岡林が好返球で2度の本塁封殺）2つ目はファウルフライなら見送るという指示は出していたけど、思い切って勝負をかけてくれて素晴らしい結果になった。

	1	2	3	4	5	6	7	8	9	計
DeNA	0	0	0	0	0	0	0	0	0	0
中日	0	0	0	1	0	0	1	3	×	5

○髙橋宏（13試合4勝4敗）、清水、ロドリゲス、祖父江－木下拓

【戦評】連敗脱出を図る中日は、4回レビーラのタイムリーで1点を先制する。7回には平田の併殺崩れの間に貴重な1点を挙げ、8回は石垣のスリーランで終盤のダメ押しに成功。連敗を4で止め、この週初勝利。7回途中無失点7奪三振とこの日も好投した髙橋宏は、10代“ラス投”で勝利投手となった。

こういう試合を待っていた。そして見たかった。若竜たちが活躍して、ドラゴンズが圧勝する。特製ユニホームを選手が着用し、同じユニホームが観客にプレゼントされる「昇竜デー」とあって、バンテリンドームには3万2000人を超す大勢のファンが詰めかけた。しかし、そんなお祭りデーとは裏腹に、ゲーム前のムードはきびしい。横浜DeNAベイスターズに連敗中、さらに神宮球場からの連敗も4となっている。とにかく勝たなければならない。勝ってほしい。応援するファンにとっても、何やら悲壮感めいたものが漂っていることを肌で感じる。そんな特別なマウンドに上がったのは、まもなく20歳の誕生日を迎える、2年目の髙橋宏斗。10代最後の先発登板となった。

投げる度に、その投球に幅が出てきている。マウンドでの余裕、所作、間合いなど、素人目にも成長は明らかだった。初回はいきなり先頭打者の蝦名達夫を三振に切って取る。2番の桑原将志に右中間の二塁打を打たれたが、後続の3番、4番をいずれもゴロに打ち取った。前日にライデル・マルティネスから決勝タイムリーを打った4番の牧秀悟もピッチャーゴロであっさりと抑えたのだ。投手は、年齢に関係なくマウンドから打者を〝見下ろして〟投げてほしい。この日の髙橋は、そんな強気が回を追うごとに全開

していった。開幕まもない頃はスタミナが不安とも言われたが、6回に3番の佐野恵太、4番の牧を連続三振に打ち取ったのは見事だった。

そんな髙橋だったが、見ていて心配なことはただひとつ、やはりこの日も援護点である。前日も好投の小笠原慎之介を見殺しにしてしまった打線。本当に点が入らない。しかし、その壁を破ったのは新戦力だった。ペドロ・レビーラである。守備の未熟さを補って余りあるとの判断から、これで3試合連続で、「6番・レフト」でのスタメンとなった。スイングはたしかに鋭い。4回1死二、三塁で、そのバットを一閃。打球はあっという間にレフト前に飛んでいた。先制のタイムリー。レビーラ23歳、19歳の髙橋に対して待望の先制点のプレゼントである。

若手の活躍が続く。今度は守備だった。ライトに入っている岡林勇希である。2日前にはライト前に飛んだ打球をファーストに送球し、珍しい「ライトゴロ」を演出した肩。この試合はまず4回に、ヒットでホームに突っ込んだ二塁ランナー・牧を、ワンバウンド送球で本塁タッチアウト。先制点を防いだ。岡林は三重県の菰野高時代、ドラゴンズでは1つ上の根尾昂と同様の〝二刀流〟だった。その強肩が見事に生きた。

しかし、その岡林の見せ場がもう1度来たのである。好投の髙橋が、満塁のランナーを残して109球でマウンドを降りた7回表ワンアウト。代打・大和はリリーフ・清水達也の初球を打つ。ライトへのファウルフライ、外野フェンスも近くに見えている大きな飛球が上がった。ファウルゾーンでキャッチはできる、しかし取れば三塁走者はタッチアップでホームを突く。この飛距離ならばセーフだろうと、岡林が捕球した瞬間誰しもそう思った。ところが岡林は体勢を崩しながらも、ホームに向けて送球した。これが何とキャッチャー・木下拓哉のミットにダイレクトに収まり、三塁ランナー・楠本泰史はタッチアウトで併殺。わずか1球でチェンジになった。すごいものを見せてもらった。ベンチを飛び出してバンザイする髙橋宏斗、もちろんファンとしてもバンザイだ。この瞬間、今日は勝った！　とうれしい予感がした。

その予感を確信に変えたのは、この日4人目の若竜である石垣雅海。前日に一軍に上がり、セカンドのスタメンだった。8回裏2死一、二塁で、打った瞬間に分かる3ランホームラン。勝った。5対0の勝利を演出したのは、いずれも若手選手だった。何て気持ちのいい試合なのだろう。これだからファンはやめらない。

2022.8.9
［バンテリンドーム ナゴヤ］

柳が粘投で巨人相手に7勝目、岡林100安打と土田の好守が光る!

立浪監督のコメント

柳はこれまで好投をしても援護がなく調子を崩してきた。今日の勝ちは柳にとってもチームにとっても非常に大きい（村上選手に2本打たれたので）「2日間、休んでみろ」と伝えた。そういう配慮もしてみた。

	1	2	3	4	5	6	7	8	9	計
巨人	1	0	1	0	0	0	0	0	0	2
中日	0	1	1	0	1	0	0	0	x	3

○柳（18試合7勝8敗）、清水、ロドリゲス、R・マルティネス（36試合2勝2敗24S）－木下拓

【戦評】先発の柳は5回まで毎回ランナーを許す苦しい投球となるも、要所で粘り6回を2失点でまとめる。打線は岡林が今季100安打目となる同点タイムリー2ベース、ビシエドが決勝タイムリーを放つなど気を吐き、追いすがる巨人相手に競り勝ち。柳は1カ月振りとなる勝利投手に輝いた。

お盆休み直前の「8月9日のジャイアンツ戦」となると、どうしても〝あの夏〟が蘇る。1987年（昭和62年）だから、もう35年前になるが、その記憶は鮮明だ。場所はナゴヤ球場、相手は読売ジャイアンツ。就任1年目の星野仙一監督が、先発に起用したのは、前年のドラフト1位で入団したばかりの高卒ルーキー・近藤真一（真市）投手だった。期待の左腕とはいえ、弱冠18歳。その近藤は、プロ初登板をノーヒットノーラン達成で飾ったのだった。今なおドラゴンズの球団史に輝く偉業、その日が「8月9日」である。そんな思い出に浸っていたら、先発の柳裕也が、いきなりジャイアンツの4番・岡本和真にタイムリーを打たれて、先制点を献上した。

今シーズンの柳は、度々初回に失点する。初登板の3月27日の東京ドーム、同じジャイアンツ相手だったが、1回裏にいきなりの4失点だった。その後も、多くの試合で初回に先制点を許している。記憶に新しいのは1週間前の東京ヤクルトスワローズ戦。今や〝村神様〟と呼ばれる4番・村上宗隆にホームランを打たれ、次の打席ではプロ野球新記録となる5打席連続ホームランを献上した。そんな傷跡を勝利で癒せるかどうかが、柳にとっても、応援するファンにとっても、大切なテーマの試合なのだが、またまたい

きなり初回の失点だった。

しかし、この日のドラゴンズ打線は違っていた。初回こそ三者凡退だったが、2回裏には、4番のダヤン・ビシエドと5番・木下拓哉が連続ヒットで出塁。この日も6番には新戦力のペドロ・レビーラだったが、ここは併殺打。チャンスがついえたかと思ったが、続く7番の石垣雅海が、レフトへきれいな同点タイムリーを放った。前の試合で、勝利を決定づけた3ランを放った石垣、この日もいい仕事をした。しかし柳はピリッとしない。3回表にまたまた1点を取られて、1対2とリードされた。試合を優位に進めるため、味方が点を取った後は、きっちりと抑えてほしい。まして柳クラスならばなおさらだ。

ただ、やはりこの日のドラゴンズ打線は違っていた。3回裏、ワンアウトから大島洋平がセンター前ヒットで出塁すると、続く2番・岡林勇希が、見事な流し打ちの二塁打をレフト線に運び、一塁から大島を迎え入れた。再びの同点。岡林にとっては今シーズンの100安打目。昨シーズンまでは一軍にほとんどいなかったのに、今季は開幕戦から多くの試合でスタメン出場を果たしている。高卒3年目以内での100安打は、ドラゴンズでは立浪和義監督以来32年ぶりというから立派なものだ。まだ20歳、立浪ドラゴンズで最も伸びた若手選手である。

もうひとり、19歳の野手もがんばった。土田龍空、このところショートを中心にスタメン出場が続いている。初回に先頭打者であるジャイアンツ・吉川尚輝の外野へ届くかという打球を背走しながら取ったプレーも見事だったが、見せ場は同点で迎えた5回表。ランナー一塁で4番・岡本の当たりは、センター方向への強いライナーだった。ジャンプ一番、土田はボールをグラブの先端ぎりぎりでキャッチした。着地する時にボールはこぼれてしまったが、すかさず二塁へ送り、そしてボールは一塁へ。結果的にダブルプレーとなった。打たれた瞬間は「あっ」と思わず声を出していた。それほどの強烈な当たりだった。このところ、ゲームを観戦しながら声をあげることが多くなった自分。それだけゲームにのめり込んでいるようだ。その裏に、ビシエドのタイムリーで勝ち越したことを思えば、試合の流れを相手に渡さない重要なファインプレーだった。

試合は3対2、柳の後を受けた清水達也、ジャリエル・ロドリゲス、そしてライデル・マルティネスが締めくくった。柳は7勝目、ライデルは自己最多の24セーブ目。いかにもドラゴンズらしい試合、若竜の胎動する音が力強く聞こえたナイスゲームだった。

2022.8.10

［バンテリンドーム ナゴヤ］

上田の好投も報われず、同点の9回にライデルが中田に特大アーチを被弾

立浪監督のコメント

上田には初勝利をつけてあげたかった。こうやって見殺しにしている試合が多い。野手陣がそういったところを感じてくれないと。(9回被弾したライデルは)一番いいボールは真っすぐ。自信を持ってほしいです。

	1	2	3	4	5	6	7	8	9	計
巨人	0	1	0	0	0	0	0	0	1	2
中日	0	0	0	1	0	0	0	0	0	1

上田、ロドリゲス、●R・マルティネス(37試合2勝3敗24S)ー木下拓

【戦評】先発上田は巨人打線に7回1失点と好投するも、打線は2桁勝利をかけて登板した巨人戸郷を打ち崩せず1対1のまま9回に。抑えのR・マルティネスを送るも、中田翔にナックルカーブを捉えられ、痛恨の1発を献上してしまう。裏の攻撃では代打攻勢をかけるもホームベースが遠く、そのまま敗戦となった。

背番号「67」の上田洸太朗が、先発マウンドに向かう。その姿をスタンドで見守りながら、先日に続いて、35年前の夏を思い出していた。上田は愛知県の享栄高校出身、19歳。かつてプロ初先発でノーヒットノーランの快挙を成し遂げた近藤真一（真市）投手も、同じ享栄高校出身、同じ左腕、相手も同じ読売ジャイアンツ。〝野球の神様〟は時として、こういう話のタネになる演出を見せてくれる。さあ上田、近藤先輩に続け！

この試合のジャイアンツ打線は、3番の丸佳浩以外はすべて右打者を揃えてきた。前回、上田の投球をバンテリンドームナゴヤで見たのは、ほぼ2カ月前の6月1日。交流戦での東北楽天ゴールデンイーグルス戦だった。この時はわずか3回でマウンドを降りた上田。しかし、ベンチは度々、上田にチャンスを与えている。それは上田への期待の表れである。実際、上田もそれに応えて、7月15日の阪神タイガース戦では好投を見せた。何よりも、マウンドでの姿が投げる度に堂々としてきた。これが若者特有の強さなのだろう。

立ち上がりは2番・北村拓己にセンター前ヒットを許すも、続く丸佳浩をダブルプレーに抑えた。2回表に6番・中田翔、7番・石川慎吾の連続ヒットで先制点を許すも、こ

の日の上田は立ち直れた。1死一、二塁から続く2人を抑えた。スタンドで胸をなでおろす。

最大のピンチでもあり、上田にとっての〝試金石〟となったのは6回表。簡単にツーアウトを取ってから、アダム・ウォーカーのゴロをサードの阿部寿樹がエラー。続くのは6番の中田。得てしてこういう場面は点が入る、それも致命的な点が……。しかし上田は、中田をセンターフライに抑えてベンチに戻った。

高校時代の上田を知る人が、こう評していたことを思い出した。「あまり動じない図太い投手」と。上田は続く7回もマウンドに上がり、自己最長の7イニングをしっかりと投げ切った。失点わずか1。こうなると何とか勝ち星をつけてやりたい。

入団同期である髙橋宏斗の活躍が注目されているが、上田も決して負けていない。まして育成契約からはい上がってきた強い思いがある。

しかし、ドラゴンズ打線は相変わらずだった。4回裏に、2番・岡林勇希、3番・阿部寿樹の連打、その後の4番ダヤン・ビシエドは簡単に打ってセカンドフライ。この4番が機能しない限り、ドラゴンズに大量点は望めない。それでも、5番・木下拓哉がバットを折られながらもセンター前にしぶとくヒットを打って1点を返し同点。しかし、ここまでだった。

ジャイアンツの先発・戸郷翔征は、念願の10勝目を狙い、その投球は冴えていた。上田よりもはるかに球数は多かったが、それをまったく感じさせない力強い投球。それでも8回裏にドラゴンズは2死満塁のチャンスを迎えた。打席には本日唯一の打点をあげた木下。もう一度、たとえバットを折ってでもいいから打ってほしいという願いもむなしく、ショートフライに終わった。

その直後の9回表、ツーアウトからライデル・マルティネスが中田に打たれた一発は、敵ながら見事な当たりだった。2ストライクと追い込んだ後、「カーン」という快音がドームに響いた。打球音そして弾道の角度、どうあがいてもホームランだった。やられた。今シーズン、ライデルがホームランを打たれたのは初めてだった。

ショックは我々ファン同様にベンチにも大きかったのか、最少得点差にもかかわらず、9回裏のドラゴンズの攻撃は淡泊だった。特に、代打で登場した福田永将の空振り三振には、ここという場面でホームランが打てる打者か否か、中田との違いをまざまざと見せつけられた思いだった。

球場からの家路、その足取りが重すぎる。

2022.8.11

［バンテリンドーム ナゴヤ］

根尾の登板のみに沸くドーム、松葉が6回に打たれて巨人に連敗

立浪監督のコメント

（京田が二塁で初スタメンも）ミスが出たのは自分のミスもある。土田がしっかり守ってくれているので、二遊間は固めていきたい。二塁は守備が第一。石垣も守備は安定しているので、スタメンはまた明日考える。

	1	2	3	4	5	6	7	8	9	計
巨人	1	0	0	1	0	3	0	0	1	6
中日	0	0	0	0	0	1	0	0	0	1

●松葉（13試合4勝4敗）、根尾、谷元、福、森－木下拓

【戦評】先発松葉は5回まで2失点で切り抜けるも、6回に巨人打線につかまり3点を追加されてしまう。打線は4安打と元気がなく、このまま完敗。祝日ということもあり32,194人の観衆が詰め掛けたが、中日ファンが沸いたのは、大阪桐蔭高出身の先輩である中田翔を直球勝負で仕留めた根尾の登板時のみだった。

シーズン100試合目になった。この試合の6回の攻防に、今季のドラゴンズが集約されているようだった。先発は松葉貴大。5回まで2失点で6回のマウンドにも上がった。が、ジャイアンツ先発投手の山﨑伊織にタイムリー二塁打を打たれるなど3失点。二番手は根尾昂だった。根尾は打席の北村拓己を見事三振に切って取る。根尾が投げると球場の空気が変わる。6回裏、先頭の1番・大島洋平と、続く岡林勇希が連続ヒットで出塁。3番・阿部寿樹がフォアボールで歩き、無死満塁になった。ここで4番のダヤン・ビシエドがライトフライに倒れる。併殺打でなかったことにホッとする。続く木下拓哉のサードゴロで1点入ったが、無死満塁の大チャンスは最少得点に終わった。

①松葉は5回限定　②根尾投手が見たい　③1、2番は好調に出塁　④チャンスに打てない4番　⑤「あと1本」が出ない……今季のドラゴンズを象徴する5つのポイントが集約された6回の攻防だった。

根尾は7回表のマウンドにも上がり、大阪桐蔭高の先輩でもある中田翔をセンターフライに打ち取った。スタンドに大勢のファンが詰めかけた「山の日」の本拠地ドーム、しかし1対6で完敗。家路への土産が「根尾投手の登板」だけだとしたら、あまりに淋しい残暑のゲームだった。

2022.8.12

［京セラドーム大阪］

大野雄大が阪神に完封勝利！大島のコロナ陽性離脱を見事にカバー

立浪監督のコメント

今日は守備を固めて（大野雄に）勝ちを付けないといけないなと思っていた。平田は何年もレギュラーを張っていた選手。体調をみながら使っていきたいです。（土田はクロスプレー時の）タッチは抜群にうまいです。

	1	2	3	4	5	6	7	8	9	計
中日	2	0	0	0	0	0	0	2	0	4
阪神	0	0	0	0	0	0	0	0	0	0

○大野雄（17試合5勝7敗）－木下拓

【戦評】野手キャプテンの大島がコロナ陽性判定を受け離脱するも、投手キャプテンの大野雄が奮闘。阪神打線を相手に、もう一歩でマダックス（100球未満での完封）達成となる9回103球で完封する。打線も初回5番に入った平田の先制タイムリー、8回二死一塁から6番木下拓の2ランホームランで加点し完勝。

夏の全国高校野球開催のため、甲子園球場が使用できず、京セラドーム大阪に戦いの舞台を移しての阪神タイガース3連戦。新型コロナウイルス感染によって、大山悠輔、近本光司、中野拓夢ら主力選手を欠くタイガースだけに、ここは情け容赦なく連勝をと思っていた矢先に、なんとドラゴンズでも大島洋平が新型コロナ陽性のため登録抹消というニュースが届いた。現在、リーグの首位打者争いをしている大島だけに、こちらも相当痛い。

そんな中で迎えたゲームだったが、実に久しぶりにドラゴンズの先制攻撃で幕を開けた。大島に代わって、2番から1番に上がった岡林勇希、2番にはトレードで加わった後藤駿太、この2人が相次いで凡退した後に、3番・阿部寿樹、4番のダヤン・ビシエドが連続ヒット。そして、ここでこの日「5番・レフト」に入った平田良介が打席に向かった。

今シーズンも度々体調を崩しながらも、デーゲームの多いウエスタン・リーグの試合で真っ黒に日焼けした背番号「6」。この平田が、ライト前にしぶとくタイムリーを打った。ドラゴンズにはこういう一打がほしい。クリーンアップの3連打で先制点を取るとは！　続く6番・木下拓哉の当たりをサード・糸原健斗がはじいて、もう1点が加わった。初回で2点リード。そしてマウンドにはエース・大野雄大が上がった。

好投しながらも、打線の援護がない試合があまりに多い今シーズンの大野。それだけに、2点とはいえ、第1球を投げる前からのプレゼントは、大野自身にとってものすごく大きかったはずだ。

実際、その投球は見ていて安心感があった。初回の時点から「今日は完封するぞ」というような気迫が感じられた。ランナーを出しても、測ったように内野ゴロを打たせて、ダブルプレーでしのいだ。大野の顔に不敵な笑みが浮かぶ。こういう表情を浮かべる時の大野は強い。完封の予兆なのだ。最大のピンチは7回裏だった。2番・糸原のライト前ヒットから初めて得点圏にランナーが進み、2死一、三塁。しかし、ここで6番・山本泰寛をズバッと見逃し三振に切って取った。主審がコールする前にマウンドを降りて三塁ベンチへ歩み出した姿は、まさに力強い大野そのものだった。そして直後の8回表、大野とバッテリーを組む木下拓哉が、大きな大きな2ランホームランをレフトスタンドに叩き込んだ。

立浪和義監督は、この日エース大野の投球にかけたオーダーを組んでいた。大野ならばそうそう点は取られないと判断し、打に期待するペドロ・レビーラを外して、外野陣に後藤駿太を入れる手堅い陣形。それだけに、木下の一発は、大野だけでなく立浪監督にとってもうれしかったに違いない。木下は良き〝女房ぶり〟を見せた。4対0。勝ったな。

9回裏には死球と四球で無死一、二塁となったが、大野は落ち着いていた。その意味でも木下の2ランは大きかった。ピンチでクリーンアップを迎えたのだが、3番に入った新外国人のアデルリン・ロドリゲスをこの日3つ目の併殺に仕留めると、4番・佐藤輝明はレフトフライ。103球の見事な完封勝利だった。しかしこの勝利が大野にとって今季5勝目、そして実に2カ月ぶりの勝利だった。それは、この2カ月間のドラゴンズの苦戦と低迷を象徴しているようだった。

野手キャプテン・大島の不在を、投手キャプテン・大野が見事にカバーしたゲーム。結局、点さえ取れれば勝てる、それだけドラゴンズの投手陣はレベルが高いのである。そんなことが改めて実感できたナイスゲームだった。明日は大野と同じ左腕の小笠原慎之介が先発する。今シーズン初めての予感が胸に浮かんだ。「明日も勝てる！」。頼むぞ慎之介！

2022.8.13
［京セラドーム大阪］

小笠原慎之介が圧巻の投球で藤浪に投げ勝ち、岡林と土田も躍動

立浪監督のコメント

小笠原は4回無死二、三塁からの3者連続三振は非常に大きかった。昨季くらいまでは80球ほどで球威が落ちていたが克服できている。（土田の本塁突入では）リクエストでよく見てもらえて良かったです。

	1	2	3	4	5	6	7	8	9	計
中日	0	0	0	0	0	1	0	1	0	2
阪神	0	0	0	0	0	0	0	0	0	0

○小笠原（15試合6勝6敗）、ロドリゲス、R・マルティネス（38試合2勝3敗25S）－木下拓

【戦評】両チームとも塁上は賑わすも決め手を欠き迎えた6回表、1死三塁から阪神先発の藤浪を相手に岡林がセーフティースクイズを決め先制する。8回表1死三塁の場面も土田が好走塁を見せてフィルダースチョイスを誘発、貴重な2点目をもぎ取る。先発小笠原は7回4安打無失点の好投で6勝目を挙げた。

甲子園球場では全国高校野球大会の真っ只中、コロナ禍の中、それに負けじと球児たちの熱戦は続く。そんな甲子園で、東海大相模高のエース・小笠原慎之介が優勝投手になってからはや7年目の夏となった。

ドラゴンズの先発は、その小笠原。甲子園の胴上げ投手、実はドラゴンズに多い。清水達也、根尾昂、そして石川昂弥、その中の最年長が小笠原である。このところの投球は一皮むけた印象があり、ファンとしての直感と期待かられば「今日も必ず勝つ！」と信じていた。そんな確信と共にプレーボールを待つ。

対する阪神タイガースの先発は、藤浪晋太郎。小笠原の甲子園優勝から遡る（さかのぼる）こと3年、こちらは夏だけでなく春夏を連覇した大阪桐蔭高のエースである。まさに〝球児の夏〟にふさわしい優勝投手同士の夏の対戦となった。高校野球ファンにも、プロ野球ファンにも、うれしい対決だ。

少し前から小笠原の顔つきが変わった。そこに宿ったものは〝自信〟なのか〝自覚〟なのか。この試合まで16イニング無失点を続けている。打線の援護さえあれば勝てた試合も多い。しかし、今の小笠原にはそんなことよりも、目の前の打者と対することに喜びを感じているようにも見える。それと共に、現在のチームにおける自分の立ち位置を

しっかりと理解したようにも思う。

圧巻だったのは、両チーム無得点で迎えた4回裏だった。先頭の糸原健斗にストレートの四球を与え、続く3番のメル・ロハス・ジュニアにセンターオーバーの二塁打を打たれて無死二、三塁。そして、打席に迎えたのは4番の佐藤輝明。誰が見ても先制されるピンチだった。しかし、ここから小笠原のチェンジアップが冴えわたった。切れ味鋭くブレーキの効いたボールが、打者の足元へ落ちていく。佐藤は空振り三振。そして、続く陽川尚将、山本泰寛も連続で三振。それも空振り三振なのだから、いかにボールがキレていたかであろう。ストレートも走っていた。だからこそチェンジアップも生きた。小笠原の勢いが勝ったイニングだった。

結局、7イニングを投げて、119球の4安打、無失点。何より11奪三振は見事だった。

それにしても、この日も点が入らない。わずか2点だった。しかし、その2点は大きな意味を持っていた。岡林勇希、そして土田龍空、20歳と19歳、この若手2人がたたき出した得点だからである。6回表、先頭の土田がセンター前ヒットで出塁、送りバントなどで三塁に進み1死三塁。ここで好投を続ける藤浪のストレートを岡林がセーフティースクイズ、土田がホームに滑り込んだ。ドラゴンズに待望の先制点が入った瞬間だった。

そして今度は8回表、再び先頭の土田が、今度はライト線に二塁打。ショートのスタメンで起用され続けている土田は、守備力は評価されているものの「バッティングはまだまだ」と言われてきた。

しかし、ゲームで場数を踏むにつれ、その打撃には力強さが加わってきている。近江高時代には、1年生の時からショートのレギュラーをつかみ、2年生の夏と合わせて2年連続で夏の甲子園にも出場している。実はバッティングにも定評がある選手なのだ。三塁に進むと、岡林のショートゴロで本塁突入。ヘッドスライディングで2点目をもぎ取った。待望久しい〝竜のレギュラー遊撃手〟が、次第にくっきりと姿を見せてきつつある。岡林と土田、この2人の躍動によって、最下位脱出そして上位進出の光が差してきたことを感じる。

小笠原、岡林、土田、そしてこの日もセカンドで先発起用された石垣雅海。長きにわたった低迷期、その時にはレギュラーではなかった若手たちの活躍によって、立浪ドラゴンズの新時代が開かれていく。ここまできたら3連勝しかない！

2022.8.14

［京セラドーム大阪］

プロ初先発・橋本侑樹 あと一歩で初勝利を逃す…… しかし阪神に3連勝

立浪監督のコメント

橋本はホームランだけはというところで打たれてしまった。次につなげてほしい。（9回先頭で出塁の大野奨は）必死にやる姿がある。いい働きをしてくれた。土田がつないだのも大きい。意外性の男ですね。

	1	2	3	4	5	6	7	8	9	計
中日	0	0	2	0	2	0	0	0	1	5
阪神	0	0	0	0	4	0	0	0	0	4

橋本、祖父江、清水、○ロドリゲス（37試合5勝2敗）、R・マルティネス（39試合2勝3敗26S）－大野奨、木下拓

【戦評】岡林の適時打などで5回までに4点先行するも、プロ初先発の橋本が5回2死から3ランホームランを浴び同点に。9回表1死一、三塁、代打木下拓がスクイズを敢行するも、ここで阪神岩崎が高めへ抜ける大暴投、その間に三塁走者が生還し、勝ち越し。R・マルティネスが9回裏を抑え勝利。

3年目の橋本侑樹が、プロ初先発のマウンドに上がった。橋本にとって、背番号の〝呪縛〟から解き放たれた瞬間だったのではないだろうか。入団時から背負った番号は「13」。竜の背番号「13」と言えば、誰もが思い浮かべるのは岩瀬仁紀投手である。通算19年間で実に1002試合に登板、積み重ねたセーブの数は407、2位が現在の東京ヤクルトスワローズ監督である髙津臣吾さんの286なのだから、まさに日本プロ野球を代表するクローザーだった。岩瀬さんが引退した時に、背番号「13」は〝準・永久欠番〟扱いとなって、しばらくの間は誰もつけないだろうと思われていたが、2019年ドラフト2位で入団した橋本が背負うことになった。驚いた。あくまでも想像なのだが、橋本本人にとっても本当に重かったと思う。それは2つの重さ。ひとつは〝大投手・岩瀬〟の背番号をいきなり背負うことであり、もうひとつは背番号「13」の持つイメージだった。

入団当初から橋本はリリーフの役割を期待されていた。それもあっての「13」だったのだろうが、大学時代の橋本は先発完投型の投手でもあった。大阪商業大4年生の秋季リーグでは、ノーヒットノーランも達成している。ドラゴンズに入団して過去2年間で40試合ほど救援としてマウンドに上がったが、21年の交流戦で好投した以外、あまり印

象はない。立浪和義監督と落合英二ヘッド兼投手コーチを迎えての今シーズンから先発に転向、その最初の一歩となる試合だった。

「どんな場面でもマウンドに上がったら強気、ピンチでも強気で冷静という気持ちを忘れないよう心がけている」。ドラフト指名直後にこう語っていた橋本は、初回、2回、そして3回、それぞれダブルプレーによって、阪神タイガースのチャンスの芽を摘み取った。ドラゴンズ打線にとっては珍しく、序盤5回までに4点を取り、4対0のリードで、勝利投手の権利を得る5回に入った。先頭の井上広大を三振に抑えたものの、その後に1死満塁のピンチを招き、まず犠牲フライで1点を返された。ツーアウトになって迎えた打者は、メル・ロハス・ジュニア。今季ここまで6本しかホームランを打っていないことからも、同点になる確率は低かったはずだが、打たれた。プロ初先発初勝利の夢を打ち砕く同点3ラン。しかし、おそらく次も先発のチャンスはあるはずだ。橋本にとって新たな一歩が始まった、そんなゲームになればいい。

せっかくの4対0というリードを失ってしまったドラゴンズだったが、連勝の勢いは生きていた。そこには1番を打つ岡林勇希、そしてショートでのスタメン出場を続ける土田龍空、この若竜2人の存在があった。岡林は先制のタイムリーを含む3安打。そして土田は、9回表のセンター前へのクリーンヒットが素晴らしかった。その流れもあってか、タイガースバッテリーがスクイズを警戒してウエストしたボールが高めに大きく外れて大暴投。三好大輪が決勝のホームを踏んだ。

阪神との3連戦、立浪監督はとにかく泥臭く点を取りにいった。犠打を多発した。その背景には、4番のダヤン・ビシエドが相変わらず機能しないという事情があったのだが、岡林や土田ら若手の躍動が、その采配にぴたりと当てはまったようだ。祖父江大輔、清水達也、ジャリエル・ロドリゲスそしてライデル・マルティネス、4人のリリーフ陣もきちんと役割を果たし、この日も終わってみれば、ドラゴンズらしい勝利になった。僅差のゲームは、間違いなくチームの底力になる。

タイガースに敵地で3連勝、これは大きい。残り40試合となった段階で、2勝1敗ではあまり喜ぶことはできない。とにかく大型連勝がほしい。主軸の不調に加えて、大島洋平の新型コロナ感染による不在という苦しい戦いの日々。

しかし、確実に光が見えてきた、そんなゲームだった。

2022.8.16

［MAZDA Zoom-Zoom スタジアム 広島］

どうした柳? またまた初回失点、コロナ禍のカープに完敗し連勝ストップ

立浪監督のコメント

（柳が4試合連続初回に失点）初球ホームランは防がないといけないし、防げたと思う。あと開幕当初はカープがもっとよかったが、（今は）真っすぐを待っていても対応されている。その辺をしっかり考えてほしい。

	1	2	3	4	5	6	7	8	9	計
中日	0	0	0	0	0	0	0	0	0	0
広島	1	3	0	0	1	0	0	0	x	5

●柳（19試合7勝9敗）、森、福－木下拓

【戦評】先発の柳は初回堂林に初球のストレートをとらえられ、先頭打者本塁打を浴びてしまう。続く2回も2ランホームランを含む3失点、5回は堂林にまたも被弾し、6回5失点で降板。打線も広島森下の前に9安打を放つも決定機をことごとく逸して9三振を奪われ、自身2試合連続となる完封で10勝目を許した。

柳裕也はどうしたのだろう？　またも初回の失点である。先頭打者に初球をホームラン、言葉もない。阪神タイガースに3連勝して、いよいよ2カ月続いた最下位脱出へ、その大切な初戦であった。ドラゴンズは清水達也と京田陽太が新型コロナウイルス感染で登録抹消された。ここまでリリーフとして大活躍してきた清水投手の離脱は痛いが、それ以上の影響が出たのは、相手である広島東洋カープだった。佐々岡真司監督をはじめ、菊池涼介、野間峻祥ら7人の選手が陽性判定で離脱した。ここは情け容赦なく、一気に勝ちたいと大いに期待したのだが、いきなり野間の〝代役〟1番に入った堂林翔太に初球をレフトスタンドに先制ホームラン。これで、先発の4試合連続で初回に失点した。今季これまで19試合に先発し、9試合で初回失点となった。

早急に何とかしてほしいのがチャンスに打てない打線である。終わってみれば、カープの11安打に対して、ドラゴンズも9安打を打っている。得点圏にランナーを送ること5度、しかし点が入らない。9安打で無得点は残念すぎる。最下位も2カ月続くと、どこか定着してしまう。それではいけない。この日の1敗は早く忘れて、明日から再び連勝をめざしてほしい。相手は手負いの鯉、圧勝しないとファンとしても納得できない。

2022.8.17

［MAZDA Zoom-Zoom スタジアム 広島］

髙橋宏斗10奪三振の好投も またまた見殺し、 点が入らない竜打線の悩み

立浪監督のコメント

最後は根尾の力勝負に懸けてこういう結果になった。経験をさせたかった。九里に対しては打者有利のカウントでフォークボールもボール球を結構振っていた。攻略できなかったひとつの原因かなと思います。

	1	2	3	4	5	6	7	8	9	10	11	計
中日	0	0	0	0	0	0	0	0	0	0	0	0
広島	0	0	0	0	0	0	0	0	0	0	1x	1

髙橋宏、ロドリゲス、祖父江、谷元、●藤嶋（37試合1勝1敗）、根尾－木下拓

【戦評】20歳となって初登板となる先発の髙橋宏は、この日も7回100球を投げ被安打2与四球1、10奪三振と圧巻の投球を見せる。しかし打線が広島九里から得点を奪えず延長戦へ突入。11回裏2死二塁、代打松山の場面で藤嶋から根尾にスイッチするも、初球のストレートを狙われてサヨナラ負けを喫した。

立浪和義監督が就任会見で語ったひと言が、このところ度々脳裏に浮かぶ。「打つ方は必ず何とかします」。しかし現状では「何とかなっていない」。広島東洋カープとの2戦目も、前日に続き無得点。これで20イニング、スコアボードには「0」が並んだ。今シーズン20度目の零封負け。そんな中、先発の髙橋宏斗は、またまた見事な投球だった。

20歳になったばかりの背番号「19」は、前日に柳裕也から初球の先頭打者ホームランを打った堂林翔太を三振、続く2人も三振に切って取り、3者連続三振という見事な立ち上がり。無駄なボールを使わずに、ポンポンと打者を追い込んでいくテンポがいい。築いていく三振の山。7回を投げて10奪三振、これで今シーズン奪った三振の数は104個になった。現時点リーグトップは読売ジャイアンツの戸郷翔征の107だけに、ひょっとして最多奪三振のタイトルにも手が届くかもしれないという高いレベルである。100奪三振への到達スピードも、松坂大輔や田中将大ら過去の好投手たちに負けていない。だからこそ、髙橋の背中で「0」が並んだスコアボードが恨めしい。

「打つ方は必ず何とかします」。この言葉を少しでも現実に近づけてもらうことを切に願う。野球は点を取らなければ勝つことはできない。

2022.8.18

［MAZDA Zoom-Zoom スタジアム 広島］

待望の先制点！先発の松葉も好投5勝目！投打がかみ合い快勝

立浪監督のコメント

（初回ビシエドがタイムリー）この球場はよくボールが見えるらしいです。あそこで点を取れるのと取れないのでは全然違ったと思う。（登録抹消の柳は）時間を空けてから投げさせます。ミニキャンプです。

	1	2	3	4	5	6	7	8	9	計
中日	3	0	1	0	0	0	0	0	2	6
広島	0	0	0	1	0	0	0	0	0	1

○松葉（14試合5勝4敗）、祖父江、ロドリゲス、福－木下拓

【戦評】初回、広島先発の野村からビシエドと三ツ俣の適時打で3点先制に成功する。これがチーム20イニング振りの得点となった。打線はこの日好調で、先発野手6人がマルチヒットを記録し13安打で6得点。6回1失点の先発松葉は5勝目を挙げ、立浪監督53歳のバースデーイブに白星を届けた。

勝ったからナイスゲームなのか、あるいは、ナイスゲームだから勝ったのか。いずれにしても、比較的だが安心して応援していられたゲームだった。

それはやはり今日は先制点を取ったからだろう。初回の3点が大きな意味を持った。新型コロナウイルス感染で指揮官不在の広島東洋カープに連敗し、最後さすがにひとつは勝ちたい。そんな思いを背負って、岡林勇希が初回の打席に立った。

カープの先発は野村祐輔、その初球をセンター前へ弾き返すクリーンヒット。2日前に、柳裕也が初回先頭打者の堂林翔太に初球を先制ホームランされたが、そのささやかなお返しになったか。1死一、二塁のチャンスで4番のダヤン・ビシエド。打球はライナーでそのままスタンドに飛び込んだかと思われた当たりだった。惜しくもレフトフェンス直撃、しかし二塁打によって2点を先制した。マツダスタジアムが得意というビシエド、ようやく打ってくれた。さらに7番・三ツ俣大樹がタイムリーで3点目を入れた。こういう貪欲さが大切である。「あと1本」、そして「もう1点」である。

先発は「5回限定」という看板を背負っている松葉貴大。前回も5回まで好投しながらも、6回になるとまるでシナ

リオでもあるかのように打ち込まれた。でも、それは逆に5回まではしっかり抑えることができるという証しか。この試合の松葉は、持ち味のゴロの山を築いていく投球だった。特に、初回と2回、それぞれのダブルプレーがゲーム展開上大きかった。

打たせて取るピッチングには、味方の好守も欠かせない。2回に併殺によってツーアウトになった後、會澤翼の強いゴロを松葉がはじく。しかし、それをセカンドベース近くでフォローしたショートの土田龍空が素手で取ってファーストへ送球してアウトにした。

こういうプレーは、投手に勢いを注入する。相変わらず「ショート・土田」の守備はいい。立浪監督が起用し続けることもうなずける。

投手と野手、このリズムがかみ合えば、そうそうゲームが崩れることはない。5回を投げ終えた松葉は、続く6回もマウンドに上がった。先頭の堂林翔太にヒットを打たれて、見ている側は少し緊張が走ったのだが、続く3人をいずれも内野ゴロに切って取り、カープ打線を6回1失点に抑えた。

追加点が入らないので少し心配だった9回表には、この日、2番・センターに抜擢された三好大倫が、目の覚めるような見事な三塁打で出塁。すると続く3番・阿部寿樹が、流し打ちで右中間を割る連続三塁打。見ていて思わず「うまい！」と叫んでしまった見事なバッティングだった。5番・木下拓哉の犠牲フライで、その阿部がホームイン。しかし、あえて苦言を呈するならば、その2人の間にいる4番のビシエドにも打ってほしかった。ショートゴロ、まだまだ力強い4番の姿ではないようだ。いずれにしても、9回の追加点2点は大きかった。ゲームは6対1でドラゴンズが勝利した。

今季、初回に3点以上を取った3試合はすべて勝っている。今日のゲームで4試合目となったが、今後もどんどんこうした先制攻撃を見せてほしいものだ。やはり、先制点を取ることは大切だと改めて実感したゲームになった。それは戦う選手たちにとっても、応援するファンにとっても……。

ゲームの主導権を握ることは勝負の鉄則だろう。得点力の乏しい現在のドラゴンズにとって、初回に集中するこうした戦いを大切な手本にしてほしい。

先制あり、中押しあり、そしてダメ押しあり。実はこの日は私の誕生日だったが、立浪ドラゴンズからうれしいお祝いをいただいた気持ちにもなった。

2022.8.19

［バンテリンドーム ナゴヤ］

土田龍空がサヨナラ打！ 立浪監督にバースデープレゼントの勝利を贈る

立浪監督のコメント

土田は打率以上に期待感を感じている。最後は6、7割でミートにいけと（アドバイスした）。彼の思いきりの良さが結果につながった。（規定到達の岡林は）1年やる大変さを感じながら成績も踏ん張ってほしい。

	1	2	3	4	5	6	7	8	9	計
ヤクルト	0	3	0	0	0	0	0	0	0	3
中日	0	0	1	0	0	2	0	0	1x	4

大野雄、ロドリゲス、○R・マルティネス（40試合3勝3敗26S）－木下拓

【戦評】先発大野雄は2回に3点を先行される苦しい序盤となるも、1番岡林を起点に反撃し同点に。9回裏、先頭木下拓のフェンス直撃三塁打を皮切りに、敬遠策を取られ無死満塁のチャンスを作る。ここで土田が追い込まれながらもヤクルト清水のフォークをしぶとく右前に運び、自身初のサヨナラ打で試合を決めた。

立浪和義監督53歳の誕生日。チームの指揮官となって初めて迎えるバースデーゲームだが、これだけの借金を抱えての苦しい戦いが続く中、本人も誕生日どころではないだろう。しかし、誰にとっても誕生日というものは大切な記念日である。

首位を走る東京ヤクルトスワローズとの3連戦、そんな意味のあるゲームの先発マウンドに上がったのは、エース・大野雄大。開幕投手にも指名してくれた新監督に誕生祝いの白星を贈ることができるか、期待は高まる。大野は初回に、塩見泰隆、青木宣親、そして山田哲人という〝曲者〟3人を、見事に3者三振に切って取る上々の立ち上がり。これはいけるぞ。

ところが、続く2回表にまさかの〝落とし穴〟が待っていた。4番・村上宗隆が右中間へ二塁打、5番のドミンゴ・サンタナがレフト前ヒットで無死一、三塁のピンチ。大野は続く6番のホセ・オスナにピッチャーゴロを打たせた。三塁ランナーをうまくけん制してダブルプレーも取れるかと思ったが、村上が自ら囮（おとり）となるように三塁を飛び出して、三本間にはさまれた。

ここで大野がサードに投げたボールは、阿部寿樹の頭上を大きく越えていく悪送球。見ているこちらまで「あっ」

と叫んでしまった。一塁ランナーのサンタナまでホームイン。このエラーがよほどのショックだったのか、大野はこの後、投手・小川泰弘にまでタイムリーを打たれて、0対3とリードされてしまった。

しかし、大野のエースたる所以はここからだった。この後は立ち直って「0」を並べていく。

そんな大野のミスをカバーしたのは、〝女房役〟である、キャッチャー・木下拓哉だった。この日にシーズン規定打席をクリアした岡林勇希のタイムリーで3回に1点を返した後の6回裏、その岡林が今度は三塁打で出塁すると、2つの四球で1死満塁。ここで木下が小川から貴重な同点タイムリー。3対3として、ゲームを振り出しに戻した。大野が失点の後はしっかり投げていただけに、ここで同点に追いついたことは本当に大きかった。

そしてゲームは劇的な幕切れへとひた走る。継投はすでに〝勝利の方程式〟に入っていた。7回を投げた大野の後を受けて8回はジャリエル・ロドリゲス、そして9回表には同点でもライデル・マルティネスが登板した。特にライデルは3者連続三振の圧巻のピッチングを披露した。そして9回裏に、先頭の木下がセンターのフェンス直撃の三塁打を放った。

無死三塁、一打出ればドラゴンズはサヨナラ勝ち。ここでスワローズベンチは、なかなか見ることができない策に出た。二者連続の申告敬遠。満塁策である。後続の後藤駿太と三ツ俣大樹が歩く。これによって〝ヒーロー誕生〟の舞台は整った。

次の打者は8番の土田龍空。打率2割を切っていることからすれば、十分に代打の可能性もあっただろう。しかし、立浪監督は土田をそのまま打席に送った。「しっかり当ててこい」という言葉と共に。

そして土田の打球は一、二塁間を抜けていった。サヨナラタイムリー。4対3での勝利、それも痛恨のミスからの3点リードをはね返してのものだけに大きな勝利となった。そして、それは立浪監督へのバースデープレゼントになった。興奮さめやらぬバンテリンドームナゴヤでのヒーローインタビューには、殊勲の一打を放った土田、そしてこの日も貴重なヒットを打った岡林、19歳と20歳の2人の野手が立った。

お立ち台の選手はいつも輝いている。でも、この土田と岡林のお立ち台は、いつも以上にまぶしかった。それはまるで、立浪監督の誕生ケーキに灯った2本のローソクによう に。そんな心地よい晩夏のナイターだった。

2022.8.20

［バンテリンドーム ナゴヤ］

小笠原が村上に2本被弾も、若竜中心のスタメンに明日への期待が高まる

立浪監督のコメント

（村上対策は）内角を意識させながら両サイドに投げているんですけれど、打たれているのは甘いボール。勝負球でどれだけいいところに投げられるか。ヒットだったら仕方ないぐらいの割り切りも必要とは言っています。

	1	2	3	4	5	6	7	8	9	計
ヤクルト	0	2	1	0	0	0	3	1	0	7
中日	0	0	1	0	0	0	0	0	1	2

●小笠原（16試合6勝7敗）、森、根尾－木下拓

【戦評】2点先取され迎えた3回表、先発の小笠原はヤクルト4番村上へ対し追い込みながらも、131キロのスライダーをバックスクリーン左へ運ばれる。7回の第4打席は内角速球をライトスタンドへ運ばれて勝負あり。村上はここまで名古屋で7本のホームランを記録。なお3回は三好がプロ初ホームランを放った。

19歳の土田龍空が打ったサヨナラ安打の余韻の残るバンテリンドームナゴヤ。スコアボードに並んだドラゴンズ選手の顔ぶれに、思わず感動した。

1番・岡林勇希、3年目20歳。2番・三好大倫、2年目24歳。7番・石垣雅海、6年目23歳、そして8番・土田龍空、2年目の19歳。つい見落としがちだが、〝助っ人〟も若い。6番のペドロ・レビーラ、来日1年目の23歳。クリーンアップを打つ、阿部寿樹、ダヤン・ビシエド、木下拓哉以外、スタメン野手8人の内、実に5人が24歳以下の若さである。こういう日が来ることをファンとして待ちかねていた。これでゲームに勝ってくれれば最高だと、期待をこめてプレーボールを待つ。

先発は小笠原慎之介。ここまで4試合、24イニング無失点とすこぶる好調である。ファンの一部では「小笠原無双」なんていう言葉まで飛び交い始めている。しかし、その〝無双〟の前に立ちはだかったのは〝神様〟だった。

三冠王へひた走る東京ヤクルトスワローズの主砲・村上宗隆、今や〝村神様〟と呼ばれている。3回表、その村上が小笠原から打った打球は、テレビで聞いていても鋭い金属音がした。木製バットにもかかわらず「カキーン」というカタカナ4文字がぴったりと当てはまる打球音。打球は

三好が見上げるセンターバックスクリーンに吸い込まれていった。打たれた小笠原が、しばらくの間、そのバックスクリーンから目を離さなかったことが象徴的だった。それほどすごいホームランだった。この日の小笠原は球も走り、このところの好調を持続させていることは明らかだった。しかし、そんな好投をものともしない村上。本当に恐ろしいバッターである。

そして7回表、〝村神様〟は〝無双〟にまたしても手痛いパンチをくらわす。2死二塁から村上が打った打球は、これもあっという間にライトスタンドに飛び込む、すさまじいと表現したいほどのホームラン。43号、そして44号を献上した。8月2日、小笠原の先輩右腕である柳裕也が、村上の新記録達成となる2本のホームランを打たれたが、その悪夢が再びやって来た。それにしても、本拠地であるドラゴンズの選手に対しては、「広い」とか「ホームランが出ない」とか言われるバンテリンドームナゴヤだが、村上にはまったく関係がないようだ。所詮は打てない打線の〝言い訳〟なのだと痛感させられる。

村上に打たれたホームランは2本、しかし、ドラゴンズが放ったホームラン2本もうれしいものだった。1本目は三好選手のプロ初ホームラン。シュアなバッティングと思い切りの良さを買われて、コロナウイルス感染で離脱中の大島洋平に代わって「2番・センター」に起用されている三好。3回裏に打った追撃の一発は、きれいな弾道のホームランだった。2日前の三塁打といい、このまま活躍を続けてくれると、左打者でもあるだけに選手層は厚くなるだろう。現在スカウトである野本圭さんが、同じ左の〝後継者〟として見込んだパンチ力を、これからも存分に発揮してほしい。

そして勝負は決していたが、9回裏に石垣雅海が打ったホームラン。脇を締めて振り抜いた打球は、レフトのポールを直撃する美しいホームランだった。石垣も入団6年目、かつてフレッシュオールスターでMVPを手にしたホームランの魅力をもっともっと見せてほしい。この日スタメン出場した若手2人のホームランは、村上の2本には及ばないかもしれないが、明日に向けての心地よい号砲にも聞こえてきた。

ただし、シーズンの残り試合は少ない。この日が108試合目、残り35試合である。とにかく勝たなければならない。1勝の重みは日一日と増している。3連勝はならなかったが、連敗は絶対にしてはいけない。明日は是非とも勝ちたい、もちろん若竜の活躍によって。

2022.8.21

［バンテリンドーム ナゴヤ］

入団2年目の19歳が活躍、上田が好投、そして土田がまたも決勝打

立浪監督のコメント

上田は投げるたびに成長している。村上にも内角へしっかり投げられた。（決勝打の土田は）初球から振っていけるのは強み。これから研究されるだろうが、ああいう積極性はチーム全体でも見習ってほしい。

	1	2	3	4	5	6	7	8	9	計
ヤクルト	0	0	0	0	0	0	2	0	0	2
中日	0	0	0	0	2	0	1	2	x	5

上田、谷元、○祖父江（35試合3勝3敗1S）、ロドリゲス、R・マルティネス（41試合3勝3敗27S）－大野奨、木下拓

【戦評】両軍0行進が続いた5回裏、代打平田と1番岡林の2者連続適時二塁打で2点を挙げ先制する。7回同点に追いつかれるも、直後に大野奨と石垣で作った1死二塁の場面、8番土田が1-2からアウトローへ投じられた木澤の154キロを左中間へ運び勝ち越しに成功。土田は今カード2度目のお立ち台に登った。

ここへ来て、ドラゴンズ若手選手たちの活躍がめざましい。シーズン前に立浪和義監督は明言していた。「将来の活躍が期待される若手は使い続ける」。しかし、石川昂弥、そして鵜飼航丞という右の大砲候補2人はケガのため離脱。投手の髙橋宏斗、野手の岡林勇希、この2人だけが残ったかと思われたシーズン後半になって、髙橋の同期である2年目の2人、土田龍空と上田洸太朗が輝きを放ち始めた。

上田は5度目の先発。交流戦の東北楽天ゴールデンイーグルス戦こそつまずいたものの、このところは好投が続いている。打線の援護さえあれば、すでにプロ初勝利を手にしていてもおかしくない。度胸満点のマウンドさばきは、首位の東京ヤクルトスワローズを相手にしてもまったく変わらなかった。ランナーを出しても動じることなく、きちんとコントロールされた球で三振を取るなど、その投球は安定していた。

それは、この日バッテリーを組んだ大野奨太のリードによるところも大きかった。特に、前日に同じ左腕の小笠原慎之介が打ち込まれた、4番の村上宗隆に対しての勝負。結果は2打席とも四球になったが、しつこく内角を攻める投球は効果的だった。おそらく木下拓哉ならば、あそこまでインサイドに固執するリードはしないだろう。スタメン

マスクに大野を起用したベンチの卓見と、それに応えたベテラン・大野の経験だった。

5回裏に1死一、三塁のチャンスを迎えたところで上田は交代、代打に平田良介が送られた。その平田が期待に応えて、見事にタイムリー2ベース。その後に岡林勇希も二塁打を打ち、2対0となった。上田のプロ初勝利は濃厚かと思った。しかし、3番手の祖父江大輔がマウンドに立った7回表、サード阿部寿樹のミスもあって、一気に同点に追いつかれてしまう。その瞬間のベンチでの上田の茫然とした表情がショックを物語っていた。同じように立浪監督も厳しい表情だった。それでも2対2の同点、この後の1点をどちらが入れるのか。

しかし、その均衡はあっという間に破られた。上田の同期であり、2日前のサヨナラ勝ちのヒーロー・土田によってであった。

大野へのフォアボールと送りバントで作った1死二塁。2ストライクと追い込まれた土田だったが、低めのボールをきれいにセンターとレフトの間に運んだ。クリーンヒット。立浪監督をして「チーム全体で見習ってほしい」とまで言わしめる、打席での思い切りの良さ。3割を超える得点圏打率の高さがそれを証明している。土田は今のドラゴンズ打線では貴重な「あと1本」が打てる打者になりつつある。二塁ランナーが、快速の高松渡に代わっていたことも大きかった。3対2、再び1点のリードとなった。

残り2回ということと、ジャリエル・ロドリゲスとライデル・マルティネスの調子を考えれば、この瞬間に「勝った」と確信した。と同時に、好投を続ける上田に勝ち星をつけてやりたかったと胸が痛んだ。プロ初勝利はいずれ必ず来る。しかし、それが早ければ早いほど、投手としての自信と自覚が構築されていくからだ。だからこそ若い投手を育てるためにも、先輩たちは投も打もしっかりフォローしてほしい。

この日のヒーローインタビューは、またまた土田、そして珍しくライデルが立った。淡々と答えるクールな土田に比べ、この日27個目のセーブを挙げたライデルは、久しぶりのお立ち台といううれしさもあってか、雄弁だったように思う。5対2、よく勝った。

ほぼ2カ月近くも最下位に低迷するドラゴンズだが、5位の読売ジャイアンツが負け続けていて、そのゲーム差は1・5に縮まった。そして次はいよいよ東京ドームでの3連戦になる。2勝1敗なんて遠慮がちなことは言うまい。3連勝して一気に浮上したい。

2022.8.23

［東京ドーム］

勝負どころで勝てないドラゴンズ……勝野が復帰戦飾れず巨人に完敗

立浪監督のコメント

(菅野に)若手に攻略は難しいと思うが、現状の選手でやっていかないといけない。(二軍で練習復帰の大島は)本人からゴーサインが出れば。(高橋周は)今サードは阿部がいる。昇格は本当に良くなれば考える。

	1	2	3	4	5	6	7	8	9	計
中日	0	0	0	0	0	0	0	0	0	0
巨人	2	0	0	0	2	0	2	0	x	6

●勝野(5試合0勝2敗)、橋本、根尾、森－木下拓

【戦評】先発勝野は初回に先制点を許す苦しい立ち上がりとなる。追いかけたい打線であったが、巨人先発の菅野の前にヒット2本を打つのが精一杯と、完全に牛耳られてしまう。巨人打線は先制、中押し、ダメ押しと効果的に加点。これで菅野には20イニング連続無得点、チームは今季21度目の零敗を喫した。

どうしてドラゴンズは、ここぞという試合に勝てないのだろうか。長年ずっと応援しているが、「この試合だけは勝ちたい」というゲームを必ず落とす。そんな時に限って相手が読売ジャイアンツであることが多い。象徴的なのは、1994年10月8日に、長嶋ジャイアンツとのシーズン最終戦で、同率での戦いとなった「10・8」決戦だろう。5位のジャイアンツに1．5ゲーム差と迫った今夜の試合、初戦に勝って最下位脱出へ勢いをつけたいところだったが、ものの見事に敗れてしまった。

先発は勝野昌慶、左脇腹の痛みから二軍で調整を続けてきた。4カ月ぶりの登板だけに心に期すものがあったはずだ。しかし初回に4番・中田翔に先制二塁打。勝野は3打席目にも中田にタイムリーを打たれて5回でマウンドを降りた。ゲーム唯一の見どころは7回裏だった。根尾昂が登板して4番・中田、5番・岡本和真を2者連続三振に切って取った。小気味いいナイスピッチングだった。

ドラゴンズのヒットはわずか3本でまたも零封負け。かつて「10・8決戦」で、何とか出塁しようと一塁ベースにヘッドスライディングして肩を脱臼までした選手がいた。その選手は背番号を「73」に替えてチームを率いている。どんな気持ちでこの不甲斐ない敗戦を受け止めたのだろうか。

2022.8.24

［東京ドーム］

松葉が見事な投球！そして石橋の好リード、鮮やかな先制点で逃げ切る

立浪監督のコメント

今日も勝ちはしたが11安打で4点。もう1、2点取れるようにしないと上位は目指せない。（木下拓二軍降格は）リードに迷いがある。今は二軍の投手を1点でも少なくリードすることが必要だと思って落としました。

	1	2	3	4	5	6	7	8	9	計
中日	2	0	1	0	0	0	0	1	0	4
巨人	0	0	0	0	0	0	0	1	0	1

○松葉（15試合6勝4敗）、谷元、ロドリゲス、R・マルティネス（42試合3勝3敗28S）－石橋

【戦評】初回制球が定まらないプロ初先発の巨人井上に対し、1番岡林の一打を皮切りに、溝脇、阿部と3連打が出て先制点を奪う。3回、登録抹消された木下拓に代わり起用された石橋が四球後の初球をレフト線へ運ぶ2ベースで加点。守っては先発松葉を含む4投手を好リードで引っ張り、巨人相手に競り勝った。

東京ドームでの2戦目、先発は松葉貴大、シーズン当初は本拠地のバンテリンドームナゴヤ限定の登板だったが、このところの安定感から、最近はロードでの試合でも先発している。対する読売ジャイアンツは、3年目の井上温大がプロ初先発のマウンド。育成選手だったが、今シーズンに支配下登録された。そんな若い投手が相手だけに、ドラゴンズとしては、是が非でも勝たなければならない。ましてや前夜はエース・菅野智之に完璧に抑えられた。とにかく先制点を取ることだ。

そんな期待にこの日の打線はしっかり応えてくれた。初回、先頭の岡林勇希が井上の初球をライト前にヒット。岡林の初球からの積極性は頼もしい限りである。続く2番は、コロナウイルス感染もあって久しぶりにスタメン復帰した溝脇隼人がレフト前ヒットで続く。さらに3番の阿部寿樹がお得意の右打ちでタイムリー。1番から3番の連続ヒットで、あっという間に先制点を奪った。

しかし、なおもチャンスが続く無死一、三塁で4番のダヤン・ビシエドは空振りの三振。この試合でビシエドは、その後2安打を記録したが、この初回で打たなきゃ！「竜の4番」という課題は間違いなく来季に持ち越されるだろう。5番には木下拓哉の二軍行きによって、久しぶりに平田良

介が入った。その打席、一塁ランナーの阿部が盗塁を仕掛け、その間に三塁ランナーの溝脇が一気にホームに滑り込んだ。2点目だ。初先発の井上を動揺させるには格好のダブルスチールだった。思えば開幕ちょうど1カ月後のバンテリンドームナゴヤで、ジャイアンツに同じように重盗を決められ、勝ち越し点を奪われた。そのお返しになった。初回のマウンドに立つ松葉にとって、大きな2点のプレゼントになった。

この日の松葉は、最初から実に堂々とした投球だった。3番の丸佳浩にセンター前ヒットを許したものの、前日に痛い目に遭わされた4番の中田翔をショートゴロに抑えた。

実は、松葉とバッテリーを組むキャッチャーは、この日に一軍に戻ってきたばかりの石橋康太だった。コロナウイルス感染によって二軍で調整をしていたが、木下と交代して急きょ一軍登録。遠征での3連戦中に捕手の登録を変更するという珍しい事態だった。シーズン残り少ない中で、正捕手だった木下を二軍に送った立浪和義監督は、その理由について「リード面」を指摘したが、その言葉に応えるような石橋のリードは見事だった。松葉にカーブを多投させ、結果、6イニングでヒットは丸に打たれた2本のみだった。それだけでもキャッチャーの役割は十分なのだが、石橋は3回表に2死一、二塁からレフト線に貴重な追加点となるタイムリー二塁打を打った。「四球の後の初球は甘い球が来る」というセオリー通りの見事な〝狙い打ち〟だった。井上は5回途中でマウンドを降りた。

松葉が6回を無失点で投げ切った後は、自慢のリリーフ陣の出番だった。清水達也をコロナウイルス感染で欠く中、7回のマウンドに上がったのは、祖父江大輔ではなく谷元圭介だった。このベテラン投手はそれだけ好調なのだろう。2死二、三塁というピンチを招いたが、若林晃弘をショートゴロに抑えた。この試合、ショートゴロが多い。土田龍空の軽やかな守備に感心していたら、ジャリエル・ロドリゲスが登板した8回にエラーで1点を献上。こうしたうっかりミスをなくしていくことが、土田がレギュラーを取れるかどうかの試金石だろう。

最後はライデル・マルティネスが3つの三振で締めて、4対1でゲームセット。きっちりとしたゲームだったが、その理由はやはり〝先取点〟だろう。リリーフ陣がしっかりしているドラゴンズにとって、それが〝勝利への道〟である。5位の広島東洋カープが敗れ、その差は1ゲーム差になった。いよいよ、2カ月間も嫌で嫌で仕方なかった最下位からの脱出、その時が迫ってきた！

2022.8.25

［東京ドーム］

髙橋宏斗と戸郷翔征の投手戦、2度の満塁機で無得点、沈黙の竜打線

立浪監督のコメント

戸郷は良かったが、絶好機が何回あったかと。あれだけボール球を振って、三振したらあかんケースで全部三振している。意識が足らなさ過ぎます。髙橋宏が2点取られたのは仕方ない。今日は情けなさ過ぎますよね。

	1	2	3	4	5	6	7	8	9	計
中日	0	0	0	0	1	0	0	0	0	1
巨人	0	0	0	1	1	0	0	0	x	2

●髙橋宏（15試合4勝5敗）、福－石橋

【戦評】髙橋宏、戸郷の本格派右腕同士の投げ合いで始まった一戦は、4回裏中田翔の犠飛で試合が動き出す。直後5回表1死三塁の場面、髙橋宏の打球は高く弾む投ゴロになるも、土田の好走塁により同点に追い付く。しかしその裏戸郷のスクイズによりすぐさま勝ち越され、打線の反撃なくそのまま敗戦となった。

次世代を担う若きエース候補同士の見事な投手戦だった。ドラゴンズの先発は髙橋宏斗、20歳。ジャイアンツの先発は戸郷翔征、22歳。髙橋はこの試合の前まで、24イニング無失点を続けている。シーズンも残り少なくなった今、髙橋に求められること、それは勝つことなのだ。髙橋自身もそのことを十分に自覚していて、気迫あるマウンドだった。しかし、結果は1対2で髙橋は負け投手になった。2点を取られてしまったことを髙橋本人は悔やんでいたが、敗因はこの日も点を取ることができなかった打線である。

立浪和義監督は、5番に平田良介、6番に福田永将というベテランの右打者2人を起用した。右腕の戸郷にあえて右打者。しかし、ベンチの期待は空振りに終わった。3回表の無死満塁で得点できなかった後、1点リードされた直後の6回表は1死満塁で打席には福田。外野フライでも同点になる絶好のチャンスだった。しかし、空振り三振。福田はこの試合、3打席連続の三振だった。

髙橋は7回を投げて過去最多の116球、被安打は4本のみ。立派に先発投手の役割を果たしたと言えるが、もうひとつの大切な使命であった〝勝つこと〟。これはかなわなかった。3連勝したら、一気にAクラスへの浮上が現実味を帯びていたはずの東京ドーム決戦は1勝2敗に終わった。

2022.8.26

［バンテリンドーム ナゴヤ］

岡林が初の4安打、大島も復帰で即巧打、大野勝利で阪神に先勝

立浪監督のコメント

初回は岡林が出ていい形で先制できた。大島復帰後もあえて1番にした。新しい得点パターンをつくれたらいい。（走塁ミスは）1番打者の走塁は流れを変える。日々、課題も出る。試合に出ながら克服してもらいたい。

	1	2	3	4	5	6	7	8	9	計
阪神	0	0	0	0	0	2	0	0	0	2
中日	1	1	1	1	0	1	0	0	x	5

○大野雄（19試合6勝7敗）、藤嶋、谷元、福、ロドリゲス、R・マルティネス（43試合3勝3敗29S）－石橋

【戦評】初回阿部の犠飛で先制すると、2回岡林、3回平田、4回は大島と毎回適時打が飛び出し、この日は打線が先発大野雄を援護。阪神打線も粘り大野雄は6回途中に降板となるも、このピンチで火消しに成功した藤嶋をはじめリリーバー陣が好投。阪神・西勇の10勝到達を阻止し、カード初戦を取った。

相手を倒すため、カウンターパンチはもちろん威力十分だが、ボディーブローは実はそれ以上に効く場合がある。継続的なダメージは攻められる側に相当に堪える。今夜の竜は、虎を相手にボディーブローを打ち続けた。そんな試合だった。1回から6回まで、5回を除いて1点ずつ得点していった。

その立役者は、1番・岡林勇希、そして2番・大島洋平の2人だった。コロナウイルス感染で離脱していた大島が戻っても、立浪和義監督は岡林を「1番打者」で起用し続けた。大島不在の間も、それだけ先頭打者として文句のない活躍をしてきたという評価の表れだろう。その岡林が、この試合でもいきなり躍動した。初回、阪神タイガースの先発で同じ三重県の菰野高の先輩でもある西勇輝から、いきなりのツーベース。岡林がゲームの初回に出塁する姿を、このところ本当に多く目にしている。

そして続く2番・大島がライト前へヒット。ウエスタン・リーグの二軍戦に1試合3打席だけ出場した後に、一軍に復帰して即スタメン、最初の打席で即ヒット。さすがとしか言いようがない。セ・リーグの首位打者争いは、東京ヤクルトスワローズの村上宗隆が三冠王を目指してひた走るが、ストップをかける一番手は間違いなく大島だろう。二

塁にいた岡林がホームインできなかった誤算があったが、続く3番・阿部寿樹が犠牲フライを放ち、きっちりと先制点を取った。

2回には、今度は岡林がタイムリーを打って2点目。4回には岡林がヒットの後に二塁への盗塁に成功。大島がタイムリーで得点と、この1、2番の2人が得点の多くに絡んだ。岡林はこの日、自身初の4安打で、盗塁も2つ記録した。見事な活躍だった。

小刻みに1点ずつ入るスコアボードを背に、マウンドに立ったのはエースの大野雄大。

1週間前の登板では、自らの悪送球で3失点というゲームだったが、この日は慎重な上にも回を追うごとにギアが上がる見事な投球を披露。「1」が並ぶドラゴンズのスコアボードの上の段にタイガースの「0」が並んでいった。6回表に、4番の佐藤輝明のヒットから連打を浴びて2点を失ったところで交代。球数はちょうど100球だった。大野にとって、今シーズン初めてイニング途中でマウンドを降りることになったが、その背番号「22」には、本拠地バンテリンドームナゴヤのスタンドから、温かい拍手が送られた。

そんなエースの好投に応えるかのように、バックもよく守った。4回表のタイガースの攻撃、無死一塁で大山悠輔の外野に抜けようかという当たりを、セカンドの溝脇隼人が捕って背中越しに、二塁ベースへ入ったショート・土田龍空にトス。それを受けた土田が一塁へ投げて、ダブルプレーとなった。

かつて一時代を築いた〝アライバ〟こと、荒木雅博と井端弘和のコンビネーションを少しだけ彷彿させるナイスプレーだった。

この試合では、ショートのスタメンが続く土田が2安打、二軍調整中の木下拓哉に代わってスタメンマスクが続く石橋康太が三塁打、さらにその直後に代打で登場した三好大倫がタイムリーと、若い野手たちの活躍が特に目立った。大島、そして阿部といったベテランの味のある一打、さらにこうした若竜の勢いを感じる打撃。今日は5対2での完勝だったが、ファンにとっては、実に応援しがいのあるナイスゲームだった。

このタイガース3連戦は大野に続いて、小笠原慎之介、そして柳裕也の先発が予想される。3連勝する権利は、初戦の勝利でドラゴンズが手にした。3位のタイガースとは3.5ゲーム差。シーズンも残りちょうど30試合になった。とにかく勝つしかない。さあ行け！

2022.8.27

［バンテリンドーム ナゴヤ］

4番・ビシエドがチャンスで併殺打、先発・小笠原も初回3失点で敗れる

立浪監督のコメント

（小笠原は）ボールがちょっと真ん中に集まった。その後踏ん張ったので、そこはひとつ評価できるのかなと思います。根尾は（調子が悪かったが）あえて代えなかった。マウンドで修正する力をつけてほしい。

	1	2	3	4	5	6	7	8	9	計
阪神	3	0	0	0	0	0	0	2	0	5
中日	0	0	1	0	0	0	0	0	0	1

●小笠原（17試合6勝8敗）、根尾－石橋

【戦評】先発小笠原は初回からあわや打者一巡となる阪神打線の攻勢に遭い3失点。打線は1番岡林の2打席連続長打、2番大島の2出塁などで再三再四チャンスは作るもあと1本が出ず、阪神藤浪を捉えることができない。8回は2番手の根尾が2失点、9回は阪神ケラーに3者連続三振を喫し、敗れ去った。

勝つための大きな条件、ゲームの後半になるほど投手力に勝るドラゴンズにとって、「先取点を取る」ことこそ大切なのだが、この日は相手に取られてしまった。先発は小笠原慎之介。阪神タイガースの先頭、中野拓夢の強いサードゴロを、阿部寿樹がダイビングしてキャッチ。しかしワンバウンドの送球をファーストのダヤン・ビシエドが捕れずに、内野安打となった。この出塁が小笠原の何かを狂わせたのか、続く2人に連打を浴びて、早々に1点を献上した。投球の乱れは続き、5番・大山悠輔の内野安打などで結局3失点。小笠原にしてみれば、打たれたのか打たれていないのか、分からない内に失点を重ねた気持ちだったのではないだろうか。7回を投げて132球の今季最多投球数、失点は初回の3点だけだったのだから、もう少し打線が点を取っていれば、ゲームの行方は分からなかった。

打つ方は3回裏、1アウトから岡林勇希がレフトへの二塁打で出塁した。その後、3番・阿部がセンター前にタイムリーで1点。しかし続く4番のビシエドが初球を打ってセカンドゴロ併殺。気になるのはビシエドの打球が上がらなくなっていることだ。試合は1対5で完敗。しかし何だか負けた気がしないモヤモヤ感。このところの不順な天候と同じように、湿った空気にドームは包まれた。

2022.8.28

［バンテリンドーム ナゴヤ］

復帰の柳が粘投8勝目、岡林が貴重な先制タイムリーで阪神を激破

立浪監督のコメント

(6回打線が繋がり)2死三塁で岡林が1本打ってくれた。森木投手にプロの洗礼を浴びせるはずが、やられるところでした。(大野奨起用は)経験を買って。柳は全体的によく粘った。治療して、また頑張ってほしい。

	1	2	3	4	5	6	7	8	9	計
阪神	0	0	0	0	0	0	0	0	1	1
中日	0	0	0	0	0	3	1	0	x	4

○柳(20試合8勝9敗)、祖父江、福、藤嶋、R・マルティネス(44試合3勝3敗30S)－大野奨

【戦評】先発柳は序盤失点こそないものの、安定感に欠ける立ち上がりを見せる。迎えた4回表無死一塁、5番大山の痛烈な打球が柳の右足に直撃するアクシデントが発生する。しかし治療後マウンドに戻った柳はここから3者連続三振を奪うなど奮起。打線も柳の投魂に応え、中11日のマウンドで8勝目を挙げた。

柳裕也が一軍のマウンドに戻ってきた。と言っても、一軍からの離脱期間はルール最短の10日間なので「戻ってきた」は大袈裟かもしれないが、物理的な復帰とは別の意味で、その粘り強い投球も戻ってきた。

阪神タイガースとの3戦目、夏休み最後の日曜日とあって、バンテリンドームナゴヤには大勢のファンが詰めかけた。エース・大野雄大で勝って、小笠原慎之介で落とし、ここまで1勝1敗。夏休み中の子どもたちの前で、そして今カード勝ち越しのためにも、負けられないゲームだが、もうひとつ大きな理由があった。

タイガースの先発は、ドラフト1位のルーキー・森木大智。阪神ベンチは、プロ入り初先発の相手にドラゴンズを選んできた。昨シーズン、最優秀防御率と最多奪三振の投手2冠、ベストナイン、ゴールデングラブ賞に輝いた柳だけに、この対決に負けるわけにはいかないはずだった。それが前面に出たのは4回表のタイガースの攻撃だった。同じ年にプロ入りした同期生、大山悠輔の痛烈な打球が柳の右足の膝の上に当たった。大丈夫か？　ベンチに下がった柳。しかし、その後、元気にマウンドに戻ると、続く打者を3者連続三振に抑えた。見事な気合だった。

そんな柳の熱投を見ながらも、何とも言えない嫌な予感

にさいなまれていた。長きにわたって応援しているが、ドラゴンズは伝統的に〝初物〟に弱い印象がある。すなわち新しい投手との初対戦では、得てしてぴしゃりと抑えられてきたことが多い。森木は高知高時代から150キロ以上を投げる好投手として評判が高かった。背番号「20」は、球団の大いなる期待の表れだろう。初回に2番・大島洋平が詰まりながらもセンター前ヒットで出塁し、すかさず盗塁。ここで先取点を取れば、つい半年前までは高校生だった投手、一気に崩せるのではと期待したものの、大島は阿部寿樹のセンターフライで三塁を狙ってアウト。嫌な予感がふくらむ。

ここから森木の投球に勢いが加わる。2回以降、毎回ランナーを出している柳と違い、5回までで許したのは初回の大島のヒットのみという見事なピッチングである。

しかし、両チーム無得点で後半に入った6回、ドラゴンズにようやくチャンスが訪れた。先頭のペドロ・レビーラがセンター前ヒット。このところベンチを温めていた新戦力に待望の一打が出た。続く土田龍空の送りバントなどで迎えた2死三塁。1番に回って岡林勇希は、しぶとくライト前にヒット。これで均衡が破れた。続く大島は申告敬遠、しかし、その後にはこのカード毎試合で打点を挙げている阿部寿樹、ライトオーバーの二塁打でさらに2点を追加した。4番・ビシエドはセカンドゴロに倒れて、追加点はなかったが、続く7回裏には、2死二塁から土田龍空がセンターオーバーの大きなスリーベースで4点目を入れた。このところ、得点に岡林と土田が絡むことが多い。若手選手が明らかに力をつけてきたと言えるだろう。

4点差、セーブの付く対象ではない得点差だったこともあって、9回表は藤嶋健人がマウンドへ。今季も安定したリリーフぶりを見せている藤嶋だけに、応援する側も、さすがにポンポンと3人で抑えてくれるかと思っていたら、ロハス・ジュニアに二塁打、続く木浪聖也にライト前ヒットで、なんと無死一、三塁のピンチを迎えてしまった。これだから野球は最後の最後まで分からない。一発出れば1点差の場面になってしまい、温存したかったライデル・マルティネスが結局〝緊急登板〟。犠牲フライで1点を失ったが、後続を抑えて4対1で勝利した。これでライデルは30セーブ目。柳に復帰早々、8勝目がついたことが大きい。今日は日曜日、シーズン初めに活躍した「サンデー柳」がこれから復活してくれることに期待したい。

3位のタイガースとの差は3・5ゲーム差。残り28試合、ますます立浪竜の戦いから目が離せない。

2022.8.30

［横浜スタジアム］

新クリーンアップも機能せず、またしても苦手のベイスターズに零封負け

立浪監督のコメント

速球を打ったのは岡林と三好と土田ぐらい。先に点を取られた時点で厳しい状況になった。変化球は慣れだったり意識で打てるが、やっぱり野球は速いボールを打てないと、ずっとレギュラーではいられない。

	1	2	3	4	5	6	7	8	9	計
中日	0	0	0	0	0	0	0	0	0	0
DeNA	0	0	2	1	1	0	0	2	x	6

●松葉（16試合6勝5敗）、藤嶋、森、根尾－石橋

【戦評】チームの低迷期によくみられる、3番に大島を起用した打線が機能せず。1番岡林は2安打するも打線全体ではわずか4安打しか放てず、DeNA先発の今永に月間5勝目を献上。9月を待たずして早くも対横浜戦の負け越しが決定し、雨粒混じりの暖かい浜風がレフトスタンドの竜党の頬をなでる夜となった。

シーズンも残り28試合となった。大切な関東遠征6連戦、初戦の横浜スタジアムで立浪和義監督が動いた。先発オーダーの軸を入れ替えたのだ。1番・岡林勇希に続く2番に、このところ勝負強い打撃を見せて進境著しい土田龍空。岡林そして土田という、若き1、2番コンビが誕生した。3番には大島洋平。このオーダーの真意は、クリーンアップの再整備なのだろう。中軸が機能していない。4番のダヤン・ビシエドは8月に入ってまったく打てない。打点もわずか4と、4番打者の役割を果たせていない。続く5番も日替わり状態だったが、3番で安定した打撃を見せている阿部寿樹を、シーズン初めの頃のように5番に戻し、「大島・ビシエド・阿部」というクリーンアップを組んだ。

初回、2番の土田が流し打ちのレフト前ヒットで出塁し、立浪監督の起用に応えた。しかし、大島とビシエドがフライに倒れて無得点。終わってみると、ベイスターズ先発の今永昇太に8回をわずか4安打に抑えられた。クリーンアップの3人は合わせて11打数ノーヒットだった。このところ安定していた先発の松葉も3失点で4回に降板していた。霧雨の中、0対6で今シーズン22度目の無得点負け、絶対勝ちたい試合を落としてしまった。横浜の壁をぶち破らない限り、竜の上昇はあり得ない。

2022.8.31

［横浜スタジアム］

横浜で連敗!
自力CS出場が消滅、ビシエドの代わりがいない4番の憂鬱

立浪監督のコメント

(5回の勝野は)2死で次が投手。ファウルも引っ張りにきていたから、石橋も含めて反省しないと。DeNAには完全になめられたような戦いになっている。残りはしっかり戦って、来年につながるようにしたい。

	1	2	3	4	5	6	7	8	9	計
中日	0	1	1	0	0	0	0	0	0	2
DeNA	0	1	0	0	1	1	0	0	x	3

●勝野(6試合0勝3敗)、清水、祖父江－石橋

【戦評】今季初勝利の権利を手にするまであと1アウトと迫った先発の勝野であったが、ここで伏兵の戸柱に痛恨の同点ソロを浴びる。4回以降無得点に終わり、そのまま競り合いを落として敗戦。これで自力でのCS進出が不可能に。8月最後の日、チームは実質的な終戦ムードに包まれることになった。

立浪和義監督が発した言葉が重い……「代わりに4番を打つ人がいないので」。

ダヤン・ビシエドの打撃が依然として低空飛行だ。かつて2018年8月に月間47安打を放ち、セ・リーグの最多安打を記録したこともあって「8月は強い」と言われ、なかなか調子の上がらない今シーズンも期待する声が多かったが、なんと8月のホームランは0本、打点はわずかに4だった。この試合も4打数ノーヒット、打球は1度も外野に飛ばなかった。

「代わりはいない」と言う立浪監督だが、今季ビシエド以外に、阿部寿樹とアリエル・マルティネスの2人が4番を打ったことがある。しかし、阿部は3番か5番の方がその打撃が生きる。アリエルはケガと新型コロナウイルス感染で二軍調整中。たしかに監督の言うことも分かるのだが、このまま「4番・ビシエド」と共に、シーズンを終えるしかないのだろうか。

竜の4番……。これまで多くのスラッガーたちが、その座についてきた。

私の記憶に残る最も古い4番は江藤慎一。個人的にドラゴンズの歴代ベストナインを選ぶのならば、レフトのポジションには江藤を選ぶ。それほどインパクトが強かった。1

964年（昭和39年）、65年（昭和40年）には読売ジャイアンツの王貞治の三冠王を阻止して、2年連続で首位打者を獲得した。オールスターゲームでは2度MVPに選ばれてもいる。

江藤以来、日本人選手では、谷沢健一、大島康徳、落合博満、和田一浩が印象に残る。外国人選手では、74年（昭和49年）に20年ぶりのリーグ優勝を果たした時のトーマス・ジーン・マーチンをはじめ、ジョン・ミラー、ゲーリー・レーシッチ、レオ・ゴメス、タイロン・ウッズ、そしてトニ・ブランコ。

そんな中、2002年シーズン、7月にゴメスのケガが悪化して離脱した後に4番に入ったのは、立浪選手だった。当時監督の山田久志の決断だったが、とても驚いた。それまでの既成概念から、どちらかと言えば、華奢な体格の立浪は4番というイメージではなかったからだ。ただ「4番はチームの顔。ゴメスの他に思い当たる選手は立浪しかいない」という山田監督の言葉には妙に説得力があった。そして立浪選手は、4番の座を見事に務め、シーズン自己最多の92打点にホームラン16本を記録したのだった。そんな立浪監督が「ビシエドの代わりの4番はいない」と判断しているのだから、ファンとしては復調を見守るしかない。

横浜スタジアムでの2戦目は、昨年から先発した18試合連続で勝ち星に恵まれていない勝野昌慶。2回裏に横浜DeNAベイスターズ打線の6番に入ったネフタリ・ソトにソロホームランを打たれたものの、この日も安定した投球を見せた。

それを援護する打線は、2回に5番阿部の先制ホームラン、続く3回には勝野自らの2塁打から1点を取り、前半は2対1とリードしたが、その後が続かない。5回裏にあとひとりで勝利投手の権利を得るという2死から戸柱恭孝のホームランで同点に追いつかれ、6回裏に4番・牧秀悟の内野ゴロの間に追加点を奪われ逆転されると、流れは一気にベイスターズへ行ってしまった。

ゲームは2対3で前夜に続く連敗。今日は明らかに点を取ることができない打線が敗戦の責任を背負うべきゲームだった。これでベイスターズには3勝14敗1分。よくもまあ負け続けているものだ。そしてこの敗戦で、自力でのクライマックスシリーズ出場がなくなってしまった。このまますするずると土俵を割ってしまうのか。

8月は終わった。明日からの9月、どうか意地を見せてほしい。

2022.9.1

［横浜スタジアム］

ハマスタでまさかの3連敗、先発の上田をまたも見殺しの貧竜打線

立浪監督のコメント

(3番レビーラは)最後にちょっとチャンスをと思って。今後のことはこれから決めます。上田は(雨天中断もあり)難しかったと思うけど、このスタジアムでよく投げた。チャンスを与えてどんどん投げさせたい。

	1	2	3	4	5	6	7	8	9	計
中日	0	0	0	0	0	0	0	0	0	0
DeNA	0	0	2	1	0	1	2	1	x	7

●上田(6試合0勝4敗)、谷元、藤嶋、森−大野奨、石橋

【戦評】先発の上田を含め、登板4投手中3人が失点するなどDeNA打線を止められず失点を重ねてしまう。打線も3番に抜擢したレビーラや23打席無安打のビシエドらがブレーキとなり惨敗。横浜相手にまたも3連敗。これでカード通算3勝15敗1分。現代野球ではあまり考えられない星取り表となってしまった。

まさかだった。今シーズン徹底的に苦手にしている横浜DeNAベイスターズとの3連戦。敵地・横浜スタジアムでの戦い、そう簡単に勝てないとは思っていたが、まさか3連敗するとは。ハマスタでの勝敗次第では、かすかな希望であるクライマックスシリーズの出場も見えてくるかと思ったが、この日の秋雨のように霞んでしまった。

敗因を挙げるならば、やはり〝打てない打線〟。立浪和義監督は、後半戦から一軍に加わったペドロ・レビーラを初めて3番に起用した。なかなか機能しないクリーンアップのテコ入れでもあり、同じキューバ出身である4番のダヤン・ビシエドへの刺激の意味合いもあったはずだ。しかし、レビーラは併殺打に2つの三振を含む4打数ノーヒット。後輩を見習ったわけではないだろうが、ビシエドからも4打数とも快音は聞かれなかった。試合は0対7で敗れ、今シーズン実に23度目の零封負けを喫した。

この日の横浜は、沖縄の南にある台風によって前線が刺激されて、時おり激しい雨が降った。プレーボール直後、2度にわたる中断があった。先発は19歳左腕・上田洸太朗。好投を続けるも打線の援護に恵まれず、いまだにプロ初勝利を手にしていない。「今日こそ」とファンも、何より本人も思って臨んだ試合だったが、またも夢は叶わなかった。

2022.9.2

［明治神宮野球場］

大野雄大が村上に50号を献上、またも無得点で借金は今季最多の14に

立浪監督のコメント

（村上に被弾した場面）大野雄は勝負球が甘くなった。そこだけの話。村上は最近インコースを狙っているときに前なら打ち損じていたボールにも対応しだしている。「ミスしたら終わり」くらいの覚悟をもってやらないと。

	1	2	3	4	5	6	7	8	9	計
中日	0	0	0	0	0	0	0	0	0	0
ヤクルト	0	0	3	1	0	0	1	0	x	5

●大野雄（20試合6勝8敗）、祖父江、谷元、福－石橋

【戦評】3回裏1死一、三塁。ヤクルトの4番、村上に対して「状況次第では歩かせる」と試合前に公言していた大野雄であったが、勝負にいった結果シーズン50号となる3ランを被弾。打線もヤクルト先発サイスニードの前に散発4安打。猛打賞のビシエド以外は沈黙し、3連戦初戦は黒星スタートとなってしまった。

横浜での悪夢の３連敗の後、舞台を神宮球場に移して首位である東京ヤクルトスワローズとの３連戦。今回の関東遠征は、最下位脱出とクライマックスシリーズ出場を狙う上では負けられない戦いだっただけに、このまま負け続ければ間違いなくシーズンの命運が尽きる。

そんな大切なマウンドにエース・大野雄大が上がった。ただ、この大野は長年にわたり屋外球場を苦手としている。11試合続けて勝ち星がない。神宮球場では５年間も勝てていない。

そんなドラゴンズファンの不安を、そのまま形として見せつけたのは、スワローズの４番・村上宗隆だった。最初の打席こそショートゴロに倒れたものの、３回裏に回った２打席目。１死一、三塁から大野が投じた４球目のカットボールをフルスイングすると、打球はあっという間にライトスタンドの中段に飛び込んでいった。言葉をなくす一発だった。これで村上はシーズン50号、日本人選手としてはジャイアンツで活躍した松井秀喜さんの２００２年以来20年ぶりの快挙となった。つい先日、柳裕也が、５打席連続ホームランの〝引き立て役〟になっただけに、この日の記念ホームランを大野が投じたことは残念でたまらない。村上からは、小笠原慎之介も１ゲームに２本のホームランを

打たれている。

ドラゴンズ投手陣は、どこまでお人好しなのだろうか。もちろん、村上の打撃技術が図抜けていることは間違いないし、手のつけられない強打者に成長したものの、ここまでホームランを献上しなくてもいい。打ち取れる打席もあるし、勝利を目指すためなら、最悪フォアボールという選択肢だってあるはずだ。チームとしてここまで同じ打者に打たれ続けることは、プロとしてはあってはならないことだろう。

ドラゴンズ打線には、この日からアリエル・マルティネスが復帰した。手首の不調と新型コロナウイルス感染によって、およそ1カ月半ぶりの一軍昇格。即3番に入った。8月は絶不調のダヤン・ビシエドに代わって4番に入るかと思ったが、そのビシエド、この日は3安打と久しぶりに快音を聞かせた。3本ともセンター前へのヒット。この内、1本でもここ最近の試合で出ていたら、勝ち星も増えていたのにと「タラレバ」の思考に陥る。それほど、この日まで打てなかった。

ビシエド以外でヒットを打ったのは、7番・ショートの土田龍空が5回にセンターへ放った1本だけ。散発4安打で、無得点のままゲームセットとなった。これで零封負けは今シーズン24度目となった。ハマスタで現地観戦した7月7日の0対0引き分けを入れれば、点が入らなった試合は実に25試合となった。

24度目という零封は、終戦直後の1948年(昭和23年)、そして56年(昭和31年)の2回ある。ナゴヤ球場の前身である中日球場が生まれた頃のこと。86年目を迎えた球団史の中でも、あまりに古い時代のことである。記録が並ぶ、またはは新記録が生まれる時にスポットライトが過去の歴史に当たる。まさか令和の世になってから、そんな遠い残念な球団史を思い出すことになろうとは思わなかった。

海の向こうでは、大谷翔平が投打の活躍でベーブ・ルースの記録に並んだことが大きなニュースになった夏だが、ドラゴンズにとってはあまりにも悲しい。「打てない」と言われ続けている打線を象徴するように、球団ワーストタイとなってしまった。シーズンはまだ24試合も残っている。記録を更新してしまうのだろうか。

これで連敗は4にまで延び、そして負け越しは今季最多の14となった。これを挽回するには大型連勝しかないのだが、ドラゴンズ打線の覇気のなさを見るにつけて、ついつい悲観的な気持ちになってしまう。どうか明日こそ、意地を見せてほしい。

2022.9.3

［明治神宮野球場］

小笠原の鬼気迫る投球、4番・ビシエドに久しぶりの1発も出て快勝

立浪監督のコメント

小笠原は確実に7回、8回までいけるようになっている。球に力があるし、こういうピッチングをすれば外の球場でも勝てる。明日は宏斗が投げる。逃げてカウントを悪くしたらやられるので、勝負にいってほしい。

	1	2	3	4	5	6	7	8	9	計
中日	2	0	0	0	0	1	2	0	0	5
ヤクルト	0	0	0	0	0	0	0	1	0	1

○小笠原（18試合7勝8敗）、ロドリゲス、R・マルティネス－木下拓

【戦評】打線はヤクルトの拙守にも助けられ、3打数3安打、2ベース2本1本塁打と、この日も大当たりのビシエドを中心に効率よく加点。先発の小笠原は速球やナックルカーブが冴え好投。また4回は小笠原の闘志溢れる投直処理や、8回に飛び出した加藤翔のスーパープレーなど、守備力の差が勝敗を分けた。

土俵際、いや人によっては「もう土俵を割っている」という声もあるドラゴンズだが、クライマックスシリーズ進出をまだまだ諦めたくはない。

マウンドには小笠原慎之介が上がった。ちょうど1週間前のバンテリンドームナゴヤでの阪神タイガース戦、守りの不運もあったが、初回にいきなりの3失点。その後いらついた投球を見せた背番号「11」は、この日のマウンドに立った時から、表情が厳しかった。小笠原という投手の笑顔は実に愛らしい。しかし、まもなく25歳を迎える7年目の左腕は、今シーズン、とても厳しい表情を見せることが多い。それはいいことだと思う。間違いなく〝自覚の表れ〟なのだから。

この試合は東京ヤクルトスワローズ、1番・塩見泰隆、2番のパトリック・キブレハンを連続三振、3番・山田哲人をサードライナーに打ち取った。上々の立ち上がりを支えたのは、1回表の先制の2得点でもあった。2番・大島洋平がレフト前ヒットで出塁すると、前日に3安打だった4番のダヤン・ビシエドがレフトへの幸運な二塁打。キブレハンが捕球できなかったのだが、大島が一気にホームインしてまず1点。この日5番に入ったアリエル・マルティネスがレフト線への二塁打で、二塁からビシエドを迎え入れ

た。初回にいきなり2点のプレゼントは、小笠原にとっては大きかった。

2回に2本の二塁打を許すも、この場面を無失点で切り抜けると、その投球は波に乗った。4回にも無死一、三塁のピンチを迎えて、5番のホセ・オスナの打球がライナーで小笠原の左の太ももを直撃した。しかし、それをそのまま抱え込むようにキャッチすると、冷静に一塁に送って併殺を完成させた。

先日、柳裕也も打球を足に受けながらもそのまま投げて勝利投手になったが、小笠原の投球もますます気合が入っていった。8回に1点を失い1死三塁のところで116球投げての降板、ジャリエル・ロドリゲスに後を託したが、6回裏には村上宗隆を空振り三振に抑えるなど、見事な投球を見せた。2年連続の年間規定投球回数達成も見えてきた。

この試合では、4番・ビシエドに待望のホームランが飛び出した。2点リードの6回表、ビシエドらしい弾丸ライナーの打球が、レフトスタンドに飛び込んだ。8月は1本もホームランがなかったため、実に7月以来の一発。その次の打席でも左中間へツーベースを打ち、2試合連続の3安打となった。絶不調だった8月、真面目な選手だけにその表情には陰りが見られ、バッターボックスに立つ時に俯(うつむ)き加減の弱々しさがあった。しかし、ようやく笑顔が見られるようになった。

「ビシエド以外に4番を打つ選手がいない」と立浪和義監督が言う限り、今シーズンの残り試合の趨勢(すうせい)は「4番・ビシエド」の肩にかかってくる。これまで度々裏切られてきただけに、正直まだ手放しで喜ぶことはできないが、このまま調子を上げてくれれば、クライマックスシリーズ出場への光もまた見え始めてくるはずだ。改めて4番打者という存在の大切さを噛みしめる。

この試合、8回裏の2死ランナー三塁の場面で、山田の左中間へ抜けるかという大飛球をキャッチしたレフト・加藤翔平のプレーは絶賛に値する。背走、そして倒れながらもボールを離さなかった。1点を返してなおもチャンスが続くこの場面、山田の打球が間を抜けるとさらに1点が入り、得点圏で4番・村上を迎える状況となっていたところだった。ドラゴンズに移籍して2年目の加藤は、ところどころで良い仕事を見せている。最後は、セーブがつかない展開の中、ライデル・マルティネスが締めたが、勝因のひとつに加藤のビッグプレーを是非挙げたい。

連敗も4でストップした。もうひとつ神宮で勝って、名古屋へ帰りたい。

2022.9.4
［明治神宮野球場］

髙橋宏斗が10奪三振で5勝目、岡林と土田の若手も躍動して連勝

立浪監督のコメント

(6回の4点は)土田が5回のミスを取り返した。彼は跳ね返せる選手。ミスはある程度仕方ないと思っている。足は速くないがスライディングはうまいしクロスプレーはセーフが多い。このまま成長してほしい。

	1	2	3	4	5	6	7	8	9	計
中日	1	1	0	0	0	4	0	0	0	6
ヤクルト	0	0	0	1	0	2	0	0	0	3

○髙橋宏(16試合5勝5敗)、祖父江、清水、ロドリゲス、R・マルティネス(46試合3勝3敗31S)－木下拓

【戦評】引き続き好調のビシエドが2安打、土田はプロ入り後初の猛打賞に輝くなど、終始打線が試合を引っ張る。先発の髙橋宏は6回途中3失点10奪三振の好投を見せ、ブルペン陣もヤクルト打線を1安打に抑え快勝。カード勝ち越しを決め、CS進出に向けて首の皮一枚繋がることになった。

現在のドラゴンズで、ファンが最も沸き立ち、最も期待する先発投手は、大野雄大でも柳裕也でも小笠原慎之介でもなく、背番号「19」髙橋宏斗かもしれない。周囲の竜党は、日曜日のこの試合「サンデー柳」ではなく、髙橋の予告先発が発表された時から「勝てる！」と気合を入れていた。高卒2年目、つい先日20歳になったばかりの投手への大いなる期待、そしてそれにしっかりと応えてくれる髙橋、頼もしい投手が誕生した。

神宮球場での東京ヤクルトスワローズとの3戦目、チームはとにかく勝ち続けなければならない。そしてそれを髙橋自身も十分に分かっているはずだ。

前夜に続いて、先に点を取ったのはドラゴンズだった。初回、先頭の岡林勇希が左中間に二塁打。3番・阿部寿樹がフォアボールで出塁して1死一、二塁で、4番のダヤン・ビシエドがレフト前にタイムリーヒット。つい先日の横浜DeNAベイスターズ戦までが嘘のような打線の好調ぶりである。そんな先制点をバックに、髙橋の投球は初回からパワー全開だった。塩見泰隆をセカンドゴロ、山崎晃大朗をレフトフライ、そして山田哲人を三振に取る上々の立ち上がり。2回は4番の村上宗隆こそフォアボールで塁に出したものの、続くホセ・オスナ、ドミンゴ・サンタナ、そ

して内山壮真を3者連続三振に斬って取った。4回裏には、山田にタイムリー二塁打を打たれて1点を許すも、続く村上を今度は空振り三振に仕留めた。その村上には6回裏に文句なしの2ランホームランを打たれた。三振あり、ホームランあり、この髙橋と村上はこれから何度も何度も、こうした対戦を繰り広げてプロ野球を盛り上げていくことだろう。髙橋は、村上にホームランを打たれたところで交代。5回1／3を98球で3失点、10奪三振の力投だった。

打線の方でも、髙橋世代の若竜が躍動した。初回の岡林に続いて、2回表には7番に入っている土田龍空の二塁打から追加点を奪った。岡林と土田、この2人が絡んでの得点は、夏からどんどん増えている。土田は6回表には1死二、三塁で打席が回り、レフト前に落ちる2点タイムリー。相手の守備がもたつく間にサードまで進むと、次の溝脇隼人のピッチャーゴロで一気にホームインした。ヘッドスライディングの土田は、見事にタッチをかいくぐってベースにタッチした。これで6点目、同期の髙橋を励ますには十分の得点になった。土田はプロ初の3安打、そして、初回からチームを鼓舞し続けた岡林も3安打と、期待の若手野手2人が活躍したゲームだった。

そんな中、4番を打つダヤン・ビシエドも2安打と、この3連戦での好調ぶりを見せた。主軸が打つとチームは落ち着く。それが4番なら尚更だ。そんな当たり前のことを再確認させられた。

熱投の髙橋の後は、祖父江大輔、清水達也、ジャリエル・ロドリゲス、そしてライデル・マルティネスという圧巻の投手リレー。ジャリエルの3者連続三振も見事だったが、登板直後の対戦となった村上を空振り三振に仕留めたライデルのボールはすごかった。この日は、髙橋とライデルが、村上から三振を奪った。速球勝負は見ていて本当に心地よい。ましてや、ドラゴンズの投手が屈指の強打者を三振で抑え込むとあれば、何も言うことなし。ゲームは心地よい快感の中、6対3でドラゴンズが勝った。

髙橋は自己最多の5勝目。高卒2年目の5勝は、ドラゴンズでは前日に登板して勝利した小笠原慎之介以来8人目。その小笠原と髙橋、2人に勝利が付く形で神宮球場での戦いを終えられたことは、大きな収穫であろう。

上位チームの背中はまだまだ遠い。しかし、投打ともに次世代を担う若竜が活躍して勝ったことは、応援するファンにとってたまらなくうれしい、そんな9月最初の日曜日だった。

いよいよ残り22試合、舞台は名古屋へ。

2022.9.6

［バンテリンドーム ナゴヤ］

柳の降板に嘆き、根尾の満塁斬りに沸く……しかし打線低調で連勝ストップ

立浪監督のコメント

4回に次の1点を取れなかったのが今日一番の反省。柳が失点している原因は真っすぐのキレ（の悪さ）かな。チェンジアップで泳いでくれない。昨季の疲れもあるし、真っすぐのキレはすぐには戻らないと思う。

	1	2	3	4	5	6	7	8	9	計
広島	0	0	4	0	0	0	0	0	0	4
中日	0	0	0	2	0	0	0	0	0	2

●柳（21試合8勝10敗）、根尾、福、祖父江、谷元、藤嶋－木下拓

【戦評】2桁勝利達成のためにはこれ以上負けられない先発柳であったが、天敵の1番堂林相手に痛打あり、粘られてからの与四球ありなど、早々にノックアウトされてしまう。拙攻続きの広島相手にペースを握れず、阿部の右翼席への9号2ランや、根尾以下リリーフ陣の好投のみが印象に残る展開となった。

先発は柳裕也。二軍調整期間の後、前回の先発登板では粘り強い投球で8勝目をあげた。クライマックスシリーズ出場へもう1戦も無駄にできない。初回を無失点に抑えたことで、柳らしい投球ペースが出るかと思ったが、3回表に打者一巡の猛攻を受けた。1番・堂林翔太が四球、2番・菊池涼介がレフト前ヒット、そして3番・秋山翔吾にライトスタンドへ3ランホームランを打たれた。この回はさらにもう1点を失って0対4となった。柳は4回途中でマウンドを降りたが、いくら何でも早すぎる。

柳が残した1死満塁の大ピンチにマウンドへ走ったのは背番号「7」根尾昂だった。ここから、圧巻の〝根尾劇場〟の幕開け。4番・西川龍馬を151キロのストレートで見逃し三振。そして5番・坂倉将吾をファーストゴロに打ち取り、小走りでベンチに戻った。こういう絶体絶命のピンチで、その顔つきに〝負けん気〟があふれるのが根尾である。根尾は回をまたいで5回表もマウンドへ。今度は自らが無死満塁というピンチを招いたが、またも乗り切った。打線は阿部寿樹の2ランホームランのみ。リリーフ陣が好投しただけに、元気のない打線がもどかしくて仕方がない。結局、ゲームは2対4で終了。5位との差は依然3ゲーム、越せそうで越せない壁の厚さを痛感した夜だった。

2022.9.7

［バンテリンドーム ナゴヤ］

あと1本が打てない！あと1点が取れない！カープに連敗、CSは風前の灯

立浪監督のコメント

（初回に）1点で終わってしまったのがすべて。1本出ていれば違った展開になった。松葉はリードしていれば6回からつなぐ予定だったが、同点だったのでなんとか6回まではと。今日は捕まってしまった。

	1	2	3	4	5	6	7	8	9	計
広島	0	0	0	1	0	2	0	0	0	3
中日	1	0	0	0	0	0	0	0	0	1

●松葉（17試合6勝6敗）、福、谷元、藤嶋、清水、森－木下拓

【戦評】初回、岡林と大島の速攻で1点先取するも無死一、二塁から後続が倒れ、広島先発の森に復調のきっかけを与えてしまう。先発松葉が6回に力尽きて失点した後、ブルペン陣は粘投を見せるも、その後は見慣れた拙攻が続き敗戦。ワンコインデー企画で飲んだビールの味はほろ苦いものとなってしまった。

本拠地に広島東洋カープを迎えての2戦目。このゲームが終わると、シーズンも残り20試合。もう負けられない。

先発は松葉貴大。1回表に先頭の堂林翔太をサードゴロ、菊池涼介、秋山翔吾という巧打者2人もきっちり抑えた。

その裏のドラゴンズの攻撃。カープのマウンドには、この日がプロ初先発となるドラフト2位のルーキー左腕・森翔平。緊張もあるのだろう、いきなり先頭の岡林勇希にフォアボール。続く2番・大島洋平はライト線に二塁打を打って岡林をホームに迎え入れる。電光石火の先制点。続く3番・阿部寿樹はまたまたフォアボールで、無死一、二塁になった。ルーキー初登板を打ち砕き、一気に〝プロの洗礼〟を浴びせるかと思いきや、4番のダヤン・ビシエドは空振り三振。続くアリエル・マルティネスも三振、そして木下拓哉はショートライナーで1点止まりに終わった。

同点で迎えた6回表、リリーフ・福敬登と秋山の対決が、このゲーム最大の見どころだった。ファウルで粘る秋山を12球目に三振で抑えた福。手に汗握る打席だった。しかし、ドラゴンズの得点は初回の1点のみ。立浪監督もゲーム後に達観したように語った。「初回に1点で終わったのがすべて」。5位とのゲーム差は4に開いた。打線はいつ意地を見せてくれるのだろうか。残り時間は少ない。

2022.9.8
［バンテリンドーム ナゴヤ］

福留引退発表の日、上田が初勝利&土田が決勝打、若竜が活躍！

立浪監督のコメント

広島は主力に左が多いが、そこを抑えたから勝てた。（二塁に高橋周を起用）阿部が三塁に慣れてきたので動かしたくなかった。（引退の福留に）ここから人生は長い。いつか指導者として球界に貢献してくれればと話した。

	1	2	3	4	5	6	7	8	9	計
広島	0	0	0	0	0	0	0	0	0	0
中日	0	0	0	1	0	0	0	1	x	2

○上田（7試合1勝4敗）、清水、ロドリゲス、R・マルティネス（47試合3勝3敗32S）
—木下拓

【戦評】先発上田は初回先頭の野間にストレートのフォアボールを与えるも、続く菊池をカットボールで併殺に打ち取り流れを掴む。4回土田のスクイズで先制し、上田は持ち前の打たせて取る投球が冴え渡り6回無失点で降板。以降は盤石の継投で逃げ切り、上田は7度目で念願のプロ初勝利を挙げた。

福留孝介が現役引退を発表した。素晴らしいスラッガーだった。試合に先立ってのバンテリンドームナゴヤで行われた記者会見で、福留の表情は実に清々しかった。本人の口からは「楽しかった」という言葉と感謝の言葉が何度も出た。

今シーズンは東京ドームでの開幕戦に「3番・レフト」でスタメン出場した。それは立浪和義監督の期待、そして「福留孝介」という稀代のバッターへの思いがあったはずだ。しかし残念ながら結果は出なかった。開幕戦を含めて22試合に出場したが、ヒットはわずか1本だった。少年時代の福留が、ドラゴンズのキャンプ地で立浪選手からサインをもらったことがうれしくて、その背中を追って同じPL学園に進んだことは有名なエピソード。その憧れの人の下でユニホームを脱ぐことになった。「最後まで力になれなかったことは悔しい」と語った姿が印象的だった。会見場には、大島洋平や大野雄大ら、ユニホーム姿の後輩選手8人がサプライズで現れて、花束を渡した。ただひとり、今も二軍にいる京田陽太だけはスーツ姿だった。背番号「1」の後継者、こんな光景にもプロの厳しさを感じてしまった。

会見の余韻が残るドームでは、広島東洋カープとの3戦目がプレーボールとなった。内野スタンドで観戦したが、先発は2年目の上田洸太朗。実は上田には本当に縁がある。観戦に訪れると、上田の先発が多い。5月と8月に続いて3度目になる。上田はまだプロ初勝利を挙げていない。ということは、目の前で敗戦を見せられているということだ。今夜こそ〝3度目の正直を〟と願う。

先頭の野間峻祥にストレートのフォアボール、続く2番・菊池涼介にも2ボールとなり、連続6球ストライクが入らなかった時は、心配になってきた。しかし、球も走っていたし、インコースへきちんとコントロールができていた。菊池をダブルプレー、3番・秋山翔吾を空振り三振に打ち取り、ペースをつかんだようだ。

そうなると援護点である。これまで上田の登板に打線の援護は多くなかった。この試合も1回裏に先頭の岡林勇希が二塁打で出塁するなど、毎回ランナーを出しながらも「あと1本」が出ない。4番のダヤン・ビシエドも、先頭打者だとヒットを打つが、チャンスだと三振などの凡退。ドームのスタンドにも何とも嫌なムードが漂い始めたが、4回裏にアリエル・マルティネスと阿部寿樹の連打で無死二、三塁の絶好のチャンスを迎えた。この日に一軍に上がってきた高橋周平がサードフライでワンアウト。そして打席には勝負強い土田龍空が入ったが、次は投手の上田。何としても先取点がほしい。ベンチの采配はスリーバントスクイズだった。土田が投手前に転がし、アリエルがホームへヘッドスライディング。判定はアウト。しかし立浪監督によるリクエストの結果、キャッチャーがランナーの進路を遮ったとして、「コリジョンルール」により判定が覆って「セーフ」。待望久しい先制点となった。

先発の上田は6回を無失点に抑えて、リリーフ陣に後を託す。それでも追加点が入らない竜打線に、スタンドでのイライラも沸点を迎えていたが、清水達也とジャリエル・ロドリゲスの好投に溜飲を下げた。8回裏に押し出しの死球という思わぬ形で1点が入り、最後はライデル・マルティネスが締めて、32セーブ目。先発7度目にして、ついに上田の手元に記念すべきプロ初勝利のウイニングボールが届いたのだった。2日前に20歳になったばかりの上田、自らの誕生日を祝う勝ち星となった。

ヒーローインタビューは初勝利の上田と決勝スクイズの土田、20歳と19歳の同期2人のお立ち台に、ドームの応援席は大きな拍手を送った。2人の年齢を合わせても、福留1人の年齢に届かない、それほど若いヒーローたちの登場。福留の引退発表の当日だけに、ドラゴンズに訪れている世代交代の波を感じた観戦となった。

2022.9.9
［東京ドーム］

大野が粘投、ライデルが同点被弾も延長戦で阿部が決勝スクイズ！

立浪監督のコメント

（2試合連続スクイズが決勝点）なかなかタイムリーが出ないので。今年はとにかく1点を取る意識をチームに植え付けたい。清水は3連投だが、点が入った時点で決めていた。今年は頑張っている。良い自信にしてほしい。

	1	2	3	4	5	6	7	8	9	10	計
中日	0	0	0	0	0	1	0	0	0	2	3
巨人	0	0	0	0	0	0	0	0	1	0	1

大野雄、ロドリゲス、○R・マルティネス（48試合4勝3敗32S）、清水（46試合3勝2敗1S）ー木下拓

【戦評】1点リードで迎えた9回裏、R・マルティネスがまさかの被弾で同点に追いつかれてしまう。直後の10回表、巨人大勢から無死一、三塁のチャンスを作ると、ここで阿部がスクイズを決めて勝ち越し点を奪う。裏は清水が3者凡退に打ち取りゲームセット。次期守護神候補が待望のプロ初セーブを記録した。

20歳になったばかりの2年目左腕・上田洸太朗が、前夜に挙げたプロ初勝利の〝喜びのバトン〟を、まもなく34歳になる左腕、エースの大野雄大がしっかりと受け取った。

早いもので、3月に新生・立浪ドラゴンズの初陣の舞台となった東京ドームでのゲームも、今季は残すところ2試合になった。そして、開幕戦と同じ背番号「22」が、読売ジャイアンツ相手の先発マウンドに上がった。

初回、いきなり吉川尚輝にセンター前ヒット、さらに3番・丸佳浩にフォアボールを与えて、1死一、二塁で4番・中田翔を迎えるピンチを招くも、ショートゴロのダブルプレーに抑えた。続く2回裏は、先頭の5番・岡本和真にレフトへ三塁打を打たれ、いきなりの無死三塁。7番・坂本勇人にフォアボールで、今度は1死一、三塁のピンチ。しかし、ここも8番・小林誠司をダブルプレーに打ち取った。大野は4回裏にもダブルプレーを取った。ここぞという場面でのギアの入れ方は流石である。巨人打線のゼロ行進は続く。

対するジャイアンツの先発は戸郷翔征。現時点でのセ・リーグの最多奪三振投手であり、自身初の2桁勝利、11勝を挙げている。なかなか大量点が取れる相手ではない。そんな6回表、2番の大島洋平がライトへの二塁打で出塁し、

続く3番・阿部寿樹がフォアボールで出て無死一、二塁。大野と同じように、勝負どころではギアを上げてくる戸郷に、4番のダヤン・ビシエドと5番・木下拓哉は外野フライに打ち取られた。しかし、続くアリエル・マルティネスがしぶとくセンター前へヒット、戸郷から1点をもぎ取った。

大野は7回まで101球を投げた。これでシーズンの規定投球回数に到達した。4年連続は立派なものである。先発投手の条件でもあるが、今の大野には「規定投球回を投げて当然」と思わせる頼もしさがある。8回のジャリエル・ロドリゲスはヒット2本を許しながらも無得点に抑えて、1対0のままゲームは9回へ。大野の7勝目も濃厚かと思われた9回裏、ライデル・マルティネスが、先頭の丸にセンターバックスクリーンへ特大の同点ホームランを浴びてしまった。やはり、どこからでも一発が飛び出すジャイアンツ打線は怖い。そして何ともうらやましい。

10回表には、ここまでリーグ2位の32セーブを挙げている大勢がマウンドに上がった。開幕戦から始まって、このルーキーにドラゴンズ打線は幾度抑えられてきたことか。しかし、先頭の岡林勇希がフォアボールを選んで出塁、大島に代わって守備に入っていた三好大倫の送りバントが相手のフィルダースチョイスを誘い、無死一、三塁になった。そして3番・阿部、その初球だった。ファースト前にスクイズ、三塁から岡林がヘッドスライディングでホームに飛び込んだ。このところ、こうしたスクイズによって点を取りに行く立浪采配が際立っている。なかなか得点がない竜打線、こうした小技での愚直な加点も大切である。続く4番・ビシエドがライト前のタイムリーでこの回2点目。これも大きかった。

9回にライデルを使っているため、10回裏のマウンドには清水達也が上がった。「将来はクローザーをやりたい」と頼もしい抱負を語る22歳。ここまではっきりと自分の目標を掲げてくれることがうれしい。今季の安定した投球、そしてピンチを迎えても動じない度胸を見るにつけ、その日がやって来る予感もする。清水はかつて花咲徳栄高時代に夏の甲子園で優勝投手になった。この時も抑え投手だっただけに、それが似合っているのだろう。そんな清水は、ジャイアンツ打線を3人で抑えて、プロ初セーブを挙げた。その瞬間の清水のうれしそうな表情が印象的だった。

いずれ近い将来に、この初セーブが〝竜のクローザー〟清水にとって記念すべきセーブになるかもしれない。手に汗握る接戦、でもよく勝った！

2022.9.10
［東京ドーム］

小笠原が8回途中まで熱投！自己最多タイの8勝目で巨人に連勝

立浪監督のコメント

小笠原はスタミナが十分ついてきた。投球フォームのバランスも良かった。安心して見ていられた。（試合前打撃指導した高橋周が2安打）メジャーリーガーみたいな構えになっていて、厳しいと思ったので修正した。

	1	2	3	4	5	6	7	8	9	計
中日	0	0	0	0	1	1	0	3	0	5
巨人	0	0	0	0	0	0	0	2	0	2

○小笠原（19試合8勝8敗）、ロドリゲス、R・マルティネス（49試合4勝3敗33S）－木下拓

【戦評】岡林と阿部が2安打、ビシエドとA・マルティネスが打点を挙げるなど、この日は打線が好調。投げても先発の小笠原が力投を見せ、7回まで被安打1とゲームを支配。8回に失点して4年振りの完封、完投は逃すも8回途中2失点と仕事を果たし、あとは盤石の継投で逃げ切り勝ち。巨人戦連勝となった。

先発は小笠原慎之介。ドラゴンズは3試合連続での左腕の先発になった。先発型のサウスポーは貴重な存在と言われる中、やはり竜の投手陣は充実している。この試合は、ドラゴンズにとって今シーズン行われる東京ドームのゲームの締めくくり。せっかくだから〝有終の美〟を飾らせていただき、クライマックスシリーズの出場権を手繰り寄せたい。そんな願いに、小笠原は見事なピッチングで応えてくれた。

今シーズン、投げる度にマウンドでの表情にも所作にも、自信と厳しさが増していく背番号「11」。この日も、150キロのストレートと、キレのいい変化球で、ジャイアンツ打線を封じ込めていく。3回まで毎回奪三振のパーフェクト。気の早い自分は「完全試合をやってくれ」と期待しながら応援する。

4回裏、3番・丸佳浩にフォアボールを献上。しかし、まだノーヒットノーランの可能性はある。それほど、この日の小笠原の投球は安定していた。

直後の5回表、先頭の6番のアリエル・マルティネスが、ジャイアンツ先発のクリストファー・メルセデスが投じた初球のカーブを、叩きつけるように振り抜く。「カーン」というこれ以上ない快音と共に、打球は東京ドームのライト

スタンドへ飛び込んだ。先制ホームラン。ベンチで満面の笑みを浮かべる小笠原。それだけ、自らの投球に自信があるのだろう。今シーズンも、味方打線の援護に恵まれずに勝ち星を手にできなかったゲームが目立ったが、続く6回表にも木下拓哉の犠牲フライで2点目が入った。

2点リードで小笠原の快投は続く。5回裏に岡本和真にライト前にポトンと落ちるヒットを打たれたが、ヒットはその1本だけ。圧巻の投球を繰り広げた。

迎えた8回表、先頭の1番・岡林勇希が、力強い打球をライトへ放つ。グレゴリー・ポランコの頭を越したのを見ながら、岡林は一気に三塁へ。これで9本目の三塁打、12球団でもトップである。その後、1死一、三塁になって4番のダヤン・ビシエドはセンター前へ運ぶタイムリーで貴重な追加点。さらに木下のこの日2本目の犠牲フライ、先制ホームランのアリエルが今度はレフト線に二塁打と、3点を追加した。

5対0になってこのゲームの勝利が見えてきたので、さあ、後は小笠原の2018年の対ジャイアンツ戦以来4年ぶりの完封勝利を！　と期待したが、8回裏に岡本、そして坂本勇人の連打で1死二、三塁のピンチ。続く大城卓三にセンター前に運ばれて2点を奪われ、ここで交代となった。126球、球数からすれば交代も仕方ないが、ベンチに戻った時の小笠原の悔しい表情は印象的だった。それは先発投手の自覚の表れであり、見ていてとても好感の持てるものだった。

ゲームはジャリエル・ロドリゲス、そしてライデル・マルティネスが締めて、5対2で巨人に連勝した。小笠原は自己最多タイの8勝目を手にした。2年連続の規定投球回数到達はもちろんだが、あとは初めての2桁勝利をめざしてほしい。

入団7年目の小笠原だが、今季は開幕から、ゲームに向かう気迫が1ランクも2ランクも違っていた。マウンドでの所作、投げるボール、打者との駆け引き、そして時に喜怒哀楽を見せる若さ。開幕早々新型コロナウイルス感染による離脱での空白もあった中、もし小笠原が10勝をクリアするならば、ひょっとしたらドラゴンズの2012年以来となるクライマックスシリーズ出場も夢ではなくなるかもしれない。そんな期待が持てる、東京ドームでの連勝締めだった。

5位・ジャイアンツとは2ゲーム差、3位・タイガースとも3．5ゲーム差。立浪ドラゴンズの戦いは、いよいよシーズン最終盤へと向かう。

2022.9.11

［阪神甲子園球場］

甲子園で今季25度目の無得点負け、ついに優勝の可能性が完全に消えた

立浪監督のコメント

（優勝の可能性が完全消滅。監督就任して計画と結果のギャップは）昨年までのレギュラーに結果が出なかった。我々が力を引き出せなかったのが一番。課題もはっきりしているので、改善できるように頑張ります。

	1	2	3	4	5	6	7	8	9	計
中日	0	0	0	0	0	0	0	0	0	0
阪神	0	0	0	1	0	4	0	0	x	5

●勝野（7試合0勝4敗）、森、根尾－大野奨、石橋

【戦評】チーム3連勝、対巨人2戦2勝と波に乗る中日は、今季中に白星を挙げたい勝野を先発マウンドに。4回阪神クリーンアップに3連打を浴びて先制を許すと、6回には与四死球に長短打が絡んだ攻撃を許し、1イニング4失点を喫する。打線も阪神を上回る8安打を放つも、長打や適時打は出ずに零敗した。

ジャイアンツに連勝し追撃ムードで乗り込んだ甲子園球場で、またしても竜打線は沈黙した。現在3位の阪神タイガースを倒せば、クライマックスシリーズ出場への望みも残されていた。先発は勝野昌慶、ずっと勝ち星に恵まれていないが、投球自体は決して悪くない。この試合も3回までパーフェクトに抑えていた。それも、次々とゴロを打たせる巧みな投球。この間に先制点を取ってほしかった。

東京ドームで見事なホームランを放ったアリエル・マルティネスがブレーキだった。初回、2番・大島洋平、そして4番のダヤン・ビシエドのヒットによる2死一、二塁でのチャンスに三振。さらに6回表の1死一、三塁で見逃し三振。バットは振らなければ当たらない。この6回が勝負の分かれ目だった。アリエルの後の6番は高橋周平、しかし空振り三振。直後の6回裏に、勝野は一挙4点を奪われて万事休す。ドラゴンズ打線はタイガースを上回るヒット8本を打ちながらも無得点だった。今シーズン25度目の零封負けは、1948年（昭和23年）と56年（昭和31年）の24度を塗り替えるチームワースト記録になった。この負けによって、優勝の可能性はなくなった。落合博満監督が球団初の連覇を成し遂げた2011年（平成23年）を最後に、11年連続で優勝を逃すことになった。

2022.9.12

［阪神甲子園球場］

柳またしても打たれて11敗目、甲子園の最終戦は寂しい締めくくりに

立浪監督のコメント

柳はボール先行の場面が多く球数も増えてしまっている。勝ちもつけてやりたいし、6回は粘ってほしかった。残りの登板は1、2回。来年以降も軸になって回ってもらわないといけないので、来季につながるように。

	1	2	3	4	5	6	7	8	9	計
中日	1	0	0	0	0	0	0	0	1	2
阪神	1	0	0	0	0	2	1	2	x	6

●柳（22試合8勝11敗）、福、祖父江、谷元－木下拓

【戦評】初回1点を先制するも、先発柳が課題の立ち上がりに天敵大山から適時打を浴び、すぐさま同点に。6回には1死満塁から代打マルテの適時打で2点を勝ち越され、柳はここで降板。打線は継投策に出た阪神投手陣から突破口を見出せず、勝敗が決した9回に土田の適時打で1点返すのがやっとであった。

エース大野雄大と並んで、先発2本柱としてシーズンに臨んだ柳裕也、その苦投は、シーズン最終盤になっても続いている。甲子園球場での今季最終戦は、開幕当初に柳が欲しくてたまらなかった先制点のプレゼントがあった。初回いきなり、先頭の岡林勇希が、タイガース先発・才木浩人からセンター前ヒットで出塁。2番に入った三好大倫の送りバントで二塁に進むと、4番のダヤン・ビシエドがライト線にヒットを打ち、あっという間に1点が入った。好調な時の柳ならば、この援護を背にスムーズにゲームを組み立てていくのだが、このところの柳はそうはいかない。その裏、4番・大山悠輔にライト前タイムリーを許して、あっという間に同点になってしまった。6回裏、1死満塁で代打のジェフリー・マルテにレフト前に2点タイムリーを打たれて、柳はマウンドを降りた。

相変わらず打てない竜打線はランナーすら出せない。ここ最近のドラゴンズは、気持ちのいい逆転勝ちを見せてくれない。この試合も2点リードされた段階で、すでに敗戦ムードが漂い始めた。リリーフ陣も打たれて、終わってみれば2対6の完敗。試合後には、今季限りでの引退を発表した福留孝介への阪神球団による温かいセレモニーが行われたが、竜党としては何とも寂しい甲子園最終戦になった。

2022.9.13

［バンテリンドーム ナゴヤ］

拙攻に拙守、信じられないミス連発で、好投の髙橋宏斗を見殺し

立浪監督のコメント

今日も援護はなかった。宏斗に申し訳ない試合になってしまった。（髙橋宏の成長した点は）球が速く空振りを取れるフォークもある。（ミス連発の野手陣に髙橋宏を勝たせたい気負いもあったか？）そういう問題じゃない。

	1	2	3	4	5	6	7	8	9	計
DeNA	0	0	0	0	0	0	1	0	0	1
中日	0	0	0	0	0	0	0	0	0	0

●髙橋宏（17試合5勝6敗）、清水、福、藤嶋－木下拓

【戦評】先発の髙橋宏は6回8番森に四球を与えるまでパーフェクトの快投を見せる。7回先頭関根に初ヒットとなる二塁打を打たれた後、守備のフィルダースチョイスが絡み失点。攻撃面では牽制死や判断ミスなど、走塁ミスが相次ぎ得点を奪えず今夜も零敗。DeNA戦だけでの借金が13にまで膨れ上がった。

バンテリンドームナゴヤで応援観戦。長い間のドラゴンズファンとして、数え切れないくらい球場に通って応援を続けてきた。しかし、相手に1安打しか打たれていないのに負けてしまった試合は初めてだった。その1本もホームランではないのである。シーズン最終盤を迎えた竜に一体何が起きているのか？　ゲームを内野スタンドで見守りながら、ため息と怒りのくり返しだった。

横浜DeNAベイスターズは、7月に来日したばかりの右腕ロバート・ガゼルマンが来日初先発。巧みな変化球投手との情報だけに、何よりも先取点がほしい。2回裏、ドラゴンズに早くもチャンスが訪れた。5番・木下拓哉のセンター前ヒットと続くアリエル・マルティネスの四球から、2死二、三塁のチャンスを迎えた。ここで打席には、8番ショート・土田龍空。土田はバントが巧みで、これまで度々セーフティーバントを試みている。先発のガゼルマンを揺さぶる狙いもあったのか、サード寄りにバントを決行。観ているこちらが「よし！」と思うほど、打球のスピードは殺されていた。これで1点か、と思った時、ホームへ走った三塁ランナーの木下は急ブレーキ、三塁に戻ろうとした。しかし、すでに二塁ランナーのアリエルは三塁直前まで走って来ていた。押し出される形でタッチアウトの木下。そ

れなりの理由があったのだろうが、止まる選択肢はなかった。この他にも、6回1死一塁で岡林勇希がけん制アウト。ガゼルマンの情報が少ないとはいえ、痛いミスだった。

致命的なミスは7回表の守備だった。ベイスターズが1死三塁のチャンス、ここで4番・牧秀悟を申告敬遠したドラゴンズベンチ、狙いは次の打者である宮﨑敏郎に内野ゴロを打たせてのダブルプレー。そして宮﨑は三塁線のゴロ。仕留めたと思った時、なぜかサード・阿部寿樹は、本塁に突っ込む三塁ランナー・関根大気に目をやり、次に二塁を見て、その上でホームに送球した。オールセーフで、ベイスターズに1点が入った。これもスタンドで見守り、一瞬何が起きたのか分からなかった。キャッチャーの木下は二塁への送球を指示していた。まさにエアポケットに落ちてしまった。

先発の髙橋宏斗は、今のドラゴンズでも最も〝勝つ可能性が高い〟投手だろう。その投球は見事のひと言、150キロ超えのストレートを連投したかと思うと、タイミングを外すスプリットでベイスターズ打線を抑え込んでいく。3回表には3者連続三振を取るなど、5回までパーフェクトゲームだった。6回表に8番・森敬斗にフォアボールを与えても、まだノーヒットノーランをやるのではないかと思わせる好投だった。

しかし、打線はガゼルマンの変化球を打ち崩せない。4番のダヤン・ビシエドにいたっては、ショートゴロにピッチャーゴロとまたしてもボールが外野に飛ばない。そして、7回表、先頭の関根に二塁打を許し、味方の拙守によって1点を失った。それでも髙橋が素晴らしかったのは、1点を先制された後だった。6番・楠本泰史、7番・伊藤光を連続三振に抑えて、7回のマウンドを降りたのだった。ああいう点の取られ方をしても動じない20歳に〝エースの風格〟を見た思いだった。

ゲームは8回裏に7番・溝脇隼人が二塁打。スタンドは一気に熱くなったが、ピッチャー清水達也の代打で出塁した三好大倫が、あろうことか二塁でけん制アウト。ドームにはため息が広がった。ドラゴンズは4安打、ベイスターズは1安打。結果は0対1でベイスターズ勝利。これで対戦成績はドラゴンズの3勝16敗1分と13の負け越し。チームは3連敗で、5位とは4・5ゲーム差になった。零封負けも26度目でチームワースト記録を更新。そんな数々の現実よりも、シーズンのヤマ場に来てまで、これだけのミスを続ける竜の戦いに哀しみがこみ上げてきた。

球場からの帰路、秋の夜風がことのほか身に沁みた。

2022.9.14
［バンテリンドーム ナゴヤ］

石垣の同点ホームランで辛勝、鉄壁のリリーフ陣は〝無失点リレー〟

立浪監督のコメント

（今季130試合で60本塁打。テラス席設置について）個人的には希望します。投手は育つが、打者は育ってこない。毎回ロースコアだとお客様も……。DeNAもここと横浜スタジアムでは点の入り方が違う。

	1	2	3	4	5	6	7	8	9	計
DeNA	0	2	0	0	0	0	0	0	0	2
中日	1	0	0	0	1	1	0	0	x	3

松葉、○祖父江（42試合4勝3敗1S）、清水、ロドリゲス、R・マルティネス（50試合4勝3敗34S）－木下拓

【戦評】1点を追う5回、石垣のソロホームランで同点に追い付く。勢いそのままに6回裏は木下拓が押し出し四球を選び勝ち越しに成功。7回からは勝利の方程式がこの日も機能し、そのまま勝利。ヒーローインタビューでは、R・マルティネスが自身のオリジナルグッズを手に観客の声援に応えた。

シーズンも130試合目を迎えた。ドラゴンズにとってのペナントレースも9割近くの日程を終えて、いよいよ最終コーナーとなる。そんなきりのいいゲームも、何ともドラゴンズらしい戦いになった。ここぞという場面で〝あと1本が出ない〟、最少得点差、そしてそれを守り切る鉄壁のリリーフ陣……。残り試合もあとわずか、今季はこの戦いのままで終わっていくのだろうか。

このところ、ドラゴンズは初回に先制点を取ることが多くなっている。その立役者は1番に固定されている岡林勇希と、三冠王を目指す東京ヤクルトスワローズ・村上宗隆の首位打者阻止に燃える2番・の大島洋平の2人である。この試合もまず岡林がショートへの内野安打で出塁。シーズン前に痛めた右手をガードする真っ赤な手袋も、すっかりおなじみになった。それを着けた岡林を一塁に置いて、大島がライト前ヒット。無死一、三塁で打席には3番の阿部寿樹。シーズン序盤の好調さからすると、最近はその打撃には少し翳（かげ）りも見られる。阿部はセカンドゴロ、横浜DeNAベイスターズ内野陣はダブルプレーを取りに行き、その間に岡林はホームインした。最少得点でもドラゴンズにとってはうれしい先制点。しかし、初回はこの1点で終わり。苦手の投手であるフェルナンド・ロメロを一気に崩す

ことができない。

直後の2回表、先発・松葉貴大は、4番・牧秀悟をフォアボールで歩かせた後、5番・宮﨑敏郎にレフトスタンドへライナーの逆転2ランホームランを浴びた。佐野恵太、牧、そして宮﨑と並ぶベイスターズのクリーンアップは、誰からも一発が出る怖さがある。逆に、ドラゴンズのクリーンアップにそういう怖さはほとんどない。どうしてもそれが際立ってしまう。いつのまにか、竜のスタメンからホームラン打者が消えている。

そんなモヤモヤした思いを吹き飛ばしてくれたのは、この試合セカンドでスタメン起用された石垣雅海だった。5回裏、8番・石垣は先頭打者として打席に入ると、ロメロから左中間寄りのレフトスタンドへホームランを放った。快音がバンテリンドームナゴヤに響き、貴重な同点打になった。石垣にとっては今シーズン3本目のホームランだが、今のドラゴンズで、バットを思いきり振り切ることができる貴重なバッターだけに、もっともっとホームランを量産してほしい。第1打席もヒットを打って、この日2安打になった石垣だったが、6回裏に迎えた1死満塁のチャンスに空振り三振。1、2打席とはまったく違う石垣を見た。ここで追加点が欲しかった。あと1本が出ない。相変わらずの竜打線である。

しかし、6回からは、12球団でも屈指のリリーフ陣が登場していた。まず祖父江大輔。

「茶髪と髭を禁止」というシーズン前の立浪和義監督の方針があったが、結構あごひげは伸びてきた。しかしクリーンアップからの攻撃を無失点に抑えると、その髭も愛しく見えるから不思議なものだ。7回は清水達也。新型コロナウイルス感染から復帰して、10試合連続無失点を更新中である。8番の伊藤光にヒットを許すも、まったく動じずにこの試合も無失点。8回はジャリエル・ロドリゲスが2番から始まる打線を抑え、9回のライデル・マルティネスにつないだ。

この間の6回裏、打線は満塁から木下拓哉の押し出しの四球で1点を取って再逆転していたため、3対2でゲームセット。ドラゴンズの連敗は3でストップした。しかし石垣のホームラン以外、併殺打の間の1点と押し出しの四球の1点とは……。

試合後のインタビューで立浪監督は本拠地ドームのホームランテラス設置について問われ、「このままだと打者が育たない」と設置希望を明らかにした。その言葉が重く響く、相変わらずの打てない〝ドラゴンズらしい〟辛勝だった。

2022.9.16

［バンテリンドーム ナゴヤ］

大野雄大が村上斬り！エースの意地を見せて打線も大量得点で大勝

立浪監督のコメント

高梨投手が6四球、チャンスを生かせたかなと。（3回）アリエルのタイムリーが非常に大きかった。（村上相手でも）ある程度のコースにいけばホームランは防げる。今日に関しては抑えられたかなと思います。

	1	2	3	4	5	6	7	8	9	計
ヤクルト	0	0	0	0	0	0	0	0	0	0
中日	0	0	4	1	2	0	1	0	x	8

○大野雄（22試合7勝8敗）、谷元、根尾－木下拓、石橋

【戦評】先発は2週間前に神宮で苦杯をなめた大野雄。4番村上率いるヤクルト打線を相手に7回111球を投げ被安打はサンタナに許した1本のみと圧倒。打線も2回り目にはヤクルト先発高梨の制球難につけ込み一挙4点を入れる。以降も岡林のタイムリー2本などで効率よく加点し完勝。大野雄は7勝目を挙げた。

竜の本拠地バンテリンドームナゴヤは、この日、かつてない異様なムードに包まれていた。わずかだがクライマックスシリーズ出場の可能性があるドラゴンズを応援しようという空気以上に、対戦相手である東京ヤクルトスワローズ、その4番・村上宗隆が日本人選手最多ホームランとなる56号を打つかどうかという状況だったからだ。

それにしてもドラゴンズ投手陣は、何とも損な役回りとなったものだ。プロ野球新記録になった村上の5打席連続ホームランは柳裕也が、節目の50号ホームランはこの日の先発でもある大野雄大がそれぞれ〝献上〟してきた。そして日本中が注目する56号ホームランを打つか打たないかのゲーム、そんなスワローズとの2連戦、その初戦がプレーボールとなった。

先発マウンドに上がったエース・大野は、先頭打者の塩見泰隆を三振に抑えたところから、エンジン全開だった。大野が好調な時の仕草である投げ終わった後の一瞬のストップモーション、さらに「どうだ！」と言わんばかりの表情。ランナーを出して「4番・村上」を迎えるのではなく、2回表に先頭打者として迎えることになった。どよめきが早くもドームの天井にこだまする。そんな中、大野はカウント2・2から内角低めのボールを振らせて空振り三振。「ス

トライクアウト!」の場内アナウンスが心地よい。

そんなエースの気合に、この日は打線が早々に応えた。3回裏、スワローズ先発・高梨裕稔がツーアウトから大島洋平と阿部寿樹に連続四球。さらにダヤン・ビシエドが内野安打で2死満塁になった。高梨の制球は定まらず、続く5番・木下拓哉に押し出しのフォアボール。これまでのドラゴンズだと、この1点で攻撃が終わることが多かったのだが、この試合は違っていた。6番のアリエル・マルティネスが初球をフルスイングすると、打球は左中間スタンドへ一直線。あと一歩だったがフェンスに当たる二塁打となって、満塁の走者がすべてホームインした。一気に先制、それも4対0のリードは、大野にとって今季としては珍しい何よりの援護点になった。

村上との対決は続く。4点リード直後の4回表は1死走者なしで打席に迎えた。ここは村上の打ち気をそらしてセカンドゴロに打ち取る。7回表には再び先頭打者として迎えてファーストゴロ、〝村神様〟と呼ばれる稀代の打者を、3打数ノーヒットに抑えて、新記録を期待するスワローズファン、プロ野球ファンにため息をつかせた。一方、竜党はガッツポーズである。大野は7回を投げ111球、マウンドを降りた時、ゲームは8対0の大差がついていた。ここぞという時に勝つことがエース、この日の背番号「22」は十分にその役割を全うした。

今シーズンはこれで7勝8敗。この試合のような援護点があったならば、とっくに2桁勝利を挙げているはずなのだが、それは来季への打線の課題になるだろう。

そんな打線では、このところ1番に定着している岡林勇希が、2安打3打点と気を吐いた。プロ入り3年目、初めてシーズンを完走しようとしている20歳だが、疲れも見せずにフルスイングする姿がいい。もうひとりの期待の若手、根尾昂は9回表のマウンドを任された。内野ゴロ2つで2アウトを取って、迎えたのはこの日4打席目になる4番・村上。この勝負も楽しみだった。しかしフルカウントからの1球は、投げた瞬間からボールと分かる低目のスライダー、村上は一塁へ歩いた。大野が果敢に挑んだ後だけに、根尾にはど真ん中のストレートで勝負してほしかった。きっと根尾自身が一番悔しがっているであろう。なぜなら根尾投手にとっては、これからも対戦が続いていくライバルなのだから。

シーズンも最終盤になって、久しぶりに大量得点での快勝。これでスワローズに対しては今季の勝ち越しが決まった。来季へつながる布石になってほしいと心から願った。

2022.09.17
［バンテリンドーム ナゴヤ］

小笠原も村上から2奪三振の好投、延長12回引き分けで今季の負け越しが決定

立浪監督のコメント

延長12回に追い付いたが、その前に点を取れるところはあった。（今季の負け越しが決定したが）最後まで勝つために全力を尽くして、我々も選手もシーズン後は課題に対してやっていかないといけない。

	1	2	3	4	5	6	7	8	9	10	11	12	計
ヤクルト	0	0	0	1	0	0	0	0	0	0	0	2	3
中日	0	0	0	0	0	1	0	0	0	0	0	2	3

小笠原、ロドリゲス、R・マルティネス、清水、祖父江、藤嶋、福、森－木下拓

【戦評】1対1で迎えた延長12回表、2死ランナーなしからヤクルトはチャンスメークし、代打川端の2点タイムリーで勝ち越す。12回裏最後の攻撃、マクガフの3与四球などの乱調もあり、木下拓の満塁からの適時打で同点に追い付く。しかし続く代打平田が高めの速球への対応できず空振り三振で試合終了となった。

相手は東京ヤクルトスワローズというよりは「村上宗隆」といえそうな、バンテリンドームナゴヤでの2戦目。ドラゴンズの先発は小笠原慎之介。前日に同じ左腕の先輩であるエース・大野雄大が、見事なピッチングを披露して村上を3打数ノーヒットに抑えただけに、ここは小笠原にも気合を見せてほしいところである。ほぼ1カ月前の8月20日には、同じバンテリンドームナゴヤで、村上に1試合2本のホームランを打たれている。何としても、日本人選手の最多新記録となる56号は打たれたくないはずだ。

村上との最初の対決は初回早々にやって来た。先頭の塩見泰隆が、実にあっけなく右中間に打ち返して二塁打。その後に送りバントで三塁に進んだ。3番・山田哲人を理想的なサードゴロに仕留めて三塁ランナーも釘付けにすると、さあ2死三塁で打席には村上だ。前日に続き、村上を迎える歓声には、ドラゴンズファンやスワローズファンという〝ご贔屓チーム〟への声援以上に、プロ野球を愛する人たちの思いがこもっているようだ。しかし小笠原にはとにかく抑えてほしい。ヒリヒリするような投球の末、フルカウントになった。こうなればフォアボールもやむなしかと思ったが、ここで高めから入るカーブ。村上のバットは動かず、見逃しの三振。意気揚々とベンチに引き上げる背番号「11」。

よくがんばった。続く対戦は4回表、今度は先頭打者として村上を迎えた。ここも初回に続きフルカウント。そして今度は低めの変化球を振らせて空振りの三振。村上を2打席連続の三振に抑えるとは上々ではないか。しかし、その対戦に神経を使ってしまったのか、続くホセ・オスナにセンター前ヒットを許すと、この回は犠牲フライで先制の1点を奪われてしまった。

前夜は大量得点した打線も、この日はスワローズの先発・サイスニードをなかなか打てない。5回までは初回に出た阿部寿樹のヒット1本に抑えられていた。6回裏の先頭は小笠原。バッティングは得意な投手なのだが、軽く打った打球はセンター前へ。なかなか打てない打撃陣への何よりの刺激になってほしい。1番・岡林勇希がきっちりと送りバントで1死二塁。大島がセカンドゴロに倒れた時は、何とも嫌な予感がしたが、続く阿部が三遊間をきれいに破るタイムリーで、三塁に進んでいた小笠原を迎え入れた。しかし、ここから畳みかけることができないのが今のドラゴンズ打線である。4番のダヤン・ビシエドが痛烈な当たりをレフト線に放って、2死一、三塁として、打席には5番・木下拓哉。いきなり初球を打って、キャッチャーフライに倒れてしまった。この日これまでに最も大きなドラゴンズファンのため息がドームに広がった。

小笠原の粘投は続いた。6回表、村上との3度目の対戦は、フォアボールになったが、大野に続いて立派に村上を封じたといえよう。球数を使いながらも7イニングを1点に抑えて、マウンドを譲った。118球の9奪三振、できることならば味方が点を取って、自身初の2桁勝利へ王手をかける9勝目になればよかったのだが……。両チームのリリーフ陣による息詰まる投手戦は、1対1のまま延長戦に入った。そして後がない12回表、2死から登板した福敬登がいきなり村上に二塁打を打たれて、その後2点を奪われた時は万事休したかと思った。しかし12回裏、2死一、二塁から阿部がこの試合3本目となるヒットでランナーを返すと、2死満塁から木下に同点タイムリーが出て3対3。よく追いついたのだが、続く代打の平田良介が空振り三振。

この日2度目の大きなため息が、観客がやや少なくなっていたドームに漏れた。ここまで追いついたのなら、平田が1本打ってサヨナラ勝ちしてほしかった。平田にとって、この三振の打席が竜のユニホームを着ての最後になるとは思わなかった。シーズンも最終盤、もう引き分けは不要、とにかく勝たねばならないからである。この引き分けによって、ドラゴンズのシーズン負け越しが決まった。

2022.9.20

［MAZDA Zoom-Zoom スタジアム 広島］

岡林が延長11回に値千金の決勝打！今季ラストスパートへ気合十分

立浪監督のコメント

中継ぎが逆転を呼び込んでくれた。（30ホールド達成の清水は）初めてフルシーズンでやっている。今年から中継ぎになって良い働きをずっとしてくれている。ここからが大事だけど、彼の働きは大きい。

	1	2	3	4	5	6	7	8	9	10	11	計
中日	1	0	0	1	0	0	1	0	0	0	2	5
広島	3	0	0	0	0	0	0	0	0	0	0	3

柳、祖父江、清水、ロドリゲス、谷元、○藤嶋（46試合2勝1敗）、R・マルティネス（52試合4勝3敗35S）－木下拓

【戦評】柳が初回マクブルームに一発を浴び3点を失うも、打線もコツコツ反撃し延長戦にもつれ込む。11回表、中日は2イニング目の栗林から2死一、二塁のチャンスを作り、ここで2番岡林がファーストストライクのカットボールを捉えて勝ち越しに成功。これで引き分けを挟んで3連勝となった。

日本列島を通過していった台風の余波で、雨天予備として設定されていた日に開催となった広島マツダスタジアムでの試合。暑さが去っていよいよ秋風が吹き始めた中、岡林勇希のバットは依然として〝熱さ〟を保っていた。この試合のヒーローになったが、クライマックスは延長戦まで待たなければならない。

先発の柳裕也がピリッとしない。シーズン後半に入っての不調をやはり引きずっていた。そんな時の先発投手に最も効く〝特効薬〟は先制点である。

そしてドラゴンズ打線は、初回から広島東洋カープの先発である九里亜蓮を攻めた。対戦成績の相性から、久しぶりに1番に座った大島洋平が、いきなりライト前ヒット。2番・岡林のショートゴロを小園海斗がファンブルし、無死一、三塁のチャンスとなった。3番・阿部寿樹はセカンドゴロ。しかし意識的に右を狙ったバッティングは、ダブルプレーになりながらも三塁ランナーをホームに迎え入れる一打になった。先制の1点が入った。形はどうであれ、初回の先取点は大きい。

しかし1回裏のマウンドに立った柳は、1点リードどころか、試合終盤に同点かまたはリードされているかのような息の詰まるような投球だった。2番・菊池涼介にヒット、

3番・西川龍馬にフォアボール、そして迎えた4番のライアン・マクブルームにライトスタンドへ流し打ちの逆転3ランホームランを浴びてしまった。初回に失点が多い、今シーズンの柳。2回以降は立ち直っていくのだが、だからこそ立ち上がりが本当にもったいない。不調のままでシーズンを終えてしまうのか。

初回に逆転の3点、しかし、柳が5回を投げて降板した後、それを引き継いだ投手陣ががんばった。祖父江大輔、清水達也、ジャリエル・ロドリゲス、そして谷元圭介とカープ打線を無失点で抑えていく。特に清水はこのゲームが、今シーズン50試合目の登板となった。7回裏、カープは1番からの好打順だったが、3番・西川の四球以外は3人の打者から三振を奪った。ますます安定感を増す頼もしき、背番号「50」。

こうしたリリーフ陣の頑張りに、打線も応えて1点ずつ返していく。7回表には大島を二塁に置いて、阿部が左中間を破る同点タイムリー二塁打を打っていた。打点がチームトップの阿部、この勝負強さに幾度助けられてきたことか。ゲームは3対3のまま延長戦に入った。

先攻のドラゴンズは、裏の攻撃を抑えるために、ライデル・マルティネスを残さねばならない。一方のカープは、一気に勝負とばかり〝守護神〟栗林良吏を10回表から投入して、この回のドラゴンズ打線を三者凡退に抑える。さすが、昨シーズンに37セーブを挙げて新人王に輝いた抑えのエース。栗林は11回表も引き続きマウンドへ向かった。

しかし、この〝回またぎ〟が潮目を変えた。先頭・高橋周平がフォアボールで出塁、土田龍空のサードゴロで、代走の三好大倫が二塁へ進むと、カープは大島を申告敬遠にして2死一、二塁で、2番の岡林との勝負を選んだ。この試合、ここまで5打数ノーヒットの岡林。しかし、栗林の2球目を見事に振り抜くと、打球はレフト線を転々とする二塁打。待望の4点目が入った。二塁ベース上で右手を何度も突き上げて喜びを表す背番号「60」。栗林からは4月2日の試合でもサヨナラヒットを打ったが、ここという時によくぞ打ってくれた。「あと1本」の出ないドラゴンズ打線の中で、その勝負強さが際立っている。この後、4番のダヤン・ビシエドが内野安打でもう1点を追加、最後はライデル・マルティネスが11回裏を締めくくって、5対3で勝利した。

岡林勇希20歳、高卒3年目、その若き輝きがまぶしい試合も終わり、竜の2022年シーズンはいよいよ残り10試合になった。

2022.9.21

［バンテリンドーム ナゴヤ］

松葉が逆転3ラン被弾で連勝ストップ、根尾の村上三振斬りだけが救い

立浪監督のコメント

昨日投手を使ってましたし、根尾には2イニングいってもらおうと、はじめからそのつもりでした。経験させることも大事。（スタメンで2安打の伊藤は）若手で出るチャンスもあるので、頑張っていかないといけない。

	1	2	3	4	5	6	7	8	9	計
ヤクルト	0	0	0	3	1	0	0	2	0	6
中日	0	0	2	0	0	0	0	0	0	2

●松葉（19試合6勝7敗）、谷元、藤嶋、根尾、森－木下拓

【戦評】3回裏、2死から1番岡林と2番大島の連続タイムリーで先制点を挙げるも、直後ヤクルト・サンタナに右中間への3ランホームランを打たれ逆転される。打線は4回以降0行進が続き、8回はイニングまたぎの根尾が代打川端のタイムリーなどでさらに2失点。そのまま敗戦となり、連勝は3で止まった。

残り10試合になったが、このゲームも残念な内容だった。シーズンも大詰めなのに、こんな試合しかできないのかとがっかりしてしまう。3連勝の後、さらに連勝を延ばしていければ、クライマックスシリーズ進出へかすかな希望をつなぐことができるのにと切歯扼腕（せっしやくわん）する。

ドラゴンズは3回裏、この日スタメン起用の伊藤康祐のヒットから迎えた2死二塁の場面に、前夜のヒーロー・岡林勇希がライトオーバーの二塁打で先制の1点。続くはスワローズの村上宗隆と首位打者を争う大島洋平、レフトへのタイムリーヒットで2点目。しかし先発・松葉貴大が直後の4回表にドミンゴ・サンタナに逆転3ランを浴びてしまった。松葉は5回表の途中に追加点を奪われて降板した。

竜党にとってゲーム唯一の見どころは、7回表、ツーアウトから訪れた根尾昂と村上宗隆の対決だった。55号ホームランを打った後、1週間足踏みが続いている村上。前回の対戦は残念ながらフォアボールだったが、この日は外角低めのボールを村上が見逃して三振。根尾に軍配が上がった。球場で観戦したファンはその対決に酔いしれた。しかし、それ以外は、ほとんどいいところがない試合だった。「ここは勝ちたい」というゲームを落としてしまう、今季を象徴するような一戦となった。

2022.9.22

［明治神宮野球場］

髙橋宏斗が村上を見事連続三振! 圧巻の投球で今季6勝目

立浪監督のコメント

（髙橋宏は）完璧ですね。素晴らしいですよ、本当に。どこの球場でもしっかり投げてますし。申し分のないピッチングをしてくれました。（村上からの2三振はいずれも速球で奪った）これは自信にしてもらいたい。

	1	2	3	4	5	6	7	8	9	計
中日	0	0	0	0	2	0	1	0	0	3
ヤクルト	0	0	0	0	0	0	0	0	0	0

○髙橋宏（18試合6勝6敗）、ロドリゲス、R・マルティネス（53試合4勝3敗36S）－木下拓

【戦評】先発の髙橋宏がこの日も圧巻の投球を披露。内野ゴロを量産する力強い投球を見せ、外野まで飛ばされた打球は村上の第3打席の左飛のみ。打線も7番木下拓を除く先発野手全員が安打を記録し、ヤクルトを圧倒。これで髙橋宏は王者ヤクルトを相手に4戦4勝、ツバメキラーぶりを遺憾無く発揮した。

髙橋宏斗にとって、入団2年目での一軍デビューとなった２０２２年シーズン、その集大成とも言える舞台は神宮球場となった。そして、ステージでの敵役は三冠王へひた走る東京ヤクルトスワローズの主砲・村上宗隆。日本人最多ホームラン記録となる56本目がかかり、日本全国が注目する試合になった。

「投げる度によくなる」という髙橋宏斗への評価もすっかり定着した。その投球が大きく崩れることはほとんどなく、ほぼすべてのゲームで好投し、相手打線を抑えてきている。そして、この日の神宮球場はまさに「髙橋宏斗劇場」の様相となった。

ハイライトは何と言っても村上との対戦だった。最初は2回裏ノーアウト、先頭打者で迎えた。２ボール２ストライクのカウントから高橋が投じたのは高めの１５２キロのストレート。思いきり振り抜いた村上のバットは空を切った。空振り三振！　渾身の速球だったことは、直後の高橋の表情が物語っていた。「どうだ！」と言わんばかりの若さあふれる咆哮。

この勝負だけでも十分に満足できたのだが、楽しみはまたすぐにやって来た。２度目の対戦は4回裏ツーアウトでランナーなし。またまた２ボール２ストライクになり、さ

らに加速したストレートが村上の外角へ。バットは動かず、主審のコールは「ストライク!」。今度は157キロの速球で、2打席連続の三振を奪った。村上との3度目の対戦は7回裏、ここはレフトフライに打ち取って3打数ノーヒット。見事な〝村上斬り〟を演じるとともに「ドラゴンズの高橋宏斗」という投手の名を、あらためて日本全国にとどろかせた瞬間だった。

高橋宏斗の見せ場は、村上との対決だけではなかった。3回に相手のプロ初先発、ドラフト1位ルーキー・山下輝にセカンド内野安打を許したが、ヒットは投手によるこの1本だけ。外野へもほとんど打球を飛ばさせていない。与四球もわずか2つのみ。首位を走るスワローズの強力打線を、三振か内野ゴロに抑えた。

7イニング97球を投げて無失点、マウンドをリリーフ陣に託したが、実に見事なピッチングだった。

打線は〝もうひとりの高橋〟が久しぶりに活躍した。6番に入った高橋周平である。20打数ノーヒットと打撃不振に陥っていた周平だったが、5回表、2死一、三塁で左中間に二塁打を打って2点目を挙げた。さらに7回表にはまたしても2死一、三塁で、今度はセンター前へタイムリーヒット。この日の2打点目は貴重な追加点だった。高橋周平、11年目の28歳、昨季までのキャプテン。本来であればチームリーダーのひとりとして、試合に出続けていなければならない中心選手である。高い打撃技術はあるものの、ライトへ思いきり引っ張る打球が少ないことと、それに伴いホームラン数も少ないこと、この2つは来季への課題として残されるだろう。

しかし、ドラゴンズファンの〝周平〟に対する拍手は、入団以来昔から他の選手に対するものとひと味違う。竜党は「スラッガー・高橋周平」の活躍を心から待ち続けている。それは、打つことによって、チームもファンも沸き立つプレーヤーだから。それだけに、この試合が今後の活躍へのきっかけとなってほしいと願う。シーズンも最終盤だが、せめて未来へ自分の〝レゾン・デートル(存在意義)〟を示してほしい。

ゲームは、8回裏ジャリエル・ロドリゲス、9回裏ライデル・マルティネスがきっちりと締めくくって、3対0で完封勝利。高橋は6勝目、その内の4勝を首位のスワローズから挙げているのだから見事という他はない。日程を見ると今季はもう1試合、登板がありそうだが、来季からのエースの座に向けて、一気に勝ち越しとなる7勝目を期待したい。

2022.9.23
［バンテリンドーム ナゴヤ］

福留孝介の引退試合、ナインとファンは最後の雄姿に何を見たのか

立浪監督のコメント

福留は新人の時から一緒にやっているし、さかのぼれば子どものころに出会っているという縁もあってね。最後、監督と選手の立場で引退。45歳までよく頑張った。（かけた言葉は）お疲れさまですと。その一言です。

	1	2	3	4	5	6	7	8	9	計
巨人	0	3	0	0	1	5	0	0	0	9
中日	0	0	1	0	0	2	0	0	0	3

●上田（8試合1勝5敗）、藤嶋、祖父江、森、谷元、根尾－木下拓

【戦評】8回終了後、中日は根尾をマウンドへ送り、そしてこの日で引退の福留がライトの守備へ。場内からは大きな拍手が起こった。打球処理機会はなかったが、裏の現役最終打席では何度もファンを歓喜と興奮の坩堝へ誘った気迫のフルスイングを披露。二飛に終わるも、竜党の記憶へ永遠に刻まれる試合となった。

〝稀代のスラッガー〟福留孝介の引退試合、ついにこの日が来た。午後の練習風景をドラゴンズ球団の公式チャンネルで生中継配信、さらに立浪和義監督はじめ、コーチ、選手らも特製の引退記念Tシャツを着ての練習と、バンテリンドームナゴヤは今シーズン最後の読売ジャイアンツとの3連戦を迎えた以上の、熱い盛り上がりを見せていた。近づく台風による雨にもかかわらず、ドラゴンズを中心に24年間のプロ野球人生を駆け抜けようとしている背番号「9」、その最後の雄姿を目に焼きつけようと、スタンドには大勢のファンが詰めかけた。

こうしたメモリアルゲーム、多く場合は主役である引退選手を、野手の場合は「1番」に起用した上で、その1打席目を〝最後の打席〟として盛り上げて交代……こういうパターンが多いのだが、先発メンバーに「福留孝介」の名前はなかった。代わりに久しぶりの名前があったのは、〝もうひとりのコースケ〟ルーキー・鵜飼航丞である。ドラフト2位で入団、その長打力を買われてルーキーイヤーながら開幕から一軍で起用されたが、7月に足に自打球を当てて負傷。これが思いのほか重傷で、ようやく一軍に帰ってきた。即スタメンは、期待の裏返しである。先発マウンドは上田洸太朗。8月10日のジャイアンツ戦では7回1失点

と好投するも、勝ち投手にはなれなかった。その後、9月に入ってプロ初勝利も達成した上り調子の20歳左腕である。しかし、球史に名を刻んだ大先輩の引退試合という緊張感があったのか、2回早々に3本の長短打で3点を先制されて、4回途中でマウンドを降りた。6回表には3人目の祖父江大輔が、7番のアダム・ウォーカーから始まる打線に、なんと5連打を浴びて、ワンアウトも取ることができずにノックアウト降板。この時点で、1対8となり、ゲームの関心は勝敗の行方よりも、背番号「9」がいつ登場するかに絞られた感があった。

舞台は9回表に訪れた。ここで立浪監督が見せた演出、まず福留を守備に送り出したのだ。最後に打席だけではなく、ゴールデングラブ賞の常連でもあった守備も披露させようという心遣い。慣れ親しんだライトのポジションへ走る福留を、ドーム全体の温かい拍手が包み込んだ。その目はすでに涙で潤んでいた。そしてマウンドに立ったのは根尾昂。福留選手のプレーに憧れて、プロ野球を目指したという背番号「7」は、騒然とした空気の中、9回表を無失点に抑える。ベンチに戻った福留は、今度はグラブをバットに持ち換えて、9回裏の打席に向かった。泣いても笑っても現役最後の打席、2球目をとらえた打球はセカンド後方へのポップフライ。こうして福留の現役最後の打席は幕を下ろした。バットを手にベンチに戻った福留をベンチから歩み出た立浪監督が迎え、短く言葉を交わした後に抱きしめた。抱擁を解かれた福留の目は真っ赤だった。

敵将であるジャイアンツ原辰徳監督からの花束贈呈に続いて、試合終了後の引退セレモニー。ドラゴンズの引退選手に対しては初めて、様々な人たちからのメッセージが映像で紹介された。メジャーで最初に所属したシカゴ・カブスのオーナーや、PL学園時代の恩師・中村順司さんらの温かい言葉に、球場全体が魅了されていく。立浪監督、そしてドラフト同期である荒木雅博コーチらからの花束贈呈の後、福留がマイクの前に立った。小学校時代に串間キャンプで立浪選手に憧れてプロ野球選手をめざしたエピソード、毎日バットを振り続けて朝起きる時に手がバットを握る形に固まったこと、そして松井秀喜さんを上回って首位打者を取った思い出。そして何より、もう1度ドラゴンズのユニホームを着てプレーして、そのユニホームを脱いでの引退について、「自分は本当に幸せ者」と語った感謝のひと言が胸に刺さった。

ありがとう福留孝介！　その素晴らしいプレーの数々を決して忘れることはないだろう。

2022.9.24

［バンテリンドーム ナゴヤ］

吠える小笠原慎之介！巨人打線を相手に10奪三振で自身初の9勝目

立浪監督のコメント

小笠原はすべてのボールで空振りを奪い、凡打に打ち取れる。（明日の本拠地最終戦は）この順位でこれだけたくさんのファンが応援にきてくれる。甘えずにいい試合をお見せできるよう、全力で頑張ります。

	1	2	3	4	5	6	7	8	9	計
巨人	0	1	0	0	0	0	0	0	0	1
中日	1	0	1	0	0	0	0	0	x	2

○小笠原（21試合9勝8敗）、ロドリゲス、R・マルティネス（54試合4勝3敗37S）－木下拓

【戦評】小笠原は2回5番岡本に30号ソロを浴びるも、あとは要所を締めて7回10奪三振と力投を見せる。打線は初回木下拓、3回ビシエドがともに2死からの適時打と勝負強さを発揮。8回9回は盤石のリレーで逃げ切り、勝利を収めた。小笠原はこれで自己最多の9勝目を記録。2桁勝利へ王手をかけた。

マウンドに向かう小笠原慎之介からは、並々ならぬ熱気があふれていた。昨シーズンに初めて到達した規定投球回数を今季もクリアするために、そしてプロ入り初の2桁勝利を引き寄せるために、この日の読売ジャイアンツ戦は本当に大切な試合だった。残る登板機会はこのゲームを含めて2試合。ここまで8勝の小笠原にとっては、先発で長いイニングを投げた上で勝ち星の欲しい、決して負けられない舞台となった。

今シーズンは度々先制点を取られた時期もあったが、このゲームではいきなり1番・吉川尚輝をセカンドゴロ、2番・坂本勇人をサードゴロに打ち取る。3番・丸佳浩にセンター前ヒットを許すも、4番・中田翔を空振り三振に仕留めた。ストレートの伸びと、カーブの切れが抜群だった。2回表に先頭打者である5番・岡本和真にホームランを打たれたが、その一発によって、小笠原本人も、応援するファンも動じることはなかった。それほどこの日の背番号「11」からは自信がみなぎっていた。

その投球は味方のエラーも救った。5回表には、ショート・土田龍空が大城卓三の当たりをエラーして、1死一、三塁のピンチを招くも、ツーアウトから吉川をショートゴロに打ち取って無失点。偶然なのか、わざとなのか、失策し

たばかりの土田の前にゴロを打たせる結果になった。7回表には今度はセカンド・高橋周平がグレゴリー・ポランコのゴロをファンブルして無死一、二塁のピンチが訪れたが、続く3人から連続3つのアウトを取ってここも無失点。その3人目は代打の増田陸だったが、切れのいいカーブで空振り三振に仕留めた。

その瞬間の小笠原の咆哮とガッツポーズは頼もしかった。この日の小笠原にとって、ピンチはピンチではなかったと言えよう。2度にわたって守備陣のエラーを救った姿には、風格すら覚えた。小笠原は7イニングを102球、10奪三振でマウンドを降りた。

8回表はジャリエル・ロドリゲス。1番から始まるジャイアンツ打線を、三振1つを含む三者凡退に抑えた。これで、勝利数とホールドを足したホールドポイントは42になり、リーグトップに並んだ。9回表はライデル・マルティネス、4番・中田からの打順をここも三者凡退。ライデルのセーブ数は37になり、これもリーグトップに並んだ。

こうなると、最優秀中継ぎと最多セーブの2つのタイトルをドラゴンズがダブルでいただくことも十分にありと期待が高まる。このゲーム時点で、ジャリエルとライデル、2人はともに25歳、まだまだ若い。とても最下位に低迷するチームの投手とは思えない頼もしいリリーフ陣である。これで打線がもっともっと点を取っていればと思うのだが、一方で僅差のゲームだからこそホールドもセーブもポイントが付くルール。そのあたりのバランスは本当に難しい。

打線は、1回裏に5番・木下拓哉のタイムリー、3回裏に4番のダヤン・ビシエドによる二塁打でそれぞれ1点を取った。中でも光ったのは、この日も1番の岡林勇希だった。先取点のきっかけとなる内野安打に加え、7回裏にはセンター前ヒットと2本目を放ち、リーグ最多安打のタイトルも見えてきた。

岡林の素晴らしさは守備でも発揮された。9回表、1死から5番・岡本のセンター前へ落ちそうかという当たりをスライディングキャッチし、見事にライデルを助けた。この勢いのまま、背番号「60」の20歳の若者には、残り6試合になったペナントレースを最後まで駆け抜けてタイトルをつかんでほしい。

ゲームは2対1で辛勝。緊張感たっぷりの見せ場多き試合だった。それはきっと小笠原慎之介が持ち込んだ気合と勢いによるものだったのだろう。明日は本拠地での最終戦、相手は同じジャイアンツ、とにかく勝って有終の美を飾ってほしい。

2022.9.25

［バンテリンドーム ナゴヤ］

本拠地最終戦で巨人のエース・菅野を打倒！来季の勝利を誓う立浪監督

立浪監督のコメント

（今年は収容制限なしで）球場の雰囲気が変わると緊迫感が増すし、そこで結果が出れば自信になる。ここでやるときはロースコアの試合が多い。毎回投手戦ではお客さんも面白くない。そういう選手を補強していきたい。

	1	2	3	4	5	6	7	8	9	計
巨人	0	0	0	0	0	1	0	0	0	1
中日	0	1	1	0	3	2	0	0	x	7

○大野雄（23試合8勝8敗）、谷元、清水、藤嶋、森－木下拓、石橋

【戦評】奇しくも敵地開幕戦と同じ大野雄と菅野の投げ合いで迎えた本拠地最終戦。最多安打のタイトルが視界に入る1番岡林が広角に3安打を放てば、復調気配の木下拓は3安打4打点と結果を残す。大野雄が6回に捕まるも、後続4投手はランナーをひとりも許さない好投を見せ、35,123人の観衆へ勝利を届けた。

本拠地・バンテリンドームナゴヤでのシーズン最終戦を迎えた。毎年この季節になると思うのだが、つい先日に開幕だったのに、はやシーズンも終わりに近づく。移ろう季節を感じる時でもある。桜が満開になる直前の3月25日、新生・立浪ドラゴンズは東京ドームでの開幕戦を迎えた。そしてちょうど半年後のこの日、バンテリンドームナゴヤでの今季最後のゲームとなる。新監督を迎えたドラゴンズ、半年の間に様々なことがあったと思いを馳せる。先発はドラゴンズ・大野雄大、ジャイアンツ・菅野智之、両エースの対決も半年前と同じ顔合わせである。クライマックスシリーズ出場に向けて、両チームとも絶対に落としたくないゲーム。プレーボールのコールを、ドーム5階席で見守った。今季最後の現地観戦である。

2回までに3つの三振と順調にスタートした大野に比べて、この日の菅野はどこかピリッとしない印象だった。2回裏、2死から高橋周平がレフトへの流し打ちで出塁すると、ケガから復帰して3戦目の7番・鵜飼航丞がセンター前ヒットで続く。2死一、三塁。ここで打席に立った土田龍空は見事なバッティングを見せた。追い込まれた後、菅野の球を軽く救い上げるような打ち方でセンター前に運ぶ先制タイムリー。土田の勝負強さが、この試合でも光った。

その土田に負けじと、ここから1番・岡林勇希が輝き始める。3回裏に先頭で打席に立つときれいにライト前へヒット。その後、5番・木下拓哉の二塁打で2点目のホームを踏んだ。この試合で、岡林は初回を除いて3度も先頭打者として打席に立った。そしていずれもヒットを打って出塁した。中でも、1点を追い上げられた6回裏の先頭での三塁打は素晴らしい当たりだった。打球が右中間を割ると、岡林は悠々と三塁ベースに到達した。4番のダヤン・ビシエドによるレフトへの浅いフライでホームイン。左翼を守っていたのが肩の強くないアダム・ウォーカーだったこともあるが、岡林の俊足は大きな武器である。この三塁打で岡林の安打数は154になり、リーグトップに躍り出た。20歳での最多安打のタイトルも現実味を帯びてきた。スタンド席でも、岡林がヒットを打つ度にファンから惚れ惚れとするようなため息が漏れていた。

5回までに5点を取り、菅野を早々にマウンドから引きずり下ろしたゲームにも大きなヤマ場は訪れた。それが6回表だった。大野は、代打・増田陸にセンター前ヒットを許すと、続く1番・吉川尚輝こそ抑えたものの、その後に3連打。4番・中田翔にセンター前にタイムリーヒットを許した時点でマウンドを降りることになった。菅野の早々の降板も誤算なら、大量リードをもらった大野の6回途中での降板も予想外だった。代わりにマウンドに上がったのがベテランの谷元圭介。福留の引退でチーム最年長になる。5番・岡本和真はセンターへの飛球、誰もが犠牲フライで1点追加かと思った時、センター・岡林がダッシュしながらキャッチすると本塁へ矢のような送球を見せた。三塁ランナーが走っていれば、おそらく本塁タッチアウト。見事な強肩だった。谷元は2人を抑えて無失点でゆっくりとベンチに戻った。追加点を取られていたらゲームは追い上げられていたかもしれない。これがこの試合の〝勝負の分かれ目〟だった。

ゲームは7対1でドラゴンズの完勝、本拠地でのシーズン最終戦を白星で締めくくった。もう少し早くこういう試合が観たかったと、スタンドに詰めかけたドラゴンズファンは誰もが思ったことだろう。その気持ちは指揮官も十分にわかっていた。試合後の最終戦セレモニーで挨拶に立った立浪和義監督は「今日のような試合を1試合でも多く」と来季の逆襲を誓った。その後に監督、コーチ、選手による場内一周、その途中にスタンド席を立った。やはり場内一周には優勝ペナントが必要である。来季への〝宿題〟として取っておくためにも、ここはあえて球場を後にした。

2022.9.27

［横浜スタジアム］

ベイスターズにまたも苦杯、立浪竜のクライマックスシリーズの出場ならず

立浪監督のコメント

(CS進出の可能性が消滅し)今日の負け方は今年を象徴していた。(昨日の本拠地最終戦に)あれだけ来てくれた。ファンは強いドラゴンズを、勝つ野球を見たいと思っている。もっと選手が意識しないと変わっていかない。

	1	2	3	4	5	6	7	8	9	計
中日	0	0	2	1	0	0	0	0	0	3
DeNA	0	0	1	2	0	0	0	5	x	8

勝野、山本、藤嶋、祖父江、ロドリゲス、●清水（52試合3勝3敗1S）、森－木下拓

【戦評】3回岡林が立浪監督の高卒3年目に記録した年間安打数に並ぶ155本目の安打となるタイムリーを放ち先制すると、4回はビシエドのホームランでリードを広げる。しかしこの日は先発勝野と6番手清水らが乱調で、12安打8得点を許し敗戦。DeNA相手に借金13となり、CS進出の可能性が消滅した。

2022年ペナントレース、139試合目のこの日、チームは大きな節目を迎えた。この敗戦により、クライマックスシリーズの出場がなくなった。試合終了後に立浪和義監督がいみじくも「今シーズンを象徴するような負け」と語った残念なゲームだった。

試合は理想的な形でスタートした。0対0で迎えた3回表、8番・土田龍空が死球で出塁し、その後に送りバントで二塁に進むと、1番・岡林勇希がレフト線上に落ちる二塁打。セ・リーグの最多安打数でトップを走る岡林にとっても、チームにとっても大きな一打だった。続く大島洋平がセンター前ヒットで2点目。好調の2人で先制の2点を挙げた。しかし、先発の勝野昌慶がピリッとしない。3回裏に押し出しで1点、4回裏には、5番・宮﨑敏郎と6番のネフタリ・ソトに連続ホームランを浴びてしまった。

立浪監督が「今シーズンを象徴する」と語ったのは、この後であろう。それはここ数年のドラゴンズを象徴する姿でもあった。チャンスは作るが「あと1本」が出ない。リリーフ投手が踏ん張るが「もう1点」が取れない。同点で迎えた8回裏、清水達也がベイスターズ打線の猛攻を受けて勝敗は決した。かすかに一筋の希望があったクライマックスシリーズの出場が消滅、2年連続Bクラスが確定した。

2022.9.28

［横浜スタジアム］

柳が危険球で降板！鈴木博志からのリリーフ陣が完封リレーで勝利

立浪監督のコメント

今日は何よりも鈴木がストライク先行で球威もあって完璧だった。鈴木にとっても来年につながる、我々にも光が見えた投球。今日も本当はもっと点を取らないと。Bクラスが決まっても最後までしっかりと戦いたい。

	1	2	3	4	5	6	7	8	9	計
中日	0	0	0	0	0	0	0	1	0	1
DeNA	0	0	0	0	0	0	0	0	0	0

柳、鈴木、○ロドリゲス（55試合6勝2敗）、清水、R・マルティネス（55試合4勝3敗38S）－石橋

【戦評】先発柳が危険球により2回途中早くも緊急降板となる。この危機を救ったのは2番手の鈴木。緊急登板となるも6回まで投げ切りゲームメークに成功する。8回代打溝脇の適時打で虎の子の1点をもぎ取り、最後はタイトル奪取がかかるライデルがセ・リーグトップとなる38セーブ目を挙げ、貴重な勝利を掴んだ。

柳裕也が、秋風が吹く横浜スタジアムのマウンドに立った。今季ここまで8勝11敗。特に初回に点を取られる試合が多く、それによって度々勝ち星を逃してきた。しかし、この日は、おそらく今シーズン最後の先発とあって、その立ち上がりには並々ならぬ気迫が感じられた。横浜ＤｅＮＡベイスターズの強力打線を、初回は内野ゴロ２つを含む三者凡退。しかし2回裏、４番・牧秀悟をライトフライに打ち取った後、５番・宮﨑敏郎に右中間を破られた。ここで打席には６番のネフタリ・ソト。そこでまさかのことが起こった。

初球のストレートがソトの頭部、ヘルメットを直撃して、わずか19球にして危険球退場となってしまったのだ。柳にとっては痛恨の1球、コントロールが良い投手だけに、やはり本調子ではないのだろうか。柳が去ったグラウンドには、１死一、二塁の大ピンチが残されていた。

立浪監督が急きょ送り出した投手は鈴木博志だった。この日に一軍登録されたばかり、本人にとっても2回から早々にマウンドに上がるとは思ってもいなかっただろう。鈴木は今季から先発に転向し、初先発した5月28日ではオリックス・バファローズ相手に好投。しかし続く6月8日の千葉ロッテマリーンズ戦では四球からペースを崩して４回で

マウンドを降りた。以来、一軍に呼ばれることはなく、二軍で調整を続けてきた。その鈴木がいきなり見事なリリーフを見せた。7番・嶺井博希と8番・森敬斗を連続三振。好救援に大拍手だった。一時はクローザーを担当していたこともあり、ここぞという時の集中力を発揮できたのかもしれない。同時に、来季に向けて、自分の立場をアピールしたいという土俵際の力が出たのだろうか。鈴木は3回以降もマウンドに立ち続けて、6回裏まで投げ続けた。ベイスターズの打者15人と対戦して6奪三振、打たれたヒットはわずか1本だった。一軍に上がった直後のうれしい大仕事だった。

鈴木が6回まで無失点でつないだことによって、7回からドラゴンズ自慢の〝勝利の方程式〟が稼働するゲーム展開になった。

まず7回裏のマウンドにはジャリエル・ロドリゲス。最優秀中継ぎのタイトルを狙う。4番・牧から始まる3人をピシャリと抑えた。これによって攻撃にもリズムが注入されたのだろうか、8回表には1死満塁の大チャンスを迎えた。5番・高橋周平が見逃し三振で暗雲が立ち込める中、6番に入っていたジャリエルの代打に登場したのが溝脇隼人。今シーズンは代打などで途中出場した時に、度々貴重な決勝打を打ってきている。そして、ここで溝脇は打った！ センター前へのクリーンヒットで1点を取り、息苦しい試合の均衡が破れた。

8回裏には、前夜痛恨の負け投手となった清水達也。ひと晩だけで気分転換ができたかどうか心配だったが、今季大きく成長した背番号「50」にとって、そんな危惧は必要なかった。清水も三振ひとつを含む三者凡退で抑えた。打たれることもある、しかし、大切なのは〝その後〟である。清水の頼もしい投球ぶりに思わずうれしくなった。

9回裏はもちろんライデル・マルティネス。1番からの相手の好打順を3人で抑えて、いつものように右手を掲げて天を仰いだ。ライデルはリーグ単独トップの38セーブ目、そしてジャリエルは勝利投手になり、トップタイの44ホールドポイントとなった。

打撃のタイトルをめざす岡林勇希と大島洋平の1、2番コンビには快音はなかったが、苦手のベイスターズ相手に大きな1勝を挙げた。1対0でのヒリヒリとするような勝利。前日のゲームについて立浪和義監督は「今シーズンを象徴するような負け」と嘆いたが、この試合は最少得点を守り切る「ドラゴンズらしい勝ち」だった。逆襲の来季へ、希望の光が差したゲームでもあった。

2022.9.29

［横浜スタジアム］

髙橋宏斗まさかの6失点、苦手のハマスタで敗れて今季の最下位が確定

立浪監督のコメント

（髙橋宏は）良い教訓として。また鍛えてやっていけばいい。3安打では勝てないですね。（最下位確定という結果を受けて）これはしっかりと受け止めて、また出直していくしかないのかなと思います。

	1	2	3	4	5	6	7	8	9	計
中日	1	0	0	0	0	0	0	0	0	1
DeNA	0	1	0	1	4	0	0	0	x	6

●髙橋宏（19試合6勝7敗）、森、山本－木下拓、石橋

【戦評】初の中6日、さらに雨天時の登板となった先発の髙橋宏であったが、この日は明らかに球威不足で5回を自責点4と乱調。打線も好調を維持するビシエドの2安打、9回途中出場した堂上の内野安打の計3本しかヒットが出ずに完敗。チームはこの敗戦を受けて、141試合目で6年ぶりの最下位が確定した。

小雨の降る横浜スタジアムで、立浪ドラゴンズの今シーズン最下位が決まった。

２０１１年に球団初の連覇を成し遂げて、マウンドの浅尾拓也投手と谷繁元信捕手が抱き合った歓喜の瞬間も、同じハマスタだったことを思い出す。あれから11年の歳月が流れたが、優勝ペナントは竜の手元に１度も戻ってきていない。クライマックスシリーズからも遠ざかっている。代わりに16年以来６年ぶりの最下位という残念な現実が、横浜の地で突きつけられることになった。

先発は今シーズン、進境著しい髙橋宏斗。ここまで18回を数える先発登板は間隔を10日前後空けてきたが、シーズン最終盤で初めての中６日での登板となった。来季はローテーション投手として、週１回ペースでの先発が期待される20歳の右腕、その試金石になる登板試合だった。

このところ、ドラゴンズ打線は先制点を取る試合が増えている。１番・岡林勇希が相手エラーで出塁し、その後２死三塁になって４番のダヤン・ビシエド。横浜ＤｅＮＡベイスターズの先発・石田健大への当たりが内野安打となり、俊足の岡林が先制のホームを踏んだ。

今季これまで髙橋の登板する試合は、味方が１点取ってくれれば勝ち投手になれるのにというゲームも多かった。し

かし、中6日の髙橋は、いつもの髙橋とは違っていた。1回裏こそ味方のエラーをダブルプレーでしのぎ無失点に抑えたが、2回裏に楠本泰史に同点ホームランを打たれる。4回裏は2つのフォアボールとヒットで1死満塁のピンチ、6番・戸柱恭孝のライト前タイムリーヒットで逆転された。後続の2人は抑えたものの、いつもの球威がない。そしてそれを見逃すベイスターズ打線ではない。5回裏は9番・石田を抑えたものの、トップの関根大気から5番・楠本までに4本の長短打を浴びて、この回一挙4点を奪われた。髙橋がここまで大量失点するのは初めてのこと、この回でマウンドを降りた。やはり初の中6日が影響したのだろうか。まだ20歳の髙橋宏斗、来季の飛躍へ実りのある試練にしてほしい。

ドラゴンズ打線の湿り具合は、雨模様の天気を反映しているかのようだった。ヒットすら出ない。最多安打を争う岡林、首位打者を目指す大島洋平、いずれも前日に続いてノーヒット。4番・ビシエドが先制の内野安打に続いて4回表にはレフト前ヒット、そのビシエドに代わって途中からファーストの守備についた堂上直倫が9回表にショート内野安打、結局この3本に終わってしまった。

試合後の立浪監督の言葉ではないが、3安打では勝てない。最下位が決まったこの試合は、まさに今シーズンのドラゴンズ打線を象徴する〝貧打〟戦になった。

この日2安打、打率を2割9分3厘に上げ、打撃成績6位に入っているビシエドも、4番打者に求められる打点は59、ホームランに至っては14本と、4番打者として期待される仕事はまったくできていない。「打つ方は必ず何とかします」と就任会見で力強く語った立浪新監督だったが、その課題は2年目へ持ち越された。セカンドに入った石垣雅海がエラーを記録し、スタメン6番に抜擢された鵜飼航丞も3三振と、期待の若手もまったくいいところなし。2022年ペナントレースの閉幕が近づく中で、何とも悲しいゲームになってしまった。

残りは2試合、個人タイトルがかかる選手もいる。熱いタイトル争いと来季への手応えを見せてくれることに期待する。

「最下位」という現実が、私たちファンの目の前にも突きつけられた。新監督の1年目にいきなり優勝、とほんの少しだけ夢も描いていたが、まさか最下位に終わるとは正直思ってもいなかった。残念。

ただ出直すには、どん底からの方がいい。試合後は、そんな強がりを自分自身に言い聞かせていた。

2022.9.30

［横浜スタジアム］

小笠原慎之介が初の2桁勝利！岡林が4安打で初タイトルへダッシュ

立浪監督のコメント

（今年の小笠原は）途中コロナで1カ月抜けた中で初の2桁は自信にしてほしい。来年は中心となってやってもらわないと困る。（阿部、高橋周に犠打を指示）とにかく小笠原に2桁勝たせたかったのでバントさせました。

	1	2	3	4	5	6	7	8	9	計
中日	0	0	0	1	0	1	0	2	2	6
DeNA	0	1	0	0	0	0	0	0	0	1

○小笠原（22試合10勝8敗）、ロドリゲス、森－木下拓

【戦評】先発小笠原の10勝到達がかかる一戦。小笠原は先制を許すも尻上がりに調子を上げ、6回には幼馴染の高橋周が勝ち越し打を放ち小笠原に勝利投手の権利を届ける。8回9回も追加点を奪い完勝。小笠原は規定投球回をクリアし2桁勝利に到達。岡林も4安打を放ち最多安打のタイトル奪取へ弾みを付けた。

小笠原慎之介にとって、2つの目標を達成できるかという大切な試合。そしてこれが2022年シーズン、自身最後の先発登板になる。ひとつは規定投球回、もし達成できれば2年連続となる。先発投手にとっては大切な指標である。そしてもう1つは自身初の2桁勝利。これはプロ野球の投手にとって大きな自信になる。立浪和義新監督を迎えての長いようで短かったシーズンも、いよいよ残り2試合になった。

横浜スタジアムの先発マウンドに立った小笠原は、久しぶりに初回から苦しんだ。先頭打者の桑原将志と2番・関根大気を打ち取ったが、3番・佐野恵太に内野安打を許す。続く4番・牧秀悟、5番・宮﨑敏郎という強打の右打者2人にフォアボールを与えて、いきなり満塁のピンチを迎えた。しかし6番・楠本泰史をセカンドゴロに打ち取り、1回をなんとか無失点に抑えた。2つの目標を抱えながらいつもと違う力みもあるのだろうか、2回裏は先頭の7番・大和がセンター前ヒットで出塁。続く2人からアウトを奪うも、1番・桑原に今度はタイムリー二塁打を打たれて先制点を許した。

しかし小笠原は4回で規定投球回をクリアすると、ピッチングのギアを上げた。この日もカーブのキレはよかった。

横浜DeNAベイスターズ打線を2回の1点だけに抑え続ける。味方打線は4回表に1点を取って同点に追いつき、さらに6回表には高橋周平のタイムリーで1点リードとなった。小笠原は7イニングを投げた。118球で9奪三振、見事な投球で規定投球回という1つ目の目標は達成した。2対1のリード、勝ち投手というもう1つ目標の権利を持ったまま、マウンドをリリーフ陣に託した。

そんな小笠原の力投に打線も応え、8回表に2点、9回表にさらに2点を追加。序盤から中盤にかけては接戦だったゲームも、終わってみれば6対1の完勝だった。

ジャリエル・ロドリゲスは最優秀中継ぎのタイトルを確定させるホールドポイントを挙げたが、セーブ王を狙うライデル・マルティネスは得点差が大きすぎて登板の機会がなかったほど。

小笠原は自身初の2桁勝利である10勝目を手にした。厳しい表情で投げていた小笠原だったが、ウイニングボールを受け取った瞬間は破顔一笑、心からうれしそうな笑顔を見せた。今シーズンは大野雄大と柳裕也という左右の両輪に続く3番目の先発投手として期待されてきたが、いよいよ来季は「続く」という言葉ではなく「並ぶ」という言葉が似合う立場になる。投手陣の柱としてぜひ活躍してほしい。

打線では、最多安打のタイトルへひた走る岡林勇希が素晴らしいバッティングを見せた。初回先頭でレフト前ヒットを打つと、3回にもレフトへ、8回にもレフトへそれぞれヒット。そして9回には右中間へ二塁打と、実に4安打の固め打ちだった。今シーズンの安打数を159本として、再び最多安打争いの単独トップに立った。シーズン閉幕直前、それも初めてのタイトル争いの中で4安打を打つ技術と胆力、20歳の巧打者に脱帽である。

シーズン前に「一軍定着」を目標に掲げてきた岡林、その目標を大きく越える見事なシーズン〝完走〟になった。立浪監督が評論家時代から、そのバッティング技術を評価していた岡林勇希の成長は、1年目の立浪ドラゴンズの大きな収穫である。

これで今季のベイスターズとの対戦は終わった。カード通算6勝18敗1分で12の負け越し。このゲームを終えてのシーズンの借金が10であることから、この対戦成績こそが本当に痛かった。

小笠原慎之介は見事に2つの目標を達成したが、チームにとっては、来季ベイスターズに〝お返し〟をすることが大きな目標になる。そしてこれは必ず達成してほしい。

2022.10.2

［MAZDA Zoom-Zoom スタジアム 広島］

シーズン最終戦に根尾昂がプロ初先発、立浪竜の希望は来季へ続く

立浪監督のコメント

根尾はストライクを先行できたのが良かった。柳は沖縄でもう一回鍛え直してほしい。（借金1桁で終えたが）最下位は最下位。事実を受け止めて明日から頑張ろうと伝えた。来年は優勝を目指して全力でやっていく。

	1	2	3	4	5	6	7	8	9	計
中日	0	0	0	0	0	2	0	0	1	3
広島	0	0	0	0	0	0	0	0	0	0

根尾、○柳（25試合9勝11敗）、清水、R・マルティネス（56試合4勝3敗39S）－木下拓

【戦評】中日はプロ初先発となる根尾をマウンドへ送る。初回3番西川に9球粘られるも、3者凡退で切り抜ける。以降ランナーは許すも冷静な投球を見せ、4回から後続にバトンを繋ぐ。打線は13安打3得点と最後まで効率の悪さは目立ったが、最多安打を狙う1番岡林が2安打で牽引。最終戦を勝利で飾った。

立浪和義監督らしいシーズン最終戦だった。広島のマツダスタジアムでの143試合目、指揮官が先発マウンドに送り出したのは根尾昂だった。すでに6年ぶりの最下位が決まっているドラゴンズ、相手の広島東洋カープも5位が確定して佐々岡真司監督の退任も決まった。ペナントレースからは離脱している両チームの対決だったが、マウンドに向かう背番号「7」には、ドラゴンズファンからもカープファンからも大きな拍手が送られた。最終的に最下位になったものの、立浪采配は開幕戦から最終戦まで、ファンを楽しませてくれたと思う。その象徴がこの日の「根尾昂プロ初先発登板」だった。とても粋な演出であり、同時に来季への〝希望の架け橋〟の意味を持つものだと理解する。もっともそれは、根尾が先発マウンドで成果を出すか否かにかかっていることは言うまでもない。

すっかりおなじみになった根尾投手のルーティン。センター方向へ大きく両手を広げて深呼吸をした後に、対峙するのは先頭打者の野間峻祥。初球はストレート。次々とストライクを投げ込んでいく。野間をセンターフライに打ち取り、根尾の〝先発劇場〟が幕を開けた。2番・坂倉将吾をピッチャーゴロ、そして3番・西川龍馬を空振り三振、初回を三者凡退に抑えた。2回裏は4番のライアン・マクブ

ルーム、5番でドラフト1位の同期生・小園海斗を連続三振。正直、ゲーム開始直後は心配しながらの応援だったが、次第に「いけるぞ！」とうれしくなってくる。3回裏には先頭の8番・石原貴規にレフト前ヒットを打たれたが、安打はこの1本だけ。当初予定されていた50球を上回る57球を投げた。3回無失点という上々の初先発マウンドだった。

そして、ファンにとってお楽しみ、待ちに待った久しぶりの打席も3回表に回ってきた。それは明らかに投手の打撃ではなく〝野手によるバッティング〟だった。快音を残した根尾の打球は右中間に深く飛んだ。ライトの野間に好捕されたものの、今後は先発登板する時は打席からも目が離せないことを証明した力強い一打だった。大谷翔平とは違った〝根尾の二刀流〟、来季はとても楽しみである。

根尾のプロ初先発マウンドの後は、個人タイトル争いをする選手たちに注目が集まった。まず激しい最多安打争いをしている岡林勇希。前日の4安打も素晴らしかったが、この試合でも、3回にレフト前ヒット、7回にはレフト線に落ちるヒットで2安打。最終的に161本のヒットで、初のレギュラーとして駆け抜けたシーズンを締めくくった。立派な成績であり、来季は一気に首位打者を狙ってほしい。その首位打者を東京ヤクルトスワローズ・村上宗隆選手と争う大島洋平は、6回にレフト前ヒット。しかし安打はこの1本だけで、村上に追いつくことはできなかった。これによってあと1試合を残す村上の三冠王は確実な状況になったが、シーズン後の11月に37歳になった大島、今季は死球によるけがと新型コロナウイルス感染という試練の中、よく頑張った。3対0のリードで迎えた9回裏のマウンドにはライデル・マルティネス。1番からの打線を三者凡退、最後は西川を空振り三振に仕留めて、39セーブ目を挙げた。これで初のセーブ王が確定した。ジャリエル・ロドリゲスの最優秀中継ぎと共に、この抑え2人のタイトル獲得はチームにとっても、来季への大きな弾みになるはずだ。

143試合を戦って、66勝75敗2分という立浪ドラゴンズ1年目の戦績だった。負けず嫌いの立浪監督はまったく満足していないだろう。インタビューに対して「収穫？　何かありますか？」と逆質問したところに悔しさがあふれていた。6年ぶりの最下位、にもかかわらずファンのひとりとしては、楽しませてもらったシーズンだった。それはここ数年ずっと停滞していた若手の台頭が、はっきりと形になった手応えがあるからである。若竜の勢いは止まらないはずだ。来季への大いなる夢と希望を広島の空に描いて、2022年シーズンの立浪竜の戦いが幕を下ろした。

［証言②］

山田久志

監督〝立浪和義〟の真実

日本プロ野球史上〝伝説のエース〟のひとりである山田久志。阪急ブレーブス（現オリックス・バファローズ）では12年連続で開幕投手を務め、アンダースローの投手としてはNPB史上最多の通算284勝を挙げた。そんな山田は、故・星野仙一監督からコーチとして招かれて、1999年に中日ドラゴンズのユニホームを着た。ヘッドコーチから昇格して、2002年から2年間、ドラゴンズの監督も務めた。立浪和義監督にとっては、プロ野球界の先輩、かつての上司、ドラゴンズ監督としても先輩である。自らを「立浪応援団の団長」と宣言している山田に、立浪監督が歩む〝監督道〟、そして立浪ドラゴンズの課題と就任1年目の22年シーズンについて、語ってもらった。

ドラゴンズの監督の重さ

北辻　プロ野球の監督という存在は、日本に12人しかいません。そんな監督という仕事、特に名古屋に本拠地を置く中日ドラゴンズの監督ということには、どんな重みがありましたか？

山田　私と立浪の場合はまったく違う。ドラゴンズに縁のない人間が突然、星野仙一さんに呼ばれてきたわけだからね。立浪と私の決定的な違い、立浪は名古屋に待望論がずーっとあった。いつ監督やるんだ、いつ監督やるんだって「立浪待望論」がこの何年か続いてきて、やっと誕生した。私とは全然違っている。それだけに、立浪が監督を引き受けた時に、苦労するだろうなと思ったね。

指名直前に電話が鳴った

北辻　そんな立浪さんがドラゴンズの監督に決まったと聞いた時、現役時代の立浪さんの上司でもあり、監督の先輩でもある山田さんは、どんな思い、どんな受け止め方をされましたか？

山田　実はね、立浪がすぐに電話をくれたんだ、「これから会社（球団）に呼ばれました」って。球団に呼ばれるということは、それはアレなんじゃないか、監督の要請じゃないのかって言ったら、「いや、そんな感じでもないんですけどね。とりあえず行ってきます」と。そうしたら夜になって電話があって、「正式に要請されました」と報告してきた。

北辻　「これから行ってきます」そして「結果はこうでした」との細やかな報告、2人の信頼関係はすごいですね。

山田　私に対してだけじゃなくて、誰にでもそうだね、立浪は。彼はそういう、とてもきめ細かいというか、神経が行き届くっていうかな、そういうタイプだよね。選手時代から、PL学園やドラゴンズの先輩だけじゃなくて球界全体の先輩、そういう人たちに対して、お前そこまでやらんでもいいよっていうぐらい、気遣いのできる人間だった。こんな野球界の後輩、私は見たことない。他にもいろんな後輩を何万人って見てきたけれど、ちょっとしたことへの気遣いと心配りっていうのは、ずば抜けていたね。本人も監督をやりたい気持ちは当然あったからね。いよいよ来たかという感じだね。ハッパをかけてきていたから、私自身もやっぱりうれしかったよ、ほんとうれしかった。

監督就任へのアドバイス

北辻 立浪さんがドラゴンズの監督に就任するに際して、どんなアドバイスをされたのですか?

山田 監督を引き受けた時にこんなことを話した。監督として戦うと、必ず、どうだ、ああだって周りから評価される、それはいいことも悪いことも。よければいいんだけれども、悪かったら悪いなりに評価はガタガタにされる。どうせやるなら自分の好きなようにやったらいいって。それが第一。評価は後から来るものだから、自分がやりたいことをやって、それを評価する人にはさせておけばいいんだ、ということは言ったと思う。迷うこともあるだろうけれども、とにかく自分がやろうということを貫いたらいいよっていう話をした。

北辻 勝海舟の言葉にもありますね、「行蔵(こうぞう)は我に存す、毀誉(きよ)は他人の主張」。自分の行動は自分で決める、誉めるもけなすも他人の勝手、自分の道を貫けと。それが思い浮かびました。

山田 そうそうそう、その通り。なぜそんなことを言ったかというとね、実はオリックスの監督・中嶋(聡)にも同じことを言ったんだよね。立浪と反対で、彼はまさか監督をやるなんて思っていない人間が突然監督に指名されたわけだから。彼はもう迷って迷って、どうしたらいいかわからないっていう、そこからのスタートだったから。立浪の場合は、ずっと解説者をやりながら、地元でチームを見てきた。中嶋はいろいろ歩いてきて監督をやることになった。道が違った2人だけど、同じことを話した。「好きなようにやったらいいんだよ、どうせいつかクビになるんだから。監督ってそんなもんだ。だからお前が好きなようにやればいいじゃないか」って。クビと言われたら、わかりましたって辞めればいいだけの話だし、それくらいの覚悟でやったらいいよって。

立浪采配「投手は合格」、しかし……

北辻　シーズンに入って立浪新監督の戦いが始まりました。２０２２年の采配をご覧になって、ここはよくやっているなというところはありましたか？

山田　ピッチャーに関しては、よく揃えたなと思った。うまいこと配置替えしたりしてね。特にリリーフ陣を、調子いい、悪い、これ使える、使えないなど上手く起用した。意外だったのは先発ピッチャーに対する我慢。先発させたらある程度まで引っ張っていくんだなっていう、我慢強さを感じたね。これだったらピッチャーはそんなに心配ないなっていうのが、22年のペナントレースがスタートしたときに感じた立浪の采配だった。一方で、打つ方はしんどいなと思った、最初から。補強がなかったし、前の年の戦力でそのまま戦えといったって、それは無理だよね。

北辻　おっしゃるように、攻撃陣、すなわち打線には、ドラフトの新人選手以外ほとんど補強がありませんでした。それでも立浪監督は、何も言わずにそれを受けとめて、就任1年目のシーズンに突入しましたね。

山田　立浪は監督になって、打線を育てる、打線を立て直す自信はあったと思う。「必ずやる」と言っていたし。彼自身は高校からプロに入って、すぐにレギュラーをとって、すごい天才型と言われたけども、実際そうじゃないからね。彼は練習で自らを作り上げた選手だからね。センスはあった。そういう野球センスはもちろんあったけれども、あの体で、パワーが飛び抜けてあるわけじゃない選手が、あれほどの成績と結果を残した。それは、こういうふうにやって、こういうふうなことをやれば自分のようになれるという経験があってこそで、それを選手にやってもらえば、それなりに伸びていくだろうと思っていたのだろうと思うよ。

大いなる誤算、それは……

北辻 監督就任の記者会見で「打つ方は必ず何とかします」と宣言しました。「必ず」という言葉がとても力強く、ものすごく期待しました。しかし結果的に、打つ方は何とかならなかった……。

山田 一番の誤算は、石川（昂弥）の故障じゃないのかな。彼があのまま、ケガしていなかったらね。ちょうど何かをつかみかけていて、これならクリーンアップを打てるような感じになってきたなっていう時だったからね。石川のケガが、立浪監督にとっては一番の「まさか」、一番残念な離脱だったんだろうと思うね。

北辻 私たちファンが見ていても、立浪新監督は、石川昂弥という選手を中心に自分のチーム作りをしていくのかなと思っていました。サードのポジションをわざわざ空けるとか、打てない場合でも打順を変えて使い続けるとか、そういう意味では誤算でしたね、ケガでの離脱は。

山田 偶然かもしれないけれど、立浪の監督1年目が、私が監督を引き受けた時（02年）とよく似ているんだよね。あの時はポジションを総入れ替えだったからね。福留孝介をショートから外野へ。そして、代走や守備要員だった井端弘和と荒木雅博をショートとセカンドに起用した。まさにシャッフルだった。

北辻 不思議なもので、立浪新監督の1年目は最下位だったけれど、私の周りのドラゴンズファンからも、あまり立浪監督に対して文句が出なかったんです。普通、最下位だと皆いろいろ言いたくなるのに。

山田 たしかに、名古屋の街を歩いていても、「山田さん山田さん、立浪のあれはなんだ！」という声はまず聞いたことなかったね。それは、チームの雰囲気が変わってきたっていうこと。若い岡林（勇希）が出てきたり、土田（龍空）が出てきたり。これは面白いなあとかね。だって我々が見て、岡林が最多安打のタイトルを取るなんて、とてもじゃないけど思ってもいなかった。岡林をシーズン最初に出していて、少し打てなくなったら、一時ちょっとだけ休ませたけど、またすぐに使い出したんだよね。それからはずっと出し続けた。あれが〝立浪流〟だよね。

シーズン途中の極秘相談

北辻　やはり、若い選手が次々と出てきて活躍してくれると、ファンはうれしいですよね。監督就任に際しては、「監督としての生き方」についてアドバイスされた山田さん。シーズンの途中でも、何か立浪監督にアドバイスなどを送られたのですか？

山田　立浪自身もやっぱり誰かにしゃべりたいという、そういう気持ちはあっただろうね。もし星野仙一さんが健在なら、おそらく星野さんのバックアップを全面的に受けていたと思う。何か相談があるなら、私のところに来るかもしれないかと思っていたけれど、実際に来ましたよ。何回か来ました。

北辻　その時はどんなやり取り、どんなアドバイスをしたのですか？

山田　それはちょっと言えないなあ（笑）。かなり、何回か、相談に来ましたよ。根尾（昂）をどう使っていくかという時も、相談があった。いろいろな話の中、やっぱりピッチャーのことが多かったね。投手陣をどうしたらいいですかってね。もちろん打線のことも結構あった。実際に自分がちょっと迷ったり、また筋道が決まらない時に、監督っていうのは孤独なんですよ。やはり誰かに話を聞いてもらいたいんだよね。それで、アドバイスを聞いてね、その通りやるかっていうとそうではないんだ、監督って言うのは（笑）。聞いてほしい、とにかく自分の思ってることを聞いてほしいんですよ。もしコロナ禍がなかったら、立浪ももっといろんな人と会ったりしてね、いい話を聞けたんだろうと思うけどね。それが監督1年目でできなかったことは、ある意味で残念だったと思う。

北辻　今の話だと、監督にとっては、自分の考えを整理するための、ある意味で鑑（かがみ）みたいな存在が必要なのでしょうか。

山田　そうだね、鑑っていうか、とにかくぶつけるところが欲しいんですよ。誰でもいいんだけれどもね。特に立浪みたいな性格だったら、おそらくコーチとか選手とかに、それをぶつけてはいけないと思っているはず。だから自分で抱え込むと思うんだよね。私は全然違っていて、選手とかコーチに「アホか！」とか、「お前やめちまえ！」と言ってたけれどね（笑）。今だったらとてもじゃないけれどパワハラで許されないけど。立浪は、それとは正反対のところにいる人間だからね。心の中に思っていることを全部吐き出すというのは、シーズンを通してなかなかできなかったと思う。

勝ち負けを背負い続ける宿命

北辻　監督としての1年目のシーズンを見てきて、起用の思い切りの良さっていうんですかね、起用の思い切りの良さ。それが立浪采配だと感じました。

山田　この人間を育てようと思った時は、どうやって育てようかということしか考えていないんじゃないかなあ。石川にしたってそうだった。絶対に外さなかったでしょう、いくら打てなくても。「こいつを育てる」という腹を決めたら、突き進む。立浪って度胸いいから。勝負師だから。よく「山田さんは、立浪についてどんな評価をしているんですか？」と聞かれるけど、「プロ中のプロのひとりだ」とよく答える。プロ野球の選手って沢山いるけれど、プロらしいプロは、そんなにいるもんじゃない。立浪はその中のひとりだね。だからそれが選手起用や采配にも出ていたよね。

北辻　球界のレジェンドのひとりでもある山田さんが、「プロ中のプロ」とまで高い評価をされる片鱗、それは立浪監督のどんなところに見られますか？

山田　シーズンは勝ち試合もあれば負け試合も当然あるんだけれども、立浪監督の談話とか聞いていても、意外にネガティブなものはないよね。特にオールスターゲームぐらいまでは、選手に対して、こうしてほしいとか、あそこはこうだっていうことはほとんど口にしなかった。選手に対する要望というもの、それを全部、立浪監督自身が自分で引き受けていたね。自分が背負っていた。やっぱりプロだな。なぜかと言えば、立浪自身がドラゴンズの中心選手だったわけですよ。勝ち負けを背負ってきた選手なんだよね、現役時代から。そういう立場で、ずっと野球をやってきているから、監督になっても同じなんですよ。ひょっとしたら高校時代からかもしれない。あのPL（学園）で主軸だったのだから。勝ち負けの責任はやっぱり自分にあるんだという。それを知らず知らずのうちにやってきているから、それが監督としての行動や談話にも出てくるんじゃないのかな。プロはそれがなかったらダメだもんね。

野球レベルの乖離を見た

北辻　22年シーズンのドラゴンズの戦いを見てきて、立浪監督が目指す野球と、現状のドラゴンズの選手のレベルに乖離があるように思いました。

山田　ありますね、かなりある。やっぱり打つ方、これは本当にもの足りないと思っているだろう。少ないチャンスで点を取って逃げ切る、立浪監督が目指している野球っていうのは、そうじゃないと思うんだよね。やっぱり打ち合いになってもそこそこ試合を作れるっていうチームを作ろうとしているんだと思う。それが、監督1年目は数えるほどしかできなかった。

北辻　ファンとして応援していても、本当に疲れる試合が多くて参りました。勝っても最後の最後までハラハラして、ライデル（マルティネス）が抑えて、安堵のため息をつくというゲームが多かった。

山田　解説をやっていたら、もっと疲れるよ（笑）。

北辻　解説でも疲れますか。観ていて息が詰まってくるんですよね。リードしているのだけれどリードと思えなくて、逆にピンチみたいな感じが続いているみたいな重苦しさ。これからはもっともっと、スカッとした試合が見たいなあ。

本物の4番打者がほしい！

山田 おっしゃる通り。岡林と大島（洋平）というI、2番を23年シーズンも組むのなら楽しみ。相手からはかなり嫌な存在。あとはクリーンアップだね。やっぱり野球って4番でできているもの。だから立浪監督は今、本当の意味での4番バッターが欲しいと思っている。その〝本物の4番〟を中心にしたクリーンアップが欲しい。さらに3番も大事なんだよなあ。ドラゴンズには、ここ数年、3番打者が育っていない。今までのドラゴンズはクリーンアップが弱すぎた。相手からなめられるというのは、やっぱりいかん。ホームランが少ない。

北辻 負けているゲームをひっくり返す、少々リードされても動じずに逆転する、そんな豪快な野球を、なかなかドラゴンズというチームは見せてくれませんね。采配を振るう監督自身も、いろいろ悩ましいのではないですか？

山田 監督が一番楽なのは、攻撃に関しては「サインはいらない」っていう打線、とにかく選手任せでやれる打線が一番幸せなんですよ。いろいろ考えたらもう眠れない時もあるしね。立浪もそういう時間があったんじゃないのかな。彼はお酒を飲まないし、いろいろ考えるタイプだから。監督は誰しもがそういうことがあると思う。私は一杯飲めば寝れるけどね（笑）。勝ったときの方が、後でいろいろ考えてしまう。あの時は代打でうまくいったけれども、もっとその前に作戦があったんじゃないかなとか。ピッチャーの継投はうまくいったけれども、もっといい継投があったのではとか、勝つともう先を考えているからね。立浪監督も考えることが多く大変だったと思う。

北辻 22年のシーズンオフにドラゴンズは、ものすごく選手を入れ替えました。福留孝介選手の引退やアリエル・マルティネス選手の退団に加え、主力だった阿部寿樹選手や京田陽太選手のトレードなど、沢山の選手がドラゴンズブルーのユニホームを脱ぎました。この大胆なチーム改革をどう見ていますか？

山田　チームを変えるんだよ。雰囲気を変えるんだよ。だから京田とか阿部を出した。補強でもそうだけれども、チームを変える時っていうのはね、それを断行した後に何が残るかが大切。残った選手にね、緊張感が走るんですよ。残った選手が「この監督こんなことをやるんだ」と緊張感を持ち、やはり変わるんですよ。いい意味で。ドラゴンズも23年シーズンはいい方向に変わらなきゃダメ、今までのドラゴンズカラーから少し違うカラーに。そして、変わっていく可能性が出てきている。何より、新しいエースが出来上がる可能性がある。それは髙橋宏斗。彼が故障なく1年間やれるかどうか、まだエースには早いかもしれないけれども、かなりやってくれそうな雰囲気はあると思う。そうなると、あとは4番。石川がまだ無理ならば、新しい外国人を4番に入れて、ビシエドではない4番にする。これは声を大にして言いたい。23年は、ドラゴンズにエースと4番が誕生する年だと思う。

根尾投手の可能性と課題

北辻　立浪監督から山田さんに、どう使うかと相談があったという根尾昂選手。23年は、本格的にピッチャーとしてシーズンを迎えることになる「投手・根尾昂」をどうご覧になりますか？　ファンは老若男女問わず、根尾という選手のことが大好きなんです。ドラゴンズでは待望久しい、全国区のスター選手候補でもあります。

山田　高校野球時代のインパクトが強いからね。でも、外野手としては、岡林が出てきたし、大島もいるし、これまでのような使い方だと、根尾の良さがもう消えてしまうと思っていた。あの人気者が、このままズルズルと何も出番もなくて潰れてしまうのかという心配。だったら投げることができるなら、そっちへ方向転換させようという話なのだろう。私が立浪監督に言ったのは、もし優勝とかクライマックスシリーズ出場とかの可能性がなくなったら、どんどん先発とかやらせた方がいいよということを伝えた。ファームで投げさせる方法もあったと思うけれど、ずっと一軍に置いていたね。立浪監督と落合（英二）コーチに何か考えがあったんだろうね。だけど、根尾の体は、まだプロの体じゃない。そこだけは気になる。もう5年目だから、おそらく力はついているんだと思うけれど。

23年はすごく厳しい野球になる

北辻 2023年の立浪ドラゴンズ、監督2年目を迎えますが、どんな戦いになりますか？

山田 期待度と危うさ、その両方を持っている。交流戦ぐらいまでで、23年のドラゴンズの位置は決まるんじゃないかと思っている。かなりいい位置にいないことにはクライマックスシリーズ進出は苦しくなるだろう。なぜなら、本当のチーム力はまだ持ち合わせていないから。8月、9月になって、グッグッグッとアクセルを踏んで追っかけられるようなチームに、まだこのオフだけではなれるとは思わないから。ただひとつ、22年よりは確実にいいチームになっていることは間違いない。立浪だったらやるんじゃない。とにかく23年は、すごく厳しい野球を見せてくれると思う。こんな話をしたら、立浪にものすごくプレッシャーがかかるけどね（笑）。

●

山田久志氏との対談は、予定時間をオーバーしても続いた。立浪監督へのエールはいつまでも熱を帯びていて、インタビューをする私自身も、思わず時を忘れた。

取材の翌日、山田氏から短いメールが届いた。「立浪君の話になると、つい力が入ってしまいます」。この言葉こそ、私たちファンも含めて、ドラゴンズを応援するすべての人の思いを象徴しているのではないだろうか。山田氏の立浪ドラゴンズを見守る視線、そこには厳しさと共に、誰よりも温かい愛情があふれていた。

やまだ・ひさし／1948年7月29日生まれ、秋田県能代市出身。サブマリン投法を駆使して12年連続開幕投手や3年連続MVPなどに輝き、通算284勝を挙げて阪急ブレーブス黄金時代の大エースとして長く君臨。引退後は投手コーチとしてオリックス・ブルーウェーブ（現オリックス・バファローズ）、中日ドラゴンズ、WBC日本代表で指導し、全てのチームを優勝に導いている。ドラゴンズでは監督（2002～03年途中）も勤めた。

おわりに

〝立浪革命の炎〟を見逃すな！

立浪和義が監督として中日ドラゴンズを率いて戦った2022年シーズンの143試合。しかし、その戦いはペナントレースが終わっても続いた。選手やコーチの大量入れ替えによるチーム改革である。その数の多さは、ドラゴンズの球団史の中でも際立つ。当然、そこには痛みも伴った。

「低迷し続けるドラゴンズを変えていかなければならない。そのために監督に呼ばれたと思っている。（契約期間の）3年で終わるかもしれないけれども、それでも後にそう（強く）なれるようなチームにしていくのが自分の使命だから」。立浪の言葉である。

ファンのひとりとしてずっと思ってきたことがある。監督も、コーチも、選手も、そして球団フロントも、それぞれに〝任期〟がある。長短はあるものの、いつかはドラゴンズを去っていく。言わば「期間限定」である。しかし、応援するファンにとって期限はない。子供の頃から年老いるまで、50年、60年、70年、ひょっとしたら球団が産声をあげた時から応援し続けているファンもいるかもしれない。「無期限」なのである。そんなファンのために、〝任期〟ある人たちは、常に前向きに、常に明日のドラゴンズを考えて、常にファンに夢を与え続けてほしい。「自分は3年で終わるかもしれないけれど、その後のために……」。

ドラゴンズへの愛を、そんな決意と共に語り、チーム改革を進める監督が登場することを心から待っていた。

立浪和義がドラゴンズの監督として進めていることは〝改革〟などではない。私は〝革命〟だと思っている。最下位に終わった22年シーズンの143試合の悔しさを力強く踏みしめながら進む、立浪ドラゴンズの〝革命の炎〟を見逃してはならない。そして、決して見逃したくない。

そんな熱き第2幕が始まる。

2023年2月　北辻利寿

Profile

北辻利寿（きたつじ としなが）

1959年生まれ、愛知県名古屋市出身。中日球場（現・ナゴヤ球場）近くで生まれ育ち、ドラゴンズファン一筋の人生。愛知県立大学外国語学部卒業後、1982年中部日本放送（CBC）入社、報道局に配属。落合博満選手の現役時代には報道局の"落合番記者"を担当。JNNウィーン特派員、ニュース編集長、報道部長、報道局長などを経て、現在CBCテレビ論説室・特別解説委員。中日ドラゴンズ検定1級・2級・3級合格認定者。CBCラジオ『ドラ魂キング』出演やWEBでの論説コラムを執筆中。著書に『愛しのドラゴンズ！ファンとして歩んだ半世紀』『竜の逆襲 愛しのドラゴンズ！ 2』（ゆいぽおと）、『ニュースはドナウに踊る』（KTC中央出版）。

デザイン　金井久幸（TwoThree）
DTP　TwoThree
企画・編集　株式会社ネオパブリシティ　五藤正樹　井上翔　片木祥古
撮影　荻野哲生（立浪和義、山田久志）　松本幸治（福留孝介）
写真協力　iStock（カバー）　中日ドラゴンズ（本文）

屈辱と萌芽 立浪和義の143試合

第1刷　2023年2月13日

著者　北辻利寿

発行者　菊地克英

発行　株式会社東京ニュース通信社
〒104-8415東京都中央区銀座7-16-3
電話 03-6367-8023

発売　株式会社講談社
〒112-8001東京都文京区音羽2-12-21
電話　03-5395-3606

印刷・製本　株式会社シナノ

ISBN978-4-06-531291-9